S. FISCHER

Greta & Svante Thunberg
Beata & Malena Ernman

Szenen aus dem Herzen
Unser Leben für das Klima

Aus dem Schwedischen
von Ulla Ackermann, Gesa Kunter
und Stefan Pluschkat

S. FISCHER

Erschienen bei S. FISCHER
Erweiterte Neuausgabe

Die schwedische Originalausgabe
erschien 2018 unter dem Titel »Scener ur hjärtat«
im Verlag Bokförlaget Polaris, Stockholm
© Malena Ernman, Svante Thunberg, Greta Thunberg
& Beata Ernman and Bokförlaget Polaris 2018
in agreement with Politiken Literary Agency

Für die deutschsprachige Ausgabe:
© 2019 S. Fischer Verlag GmbH, Hedderichstr. 114,
D-60596 Frankfurt am Main

Gesamtherstellung: CPI books GmbH, Leck
Printed in Germany
ISBN 978-3-10-397486-7

Dieses Buch wird klimaneutral produziert,
wir unterstützen das Projekt Evers-ReForest zur Erstaufforstung
von Laubmischwäldern in Schleswig-Holstein.

1

Hinter dem Vorhang

Der Tag geht zur Neige.
Die Sonne wird um sieben sterben.
Sag, Experte der Dunkelheit,
wer leuchtet uns jetzt?
Wer zündet ein abendländisches Gegenlicht an,
wer träumt einen morgenländischen Traum?
Wer auch immer – komm mit einem Licht!
Am liebsten du.

Elegie, Werner Aspenström,
schwedischer Lyriker und Essayist

Vorwort

Dies könnte meine Geschichte sein. Fast eine Autobiographie, hätte es eine werden sollen. Doch Autobiographien interessieren mich nicht besonders. In meinen Augen gibt es Dinge, die wichtiger sind.

Dieses Buch haben mein Mann Svante und ich gemeinsam mit unseren Töchtern geschrieben. Es handelt von der Krise, die unsere Familie getroffen hat. Es handelt von Greta und Beata.

Aber vor allem ist es die Geschichte einer Krise, die jeden von uns betrifft. Einer Krise, die wir Menschen durch unseren Lebensstil herbeigeführt haben: fernab von Nachhaltigkeit, losgelöst von der Natur, von der wir ein Teil sind. Manche bezeichnen dieses Phänomen als Nachhaltigkeits- andere als Klimakrise.

Die meisten scheinen zu glauben, dass sich diese Krise an einem weitentfernten Ort abspielt und wir noch lange von ihr verschont bleiben.

Aber das stimmt nicht.

Denn die Krise ist längst da und äußert sich permanent, auf vielfältige Weise. Am Frühstückstisch, in Schulfluren, auf den Straßen. Im Garten vor eurem Fenster, im Wind, der euer Haar zerzaust.

Mit manchen Dingen, die wir hier in Absprache mit Greta und Beata nach langem Überlegen erzählen, hätten wir gerne noch etwas gewartet. Nicht unseretwegen, sondern euretwegen.

Das wäre sicher netter gewesen. Ein bisschen schonender.

Aber die Zeit haben wir nicht. Wenn wir eine Chance haben wollen, müssen wir die Krise jetzt sichtbar machen.

Einige Tage bevor die schwedische Ausgabe dieses Buchs im August 2018 erschien, hatte sich unsere Tochter Greta Thunberg vor den Schwedischen Reichstag gesetzt und ihren Schulstreik für das Klima begonnen – ein Streik, der bis heute andauert, auf dem Mynttorget in der Stockholmer Altstadt und an vielen anderen Orten weltweit.

Seitdem haben sich viele Dinge geändert. Sowohl für Greta als auch für uns als Familie.

An manchen Tagen erscheint es fast wie im Traum. Diese neue Ausgabe ist eine erweiterte Ausgabe mit neuen Szenen, die vom Sommer 2018 berichten, als Greta mit ihrem Schulstreik begann.

Malena Ernman, Mai 2019

PS: Vor der Veröffentlichung dieses Buchs haben wir festgelegt, dass das Geld, das wir damit eventuell verdienen, an Greenpeace, WWF, die Institution für tiergestützte Pädagogik und Therapie Lära med djur, den Schwedischen Naturschutzverein und dessen Jugendumweltorganisation Fältbiologerna, den Verein für Menschen mit Beeinträchtigungen Kung över Livet, Kinder in Not und die Tierschutzorganisation Djurens Rätt geht – alles über eine Stiftung, die wir gegründet haben.
Und so ist es.
PPS: Das haben Greta und Beata entschieden.

SZENE 1

Mein letzter Abend in der Oper

Es ist Zeit für den Auftritt.

Das Orchester stimmt ein letztes Mal die Instrumente, im Saal gehen die Lichter aus. Ich stehe neben dem Dirigenten Jean-Christophe Spinosi, wir müssen gleich auf die Bühne und unsere Positionen einnehmen.

Alle sind bestens gelaunt. Es ist die letzte Aufführung, morgen fahren wir nach Hause zu unseren Lieben. Weiter zum nächsten Engagement. Nach Hause nach Frankreich, Italien und Spanien. Nach Hause nach Oslo und Kopenhagen. Weiter nach Berlin, London und New York.

Die vorherigen Vorstellungen sind wie in Trance verlaufen.

Jeder, der schon einmal berufsbedingt auf der Bühne gestanden hat, weiß, was ich meine. Manchmal stellt sich eine Art Fluss ein; eine Energie, die zwischen Publikum und mir entsteht und mich weiterträgt, Vorstellung für Vorstellung, Abend für Abend. Es ist wie Magie. Theater- und Opernmagie.

Heute findet die letzte Aufführung von Händels *Xerxes* in der Kunsthalle Artipelag im Stockholmer Schärengarten statt. Es ist der 2. November 2014, und ich gebe heute meine letzte Opernvorstellung in Schweden. Doch das weiß niemand.

Heute Abend gebe ich meine letzte Opernvorstellung überhaupt.

Die Atmosphäre ist elektrisiert, und hinter der Bühne schweben alle einige Zentimeter über dem fast unbenutzten Zementboden des Artipelag.

Die Vorstellung wird aufgezeichnet. Mit acht Kameras und einem kompletten Produktionsteam.

Vor der Bühne warten neunhundert mucksmäuschenstille Zuschauer. Der König und die Königin sind da. Alle sind da.

Ich laufe nervös hin und her und versuche, ruhig zu atmen, aber es geht nicht. Mein Körper neigt sich die ganze Zeit nach links, und ich schwitze. Meine Hände werden taub. Die vergangenen sieben Wochen waren ein einziger langer Albtraum, und nirgendwo kann ich mich erholen. Nirgendwo gibt es ein kleines bisschen Ruhe und Frieden. Mir ist übel, und gleichzeitig bin ich über den Punkt der Übelkeit hinaus. Wie bei einer ausgedehnten Panikattacke.

Als wäre ich geradewegs in eine Glaswand gesprungen und in der Fallbewegung zum Boden erstarrt. Ich warte auf den Aufprall. Warte auf den Schmerz.

Doch nichts geschieht. Das Einzige, was ich sehe, bin ich selbst: in der Luft hängend, vor der Glaswand, die einfach nur dasteht, ohne den kleinsten Riss.

»Ich fühle mich nicht wohl«, sage ich.

»Setzen Sie sich hin. Möchten Sie ein Glas Wasser?« Der Dirigent und ich sprechen Französisch miteinander.

Plötzlich geben meine Beine unter mir nach. Ich falle. Jean-Christophe fängt mich auf.

»Keine Sorge«, sagt er. »Die Vorstellung findet statt. Das Publikum muss warten. Wir geben mir die Schuld. Ich bin Franzose, wir Franzosen kommen immer zu spät.«

Jemand lacht.

Nach der Aufführung muss ich schnell nach Hause. Meine jüngste Tochter Beata wird morgen neun, und ich muss noch tausend Dinge vorbereiten. Aber jetzt liege ich da. Ohnmächtig in den Armen des Dirigenten.

Typisch.

Jemand streicht mir behutsam über die Stirn.

Alles wird schwarz.

SZENE 2

Heimat

Ich bin in einem Reihenhaus in Sandviken aufgewachsen. Meine Mutter war Diakonin, mein Vater arbeitete als Wirtschafts- und Steuerberater bei Sandvik. Ich habe eine drei Jahre jüngere Schwester, die Vendela heißt, und einen elf Jahre jüngeren Bruder, den meine Mutter nach dem schwedischen Opernsänger Carl Johan »Loa« Falkman Karl-Johan benannt hat, weil sie Loa so attraktiv fand.

Das ist die einzige Verbindung zur Oper und zu klassischer Musik, die meine Eltern mir mit auf den Weg gegeben haben.

Aber wir sangen viel. Volkslieder, Abba, John Denver. Im Großen und Ganzen waren wir eine ganz normale schwedische Kleinstadtfamilie. Das Einzige, was uns möglicherweise von anderen Familien unterschied, war das große Engagement meiner Eltern für Menschen in Not.

Zu Hause in Vallhov war Humanismus oberstes Gebot, und Menschen zu helfen, die Hilfe benötigten, war für uns ganz selbstverständlich; eine Familientradition, die meine Mutter von ihrem Vater Ebbe Arvidsson übernommen hat, einem ranghohen Vertreter der Schwedischen Kirche und einem Vorreiter in Sachen Ökumene und moderner Entwicklungszusammenarbeit. In meiner Kindheit und Jugend haben wir immer wieder Flüchtlinge und Menschen ohne Papiere bei uns aufgenommen.

Manchmal war es ein bisschen anstrengend.

Aber es ging.

In den Ferien besuchten wir die beste Freundin meiner Mutter, eine Nonne. Wir haben viele Sommer in ihrem Kloster in Nordengland verbracht. Ich glaube, deshalb fluche ich auf der Bühne so oft. Ein Akt chronischer Teenagerrebellion, die sich nicht ganz legen will.

Doch bis auf die Tatsache, dass wir in den Sommerferien in den Schlafsälen englischer Klosterschulen schliefen und in unserer Garage Flüchtlinge wohnten, waren wir genau wie alle anderen.

Wie ich bereits sagte, wir sangen, und ich sang für mein Leben gern, ich sang ununterbrochen.

Ich habe alles gesungen – und je schwieriger die Stücke waren, desto mehr Spaß machte es mir. Und der Grund, weshalb ich viele Jahre später Opernsängerin wurde, war vermutlich einfach, weil ich Herausforderungen liebe. Und Oper erwies sich am Ende als das schwierigste Genre, das man singen kann – und als das, was mir am meisten Spaß machte.

SZENE 3

Kulturarbeit

Seit meinem sechsten Lebensjahr stehe ich auf der Bühne und singe vor Publikum. In Kirchenchören, Vokalensembles, Jazzbands, Musicals, Opern. Meine Liebe zur Musik ist grenzenlos – ich möchte am liebsten keinem bestimmten Genre angehören oder in eine Schublade gesteckt werden. Mein Repertoire geht über Genregrenzen hinaus. Ich singe alles, es muss nur gute Musik sein.

In der Unterhaltungsbranche sagt man, je deutlicher man sich als Künstler positioniert, desto mehr Kochbücher darf man schreiben – und meine Kochbücher glänzen wahrscheinlich stärker durch ihre Abwesenheit.

Aber in den letzten fünfzehn Jahren habe ich – zumindest für meine Begriffe – einen ziemlich deutlichen roten Faden verfolgt und versucht, künstlerischen Anspruch mit einer breiten Publikumswirkung zu verbinden. Ich wollte das Schwere etwas leichter, die Hochkultur etwas weniger hoch und das Schmale etwas breiter machen. Und umgekehrt.

Ich bin meinen eigenen Weg gegangen. Immer gegen den Strom und fast immer allein. Außer wenn Svante an meiner Seite war, natürlich.

Das, was ich anfangs eher intuitiv machte, entwickelte sich im Lauf der Jahre zu einer Haltung. Zu der Überzeugung, dass derjenige, der die Möglichkeit hat, das, was er tut, weiterzuentwickeln, auch die Verpflichtung besitzt, es zu versuchen.

Svante und ich gehören zu den wenigen, die diese Möglichkeit bekamen.

Und wir versuchten es.

Wir sind Kulturarbeiter, ausgebildet an Opernakademien, Musik- und Theaterhochschulen, und haben ein halbes Berufsleben mit freiberuflichen Engagements und in Angestelltenverhältnissen hinter uns. Wir tun das, was alle Kulturarbeiter in erster Linie tun. Wir arbeiten und geben unser Bestes, um unsere Zukunft zu sichern und unser immerwährendes Ziel zu erreichen: ein neues, breites Publikum zu finden.

Svante und ich kommen aus völlig verschiedenen Richtungen, aber wir hatten immer dasselbe Ziel, von Anfang an.

Ungleich und doch gleich.

Als ich unser erstes Kind Greta erwartete, arbeitete Svante am Ostgöta-Theater, am Riks-Theater und am Orion-Theater. Gleichzeitig. Ich hatte mehrere bindende Engagements an diversen europäischen Opernhäusern. Tausend Kilometer voneinander entfernt diskutierten wir am Telefon, wie unser neuer Alltag funktionieren könnte.

»Du bist weltweit eine der Besten deines Fachs«, sagte Svante. »Das habe ich in mindestens zehn verschiedenen Zeitungen gelesen. Ich bin nur ein mittelmäßiger Theaterschauspieler. Und außerdem verdienst du viel besser wie ich.«

»*Als* ich.«

»Du verdienst viel besser *als* ich.«

Ich protestierte ein wenig halbherzig, aber die Entscheidung war gefallen, und nach seiner letzten Aufführung flog Svante zu mir nach Berlin.

Am nächsten Tag klingelte Svantes Handy. Er nahm das Gespräch an und telefonierte einige Minuten draußen auf dem Balkon, der zur Friedrichstraße hinausging. Es war Ende Mai und bereits drückend warm. Wir waren noch nicht einmal ein halbes Jahr zusammen.

»So verflucht typisch«, sagte er lachend, als er aufgelegt hatte.

»Wer war das?«

»Erik Haag und irgendein anderer Typ. Sie haben letzte Woche das Stück im Orion gesehen.«

Svante war mit Helena af Sandeberg in einem Stück von Irvine Welsh, dem Autor von *Trainspotting,* aufgetreten, in dem alle Drogen nahmen und Leichen in Frischhaltefolie wickelten.

»Fick mich!«, hatte Helena Svante seit der Premiere an mehreren Abenden der Woche entgegengeschrien.

Ich war furchtbar eifersüchtig.

»Die beiden konzipieren gerade ein Comedy-Programm für das schwedische Radio. Sie fanden mich lustig und haben gefragt, ob ich mitmachen möchte. Erst einmal zur Probe. Das war genau der Anruf, auf den man ewig wartet ...«

»Und was hast du gesagt? So ein Angebot kannst du doch nicht ausschlagen?!«, rief ich und starrte ihn an.

»Ich habe gesagt, dass ich bei meiner schwangeren Freundin bin und sie im Ausland arbeitet.« Svante erwiderte meinen Blick.

»Du hast abgelehnt?«

»Ja, das ist die richtige Entscheidung. Wir ziehen das gemeinsam durch, sonst wird es nicht funktionieren.«

Und so ist es gekommen.

Ein paar Wochen später gingen wir auf die Premierenfeier von *Don Giovanni* in der Berliner Staatsoper, und Svante erklärte Maestro Barenboim und Cecilia Bartoli, dass er ab jetzt Hausfrau sei.

»So now I'm a housewife.«

So hielten wir es zwölf Jahre lang. Es war anstrengend, aber auch wahnsinnig schön. Wir blieben zwei Monate in einer Stadt und reisten dann zur nächsten weiter. Berlin, Paris, Wien, Amsterdam. Barcelona. Immer weiter.

Die Sommer verbrachten wir in Glyndebourne, Salzburg oder Aix-en-Provence. Wie man es eben macht, wenn man Opern und andere klassische Musik singt.

Ich probte zwanzig bis dreißig Stunden in der Woche, und die restliche Zeit über waren wir zusammen. Frei und ungebunden. Keine Verwandten außer Oma Mona, Svantes Mutter. Keine Freunde. Keine Abendeinladungen. Keine Feiern. Nur wir.

Drei Jahre nach Greta kam Beata zur Welt, und wir schafften uns einen Volvo V70 an, um genügend Platz für Puppenhäuser, Teddybären und Dreiräder zu haben. Dann machten wir weiter. Immer weiter. Es waren wunderbare Jahre. Im Winter saßen wir in hellen Altbauwohnungen auf dem Fußboden und spielten mit den Mädchen, im Frühling gingen wir in blühenden Parks gemeinsam spazieren.

Unser Alltag war unvergleichlich. Unser Alltag war einfach wunderbar.

SZENE 4

Einzigartige Möglichkeiten

»Die Teilnahme am schwedischen Vorentscheid für den Eurovision Song Contest ist ein bisschen wie Kinderkriegen. Man kann es anderen erzählen, man kann es im Detail beschreiben. Aber nur die, die es selbst erlebt haben, wissen, wie es sich anfühlt.« Anders Hansson ist Musikproduzent, und wir werden in Kürze mit der Arbeit an meinem nächsten Album beginnen. Als er Svante und mir das Prinzip ESC lachend erklärt, schleppen wir unsere Taschen gerade über den Stortorget in Malmö, um den Zug nach Stockholm zu nehmen.

Es ist der Morgen nach meinem Schlagerdebüt, und auf der ersten Seite der Tageszeitung *Aftonbladet* prangt ein großes Foto von mir, Petra Mede und Sarah Finer. Die Bildzeile lautet: »Malmö Arena 21.23 Uhr.«

Ich bin im Schockzustand.

Wenn man am schwedischen Vorentscheid für den Eurovision Song Contest teilnimmt, soll man auch gewinnen. Und zwar auf eine ganz bestimmte Weise. Die Prognosen müssen einem den letzten Platz prophezeien. Man muss im Finale gegen alle namhaften Künstler antreten – und am Ende mit dem denkbar kleinsten Vorsprung gewinnen, am besten einzig und allein mit der Hilfe des Publikums. So wie ich. Schwieriger ist es nicht.

Danach musste ich mich nur noch an die Arbeit machen.

Die Voraussetzungen hätten nicht besser sein können.

Der Vorentscheid verschaffte uns eine einzigartige Möglichkeit – eine Möglichkeit, die sich vermutlich nie wieder bieten würde. Das Publikum war begeistert. Die Kulturministerin sprach von einem »Malena-Effekt«. Die Zeitung *Expressen* titelte: »Der Weg der Oper aus den Salons zurück zum Volk.« Und der Kulturchef der Zeitung *Dagens Nyheter* schrieb: »Es ist zu schön, um wahr zu sein, aber: Es ist wahr.«

Für einen kurzen Moment glaubte ich, dass es tatsächlich möglich war: Oper ließ sich für ein breites Publikum öffnen.

Doch schon im Herbst war alles wieder wie zuvor. Kein schwedisches Opernhaus meldete sich, um die Gunst der Stunde zu nutzen. Das Publikum war da, aber niemand schien es haben zu wollen.

Also nahmen wir danach alles selbst in die Hand: große Opernrollen im Ausland und Künstlerin in der Heimat, Konzerte, Tourneen und Vorstellungen in Eigenregie.

Immer auf der Jagd nach dem neuen, breiten Publikum.

Fünf Jahre später, an einem Abend zwei Wochen vor der letzten *Xerxes*-Aufführung, hocken Svante und ich zu Hause in Stockholm im Badezimmer auf dem Fußboden. Es ist spät, die Kinder schlafen. Rings um uns bricht alles zusammen.

Greta ist gerade in die fünfte Klasse gekommen, und es geht ihr nicht gut. Sie weint, wenn sie abends im Bett liegt. Sie weint auf dem Weg zur Schule. Sie weint im Unterricht und in den Pausen, und ihre Lehrer rufen fast täglich an. Svante muss sie nach Hause holen. Nach Hause zu Moses, unserem Golden Retriever, denn nur Moses hilft.

Greta sitzt stundenlang neben ihm und streichelt ihm über das Fell. Wir versuchen alles, was in unserer Macht steht, doch ohne Erfolg. Unsere Tochter verschwindet in eine Art Dunkelheit und hört quasi auf zu *funktionieren*. Sie hört auf, Klavier zu spielen. Sie hört auf zu lachen. Sie hört auf zu reden.
Und.
Sie hört auf zu essen.

Wir sitzen auf den kalten Fliesen und wissen genau, was wir tun werden. Wir werden alles tun. Wir werden alles ändern. Wir werden Greta zurückholen, was auch immer es kostet.
Doch das ist nicht genug. Wir müssen etwas tun, das aus mehr als nur aus Worten und Gefühlen besteht. Eine Zäsur vollziehen. Einen Bruch.
»Was denkst du?«, fragt Svante. »Willst du weitermachen?«
»Nein.«
»Okay, ich finde, wir lassen das Ganze ab jetzt auf sich beruhen«, fährt er fort. »Man kann die Oper nicht für das breite Publikum öffnen, wenn die Opernhäuser es nicht wollen. Und es spielt auch keine Rolle, ob jemand dieses *neue* Publikum findet, wenn kein Schwein es haben will. Wenn es nicht einmal reicht, zwanzigtausend Menschen dazu zu bewegen, in eine Kunsthalle mitten in der Pampa auf der Insel Värmdö zu kommen, drei Kilometer von der nächsten Bushaltestelle entfernt, ohne Hilfe von Sponsoren und ohne eine einzige Öre Fördermittel, wird nichts reichen.«
Svantes Temperament ist nicht immer von Vorteil, aber gegen sein Resümee habe ich in diesem Moment nicht viel einzuwenden.

»Wir haben die Sache so weit getragen, wie wir konnten«, erwidere ich. »Ehrlich gesagt glaube ich nicht, dass ich es überstehe, wenn wir weitermachen.«

»Dann blasen wir alles ab, jeden Vertrag«, fährt Svante fort. »Madrid, Zürich, Wien, Brüssel. Alles. Irgendein Vorwand wird uns schon einfallen. Und dann machen wir stattdessen etwas anderes. Konzerte, Musicals, Theater, Fernsehen. Sing Arien, mach Musik, aber keine weiteren Opernauftritte.«

»Ich gebe in zwei Wochen meine letzte Vorstellung. Danach ist Schluss, für immer.«

Ich habe meine Entscheidung getroffen.

»Sollen wir etwas sagen? Das ist dumm, oder?«

»Ja«, erwidere ich. »Das ist dumm.«

Also sagen wir nichts.

SZENE 5

Xerxes – *mein letzter Abend in der Oper*

Hinterher erfuhr ich, dass ich fast zehn Minuten lang ohnmächtig gewesen war. Dem Publikum teilte man mit, der Vorstellungsbeginn verzögere sich um ein paar Minuten.

Hinter dem Vorhang wurde groß diskutiert, wie mit der Situation umgegangen werden sollte, doch mich ging das alles nichts an, denn ich wusste genau, was ich tun würde.

Es war Zeit, ein für alle Mal einen Schlussstrich zu ziehen. Ich trank einen Schluck Wasser und nickte dem Dirigenten zu.

»Können Sie aufstehen?«

»Nein.« Ich stand auf.

»Können Sie gehen?«

»Nein.« Ich ging auf die Bühnentür zu. Reihum wurden besorgte Blicke gewechselt.

»Können Sie singen?«

»Nein«, antwortete ich, nickte dem Theatermeister zu und trat auf die Bühne.

Diejenigen, die die Aufführung erlebt hatten, sagten, dass der Schlussapplaus unvergleichlich gewesen sei. Die Zuschauer hätten sich von ihren Plätzen erhoben und emphatisch gejubelt.

Hinter der Bühne bewegten sich alle in einer Art Glücksrausch. Wie in einem Film. Der König und die Königin applaudierten euphorisch, und alle lachten beim Reden.

Wie in Zeitlupe.

Pernilla half mir, mein Kostüm auszuziehen und meine Perücke abzusetzen.

»Sag bitte Svante nicht, was passiert ist. Er macht sich nur unnötig Sorgen.«

Pernilla nickte schweigend.

Aus dem Foyer drangen Stimmen zu uns in die Garderobe – schwedische, französische, deutsche, spanische.

Sie klangen so glücklich. Und als man mich zum Taxi trug, sah ich, wie sie ihre Champagnergläser hoben und einander zuprosteten. Dreimal hoch und hipp, hipp, hurra.

Ich legte mich auf den Rücksitz und weinte den ganzen Weg bis in die Stadt.

Nicht, weil ich traurig war. Nicht, weil ich erleichtert war. Nicht, weil die Dinge so waren, wie sie waren.

Ich weinte, weil ich mich an keine Sekunde der Aufführung erinnerte.

Als wäre ich nie da gewesen.

SZENE 6

Gnocchi

Frühstück: 1/3 Banane. Zeit: 53 Minuten.

An der Wand hängt ein weißer DIN-A3-Bogen, auf dem wir notieren, was Greta isst und wie viel Zeit sie dafür benötigt. Es ist nicht viel. Und es geht nicht schnell. Aber in der Notaufnahme des Stockholmer Zentrums für Essstörungen sagte man uns, dass diese Methode auf lange Sicht häufig Erfolg brächte. Man schreibt jede einzelne Mahlzeit auf und erstellt eine Liste der Lebensmittel, die man essen kann, die man vielleicht zu einem späteren Zeitpunkt essen kann und die man essen können möchte.
Die Liste ist kurz: *Reis, Avocado, Gnocchi.*

Es ist Dienstag, der 8. November, und wir befinden uns irgendwo zwischen Kungsholms Strand und dem Abgrund. In fünf Minuten fängt die Schule an. Aber Greta geht heute nicht zur Schule. Sie wird diese Woche überhaupt nicht zur Schule gehen.
Gestern bekamen Svante und ich wieder eine E-Mail von der Schulleitung, die ihre »Besorgnis« über Gretas mangelnde Anwesenheit bekundete, obwohl Ärzte und Psychologen der Schule wiederholt ihre Situation schilderten.
Erneut erkläre ich die Lage, in der wir uns befinden, und erhalte als Antwort eine E-Mail, in der die Schule ihrer Hoff-

nung Ausdruck verleiht, Greta werde am Montag wie üblich zum Unterricht kommen, damit wir *dieses Problem* lösen können.

Aber Greta wird am Montag nicht zum Unterricht kommen. Greta hat vor zwei Monaten aufgehört zu essen, und wenn keine dramatische Veränderung eintritt, wird sie nächste Woche ins Sachssska Kinderkrankenhaus eingewiesen.

Das Mittagessen nehmen wir auf dem Sofa vor dem Fernseher ein und schauen dabei *Once upon a time – Es war einmal* auf DVD. Die Serie hat mehrere Staffeln, und jede Staffel umfasst ungefähr ein halbes geologisches Zeitalter. Das passt uns gut. Wir benötigen Dekaden an Zeit, um unsere Mahlzeiten zu bewältigen.

Svante kocht Gnocchi, kleine Kartoffelklößchen, die wie Rugbybälle geformt und groß wie Bonbons sind. Es ist unheimlich wichtig, dass die Gnocchi die richtige Konsistenz haben, sonst kann Greta sie nicht essen.

Wir legen sie abgezählt auf den Teller. Die Anzahl ist ein Drahtseilakt; nehmen wir zu viele, isst unsere Tochter nichts, nehmen wir zu wenige, isst sie nicht genug. Natürlich ist alles, was Greta isst, nicht genug, aber jeder kleinste Bissen hilft, und nichts darf verschwendet werden.

Greta sortiert die Gnocchi. Sie dreht sie hin und her. Sie drückt auf ihnen herum. Und dann fängt sie wieder von vorne an. Nach zwanzig Minuten beginnt sie zu essen. Sie lutscht und kaut winzig kleine Bissen. Es geht langsam. Eine Folge ist zu Ende. Neununddreißig Minuten. Wir beginnen mit der nächsten und notieren verschiedene Zwischenzeiten. Die Anzahl Bissen pro Folge. Aber wir sagen nichts.

»Ich bin satt«, verkündet Greta plötzlich. »Ich kann nicht mehr.«

Svante und ich sehen uns nicht an. Wir dürfen uns unsere Verzweiflung nicht anmerken lassen. Wir haben begriffen, dass nur das funktioniert. Wir haben andere Taktiken probiert. Alle nur denkbaren Methoden.

Wir haben es mit Strenge versucht. Wir haben geschrien, gelacht, gedroht, gefleht, gebettelt, geweint und uns alle möglichen Bestechungen ausgedacht, die unsere Phantasie ersinnen konnte. Aber dieser Weg scheint am besten zu funktionieren.

Svante geht zu dem DIN-A3-Bogen an der Wand und notiert: *Mittagessen: 5 Gnocchi. Zeit: 2 Stunden und 10 Minuten.*

SZENE 7

Die Kunst, Zimtschnecken zu backen

Es ist das dritte Wochenende im September 2014, heute Nachmittag muss ich ins Artipelag. Aber jetzt wollen wir backen.
Zimtschnecken, alle zusammen, die ganze Familie. Und wir haben uns fest vorgenommen, dass es klappt. Es muss klappen.
Solange wir die Zimtschnecken wie immer und in aller Ruhe backen, wird Greta sie auch wie immer essen können, und dann ist alles wieder in bester Ordnung. Es wird ein Kinderspiel sein. Für uns gibt es nichts Schöneres, als Zimtschnecken zu backen.
Also backen wir und tanzen dabei durch die Küche, um das fröhlichste Backfest in der Geschichte der Menschheit auf die Beine zu stellen.
Aber als die Zimtschnecken fertig sind, findet das Fest ein jähes Ende. Greta nimmt eine Zimtschnecke und riecht daran. Sie hält sie in der Hand und versucht, den Mund zu öffnen, aber es geht nicht. Wir sehen, dass es nicht gehen wird.
»Iss, bitte«, sagen Svante und ich im Chor.
Zuerst gelassen.
Dann mit etwas mehr Nachdruck.
Dann mit der ganzen Frustration und Machtlosigkeit, die wir in uns tragen.

Und schließlich schreien wir unsere Angst und Verzweiflung heraus:

»Iss endlich!!!!! Du musst essen, verstehst du?! Du musst essen, sonst stirbst du!!«

In dem Moment bekommt Greta ihre erste Angstattacke. Sie gibt einen Laut von sich, den wir noch nie von ihr gehört haben, niemals. Sie stößt einen abgrundtiefen Schrei aus, der über vierzig Minuten anhält. Wir haben sie nicht mehr schreien hören, seit sie ein Baby war.

Anschließend halte ich sie in den Armen, Moses hat sich neben uns zusammengerollt, seine feuchte Hundenase dicht an Gretas Kopf.

Die Zimtschnecken liegen auf dem Küchenfußboden.

Nach einer Stunde hat Greta sich beruhigt, und wir sagen, dass wir keine Zimtschnecken mehr essen und sie keine Angst haben muss.

»Alles kommt wieder in Ordnung, alles wird wieder gut.«

Dann muss ich ins Theater. Eine Matinee. Die Familie begleitet mich ins Artipelag, und im Auto fragt Greta:

»Werde ich wieder gesund?«

»Natürlich wirst du wieder gesund«, antworte ich.

»Wann werde ich wieder gesund?«

»Ich weiß es nicht. Bald.«

Wir halten vor dem imposanten Gebäude.

Ich gehe hinter die Bühne und singe mich ein.

SZENE 8

Im Kinderkrankenhaus

Ganz gleich, wie schlecht es mir ging, auf der Bühne habe ich mich immer wohl gefühlt. Die Bühne war mein sicherer Hafen. Aber jetzt habe ich eine Grenze überschritten, und jede *Xerxes*-Vorstellung ist eine einzige komplette Finsternis. Ich möchte nicht dort stehen. Ich möchte nicht dort sein. Ich möchte mit meinen Kindern zu Hause sein. Ich möchte überall sein, nur nicht in dem gottverfluchten Artipelag.

Und vor allem möchte ich Gretas Frage beantworten können: »Wann werde ich wieder gesund?«

Aber ich habe keine Antwort. Niemand hat eine Antwort. Zuerst müssen wir herausfinden, um welche Krankheit es sich handelt.

Alles beginnt im ambulanten Gesundheitszentrum ungefähr einen Monat nach dem Schulbeginn im Herbst 2014. Vor einigen Wochen war uns aufgefallen, dass irgendetwas nicht stimmt, und ein paar Tage nach Gretas Untersuchung erhalten wir einen Anruf von einer jungen Ärztin.

Die Testergebnisse sähen nicht gut aus, sagt sie und empfiehlt uns, ins Astrid-Lindgren-Kinderkrankenhaus zu fahren und weitere, gründlichere Tests vornehmen zu lassen.

»Müssen wir einen Termin vereinbaren?«, fragt Svante.

»Nein«, erwidert die Ärztin. »Sie sollten jetzt sofort hinfahren.«

Fünfzehn Minuten später haben wir Greta aus der Schule geholt und sind auf dem Weg in die Notaufnahme. Dort werden weitere Tests gemacht, danach müssen wir warten.

Also warten wir, während Druck und Sorge immer größer werden. Wir rufen Svantes Mutter Mona an, damit sie Beata von der Schule abholt.

Ein paar Stunden später erscheint eine neue Ärztin. Einige Werte deuten darauf hin, dass etwas nicht stimmt, aber sie können nicht herausfinden, was, sagt sie. Svante sackt auf dem Fußboden zusammen, und über mehrere Stunden hinweg befinden wir uns im freien Fall.

Die Pforten der Hölle öffnen sich einen Spaltbreit, und wir laufen im Behandlungszimmer auf und ab, wie so viele vor und so viele nach uns.

Wir haben ein fertig belegtes, in Klarsichtfolie eingewickeltes Baguette mit Curry-Remoulade gekauft, es liegt auf dem Hocker neben der Tür. Ich sitze auf dem Boden mit Greta auf dem Schoß und versuche, lustige Geschichten zu erzählen.

In den vergangenen Jahren haben wir oft an diese Stunden zurückgedacht. Allerdings nie im Detail. Svante erinnert sich daran, wie seine Beine auf dem Flur nachgegeben haben, und ich erinnere mich an die endlos schwere Dunkelheit, die uns und all die anderen Familien, die wie wir in den Sprechzimmern saßen, umgab. Aber ich erinnere mich nur an die wenigen Momente, an die ich mich erinnern will. Für den Rest fehlt mir die Kraft.

Hin und wieder, nur eine Zehntelsekunde lang, an der

Erinnerung zu rühren reicht häufig schon aus, um alles im Leben in die richtige Perspektive zu rücken.

Eine weitere Ärztin betritt den Raum. Sie schiebt das in Klarsichtfolie eingewickelte Baguette zur Seite und setzt sich auf den Hocker, geht mit uns die Testergebnisse durch und beruhigt uns. Sie hätten die Werte überprüft, und alles sähe gut aus. Nichts deute darauf hin, dass etwas nicht stimme. Wir dürfen aufatmen, den Göttern danken und nach Hause fahren.

An diesem Abend auf der Bühne zu stehen war kein besonders angenehmes Erlebnis. Aber verglichen mit den Familien aus dem Krankenhaus, die nicht nach Hause fahren durften, sondern weiter in den Sprechzimmern vor den Pforten zur Hölle saßen, war das ein Luxusproblem.

Einige Tage später bekommen wir einen Anruf vom Astrid-Lindgren-Kinderkrankenhaus. Die Ärztin empfiehlt uns, uns an die Kinder- und Jugendpsychiatrische Klinik BUP zu wenden. Sie habe in den Proben nichts entdecken können, das sich nicht auf Gretas problematisches Essverhalten zurückführen lasse.

»Das ist bei Mädchen in der frühen Pubertät nicht ungewöhnlich«, sagt sie. »Die Ursachen sind häufig eher psychologischer als medizinischer Natur.«

SZENE 9

Hunger

Manchmal ist unser Körper klüger als wir. Manchmal benutzen wir unseren Körper, um etwas zu sagen, das wir auf andere Art nicht ausdrücken können. Und manchmal, wenn uns die Kraft oder die Worte fehlen zu beschreiben, wie wir uns fühlen, benutzen wir unseren Körper als Dolmetscher.

Nicht mehr zu essen kann ein Symptom für vieles sein.

Die Frage ist, für was.

Die Frage ist, weshalb.

Dass Greta es geschafft hätte, dieses Baguette im Astrid-Lindgren-Kinderkrankenhaus zu essen, ist natürlich völlig undenkbar, und die Erkenntnis, dass unsere Tochter sich die ganze Zeit so fühlt, wie wir uns in jenem Moment, ist eine Tatsache und trifft uns mitten ins Herz.

Svante und ich suchen weiter nach Antworten. Nachts durchforste ich das Internet und lese alles über Anorexie, Autismus und Essstörungen, was ich finden kann. Wir sind uns sicher, dass es keine Anorexie ist. Aber Anorexie ist eine heimtückische Krankheit, die alles tut, um nicht entdeckt zu werden, das hören wir immer wieder.

Also halten wir uns diese Möglichkeit offen.

Unser Leben ist Chaos, und jegliche Logik scheint unendlich weit entfernt. Ich lese Artikel über Hochsensibilität, Glutenallergie, Harnwegsinfekte, PANDAS und neuropsychiatrische Diagnosen.

Tagsüber telefoniere ich von morgens bis abends, außer wenn ich ins Artipelag fahre, um meine Vorstellung zu geben, während Svante versucht, Greta und Beata ein Gefühl von Normalität zu vermitteln.

Ich rufe in der BUP an, bei der ärztlichen Telefonberatung, bei Medizinern und Psychologen. Ich rufe jeden flüchtigen Bekannten an, der sich mit diesem Thema auch nur ansatzweise auskennen und mir einen Tipp geben könnte. Es ist eine unendliche Kette aus Telefonaten und »Ich kenne jemanden, der jemanden kennt, der jemanden kennt ...«

Doch das Adrenalin hält mich aufrecht, und ich kann ewig weitermachen.

Obwohl ich kaum schlafe, den Appetit verloren habe und zu essen vergesse.

Meine Freundin Kerstin ist mit Lina, einer Psychiaterin, befreundet, und Lina und ich führen stundenlange Gespräche. Sie hört zu, sie gibt mir Ratschläge und verschafft uns einen Termin in der BUP-Zweigstelle auf Kungsholmen.

In Gretas Schule arbeitet eine Psychologin, die viel Erfahrung im Umgang mit Autismus besitzt. Sie telefoniert mit Svante und mir und meint, dass man natürlich gründliche Tests machen müsse, aber in ihren Augen – und ganz im Vertrauen – zeige Greta sehr deutliche Merkmale des Autismus-Spektrums.

»Asperger-Syndrom mit perfektionistischem Anspruch«, sagt sie.

Wir tun unser Bestes, um ihre Worte zu verdauen, und diese Möglichkeit klingt zweifelsohne sehr plausibel. Aber uns mit dem Gedanken anzufreunden, unsere Tochter könnte autistisch sein, fällt uns furchtbar schwer. Und unser gesamter Bekanntenkreis reagiert mit einem erstaunten »Was?!«, als wir ihnen von der Autismus-Theorie erzählen.

Kein einziges Autismus- oder Asperger-Klischeebild trifft auf Greta zu. Entweder ist die Schulpsychologin verrückt, oder wir sind auf eine gigantische Bildungslücke gestoßen.

Anschließend folgt eine lange Reihe von Beratungsgesprächen – in der BUP bis hin zum Stockholmer Zentrum für Essstörungen –, wo wir unsere Geschichte wiederholen und geeignete Maßnahmen diskutieren. Wir reden und reden, und Greta sitzt schweigend neben uns. Sie spricht nur noch mit mir, Svante und Beata. Svante und ich wechseln uns beim Reden ab.

Manchmal sind bis zu sechs Personen bei diesen Terminen anwesend, und obwohl uns jeder helfen will, kann uns niemand helfen.

Jedenfalls noch nicht.

Wir tappen im Dunkeln.

Nach zwei Monaten, ohne zu essen, hat Greta fast zehn Kilo abgenommen, und für jemanden, der von vornherein klein und zierlich war, ist das eine ganze Menge. Sie hat eine niedrige Körpertemperatur, und ihr Puls und Blutdruck zeigen deutliche Anzeichen von Hunger.

Sie ist zu schwach, um Treppen zu steigen, und in den Depressionstests, die man mit ihr macht, erreicht sie astronomische Punktzahlen. Wir erklären unserer Tochter, dass wir uns auf eine stationäre Behandlung im Krankenhaus einstellen müssen, und wir erklären ihr, wie man Nahrung, ohne zu essen, aufnehmen kann, durch Schläuche und Infusionen.

SZENE 10

Teufelskreis

Mitte November findet in der Kinder- und Jugendpsychiatrischen Klinik ein Krisengespräch statt, bei dem auch drei Mitarbeiter des Zentrums für Essstörungen anwesend sind.

Greta schweigt. Wie immer.

Ich weine. Wie immer.

»Wenn nach dem Wochenende keine Veränderung eingetreten ist, müssen wir dich im Krankenhaus behandeln«, sagt die Ärztin.

Im Treppenhaus auf dem Weg zum Ausgang dreht Greta sich um: »Ich will wieder anfangen zu essen.«

»Wenn wir zu Hause sind, können wir es mit einer Banane probieren«, erwidert Svante.

»Nein, ich will wieder ganz normal essen.«

Wir brechen alle drei in Tränen aus; dann fahren wir nach Hause, und Greta isst einen ganzen grünen Apfel. Doch dann geht nichts mehr, und wieder mit dem Essen zu beginnen erweist sich als schwieriger, als man denkt.

Greta ist zwar enttäuscht, aber sie gerät nicht in Panik. Ihr Entschluss steht fest, und wir versuchen es weiter, und am Ende entdecken wir im Dickicht einen schmalen Pfad, dem wir folgen können.

Wir machen ein paar zaghafte, tastende Schritte, und es funktioniert. Die Beine tragen.

Wir bewegen uns langsam vorwärts.

Wir haben Reis, Avocados, Calciumtabletten, Bananen und Zeit.

Wir nehmen uns Zeit.

Unendlich viel Zeit.

Svante bleibt zu Hause und weicht den Kindern nicht von der Seite. Wir hören Hörbücher, puzzeln, machen Hausaufgaben und notieren jede Mahlzeit auf dem DIN-A3-Bogen an der Wand.

Beata verschwindet in ihrem Zimmer, sobald sie von der Schule nach Hause kommt. Wir kriegen sie kaum zu Gesicht. Sie spürt unsere Unruhe und geht uns aus dem Weg.

Zusammen mit Greta hören wir *Eine Insel im Meer*, *In 80 Tagen um die Welt* und *Ein Mann namens Ove*.

Die ganze Auswanderer-Serie von Vilhelm Moberg. Titel von August Strindberg, Selma Lagerlöf, Mark Twain, Emily Brontë und die Stockholm-Romane von Per Anders Fogelström.

Eine Banane. Zeit: 25 Minuten. Eine Avocado mit 25 Gramm Reis. Zeit: 30 Minuten.

Vor dem Fenster fallen die letzten Blätter von den Bäumen. Und wir beginnen einen langen, langen Weg zurück.

Zwei Monate später hat der Gewichtsverlust nicht nur aufgehört – das Blatt hat sich gewendet, und langsam, ganz langsam zeigt die Kurve wieder nach oben. Auf der Liste an der Wand sind Lachs und Kartoffelkroketten hinzugekommen.

Im Stockholmer Zentrum für Essstörungen betreut uns ein phantastischer Arzt, der Gretas Gewicht und Pulswerte notiert und uns in seinem Sprechzimmer lange pädagogische Vorträge über Ernährung hält. Und wir fangen mit Sertralin an, einem Antidepressivum, dessen Dosierung nach und nach leicht erhöht wird.

Greta ist klug. Sie besitzt ein photographisches Gedächtnis und kann zum Beispiel alle Hauptstädte der Welt aufsagen. Wenn ich frage: »Kerguelen?«, antwortet sie: »Port-aux-Français.«

»Sri Lanka?«

»Sri Jayawardenapura Kotte.«

Und wenn ich »Rückwärts?« sage, kommt ihre Antwort genauso schnell, nur rückwärts. Svante, der als Kind Flugpläne auswendig gelernt hat, behauptet immer, sie sei eine bessere Ausgabe von ihm. Greta kann in weniger als einer Minute alle Elemente des Periodensystems aufzählen, aber es ärgert sie, dass sie nicht weiß, wie man einige von ihnen ausspricht.

Es gibt eine Lehrerin, die Greta in ihrer Freizeit unterrichtet. Zwei Stunden in der Woche, in Pausen und Springstunden, in der Schulbibliothek. Heimlich. Das genügt, damit Greta alle Fächer der fünften Klasse besteht.

Ohne diese Lehrerin hätte nichts funktioniert.

Rein gar nichts.

»Ich habe gesehen, wie viele hochsensible, leistungsorientierte Mädchen kaputtgegangen sind. Damit ist jetzt Schluss«, sagt die Lehrerin. »Meine Grenze ist erreicht.«

Wenn Menschen *kaputtgehen*, lassen sie sich nur schwer wieder *reparieren*, und obwohl ein großer Wille und auch Wissen da sind, sind die vorhandenen Werkzeuge häufig stumpf und nicht selten hoffnungslos ineffektiv.

Hilfe gibt es im Rahmen des Systems. Für einige. Für

diejenigen, die in eine der existierenden Schablonen passen. Greta gehört nicht dazu.

Monatelang haben wir fast pausenlos gekämpft, bis wir schließlich einsahen, dass wir alles selbst in die Hand nehmen müssen. Und wir sind bei weitem nicht die Einzigen, die zu dieser Einsicht gelangt sind.

Wir stecken in einem Teufelskreis fest und verbringen unsere gesamte wache Zeit damit, zu Terminen und Beratungsgesprächen zu gehen, bei denen diskutiert wird, was möglicherweise getan werden könnte, später.

In einem funktionierenden Sozialstaat gäbe es natürlich eine über ausreichend Mittel verfügende Instanz, die Präventivarbeit leistet und die Gesellschaft über psychische Krankheiten informiert. Eine Instanz, die Lehrer, Eltern und Kinder aufklärt und für Dinge sensibilisiert, die wir wissen sollten. Eine solche Instanz wäre wahrscheinlich die rentabelste Investition der modernen, kollektiven Gesellschaftsgeschichte.

Aber eine solche Instanz gibt es nicht.

Stattdessen gibt es eine Kinder- und Jugendpsychiatrie, in der alle auf dem Zahnfleisch gehen und in der ein Großteil der Zeit damit verbracht werden muss, Brände zu löschen. Stattdessen gibt es ein Schulsystem, in dem alle Schüler auf haargenau dieselbe Weise funktionieren sollen und in dem die Lehrer am Ende ihrer Kräfte sind.

Also muss man alles selbst machen.

Man muss sich Wissen aneignen, man muss kämpfen.

Und man muss verdammtes Glück haben.

SZENE 11

»Kinder sind gemein«

»Schauen die dich immer so an?«
»Weiß nicht. Glaub schon.«
Svante und Greta sind zur Schulabschlussfeier vor den Weihnachtsferien gegangen und haben versucht, sich unsichtbar zu machen, in der hintersten Reihe des Klassenzimmers, in den Fluren und im Treppenhaus.

Wenn Mitschüler auf dich zeigen und ganz offen über dich lachen, obwohl dein Vater neben dir steht, dann geht das weit über das übliche Maß hinaus. Sehr weit.

Gemobbt zu werden ist furchtbar. Aber gemobbt zu werden, ohne zu begreifen, dass man gemobbt wird, ist schlimmer.

Zu Hause in der Küche erzählt mir Svante, was sie gerade erlebt haben, während Greta ihren Reis und ihre Avocado isst.

Was ich zu hören bekomme, macht mich so fuchsteufelswild, dass ich die halbe Polhemsgatan dem Erdboden gleichmachen könnte, aber unsere Tochter reagiert anders. Sie ist glücklich. Nicht erleichtert oder gelassen, sondern glücklich. Überglücklich.

Während der Weihnachtsferien erzählt sie uns von Situationen und Vorfällen, die einfach nur erschreckend sind. Als wären sie aus einem Film, in dem alle typischen Mobbingszenen vorkommen. Jede einzelne wird der Reihe nach abgehakt.

Greta erzählt uns, dass sie auf dem Schulhof verprügelt oder in einen Hinterhalt gelockt wurde. Sie erzählt von systematischer Ausgrenzung und von ihrem Zufluchtsort, der Mädchentoilette, wo sie sich manchmal versteckte und weinte, bis die Pausenaufsicht sie zwang, nach draußen auf den Schulhof zu gehen.

Wir erfahren von weiteren Vorfällen, die sich seit einem Jahr ereignen.

Svante und ich informieren die Schule, doch die Schule ist anderer Ansicht. Sie bewertet die Situation anders. Die Schulleitung meint, es sei Gretas Schuld, denn mehrere Schüler hätten wiederholt gesagt, dass Greta sich sonderbar verhalte, zu leise rede und nie grüße. Den letzten Punkt schreiben sie uns in einer E-Mail.

Sie schreiben schlimmere Sachen als das, doch das erweist sich als Glücksfall, denn als wir bei der Schulbehörde Beschwerde gegen die Schule einreichen, haben wir damit stichhaltige Beweise, und die Schulbehörde entscheidet eindeutig zu unseren Gunsten.

Gretas Lehrerin unterrichtet sie weiter heimlich, obwohl die Schulleitung sie wiederholt auffordert, den Nachhilfeunterricht einzustellen, und ihr sogar mit Entlassung droht, sollte sie noch einmal mit Greta oder uns reden. Und so geht es weiter. Woche für Woche. Greta schleicht in die Schulbibliothek und stiehlt sich wieder heraus, während Svante draußen im Auto auf sie wartet.

Ich sage, dass sie wieder Freunde finden wird, später. Aber Greta antwortet jedes Mal:

»Ich will keine Freunde. Freunde sind Kinder, und alle Kinder sind gemein.«

Sie zieht Moses an sich.

»Ich kann deine Freundin sein«, sagt Beata.

»Das wird schon wieder«, sagt Svante und notiert auf dem DIN-A3-Bogen an der Wand: *1,5 Avocados, 2 Stückchen Lachs plus Reis, 1 Calciumtablette. Zeit: 37 Minuten.*

SZENE 12

Die Revanche der unsichtbaren Mädchen

Die Untersuchungsergebnisse des Stockholmer Zentrums für Essstörungen zeigen, dass Gretas Pulswerte sich normalisieren, und auch ihre Gewichtskurve verläuft endlich steil genug nach oben, um neuropsychiatrische Tests durchzuführen.
Unsere Tochter hat Asperger, hochfunktionalen Autismus und leidet unter Zwangsstörungen (OCD).
»Wir könnten auch noch die Diagnose Selektiver Autismus hinzufügen, aber diese Symptome legen sich häufig mit der Zeit.«
Wir sind nicht erstaunt. Zu diesen Schlussfolgerungen sind wir im Prinzip schon vor vielen Monaten gekommen.
Die Schulpsychologin ist bei dem Diagnosegespräch in der BUP dabei, und wir danken ihr, dass sie die Dinge von Anfang an beim Namen genannt hat.

Als wir die Kinder- und Jugendpsychiatrische Klinik verlassen, ruft Beata an. Sie isst heute Abend bei einer Freundin, und mein schlechtes Gewissen meldet sich. Das ist seit langer Zeit das erste Mal, dass Beata nicht alleine Abendessen muss.
»Bald kümmern wir uns auch um dich, mein Schatz«, verspreche ich ihr um meiner selbst willen, »aber zuerst muss Greta gesund werden.«

Der Sommer steht vor der Tür, und wir gehen zu Fuß nach Hause. Wir müssen fast nicht mehr darauf achten, keine Kalorien zu verbrennen.

SZENE 13

»Ihr seid die, die anders sind, ich bin normal.«

Joakim Thåström, schwedischer Singer-Songwriter

Das, was unsere Tochter durchgemacht hat, lässt sich nicht allein in medizinische Fachbegriffe fassen oder mit Anderssein erklären. Sie bekam die Dinge ganz einfach nicht zusammen.

In einer Schulstunde sieht Gretas Klasse einen Film über die Verschmutzung der Weltmeere. Im südlichen Pazifik treibt eine Insel aus Plastikmüll, die größer ist als Mexiko. Greta bricht während des Films in Tränen aus. Auch ihre Klassenkameraden sind betroffen. Am Ende der Stunde erzählt die Lehrerin, dass am Montag eine Vertretungskraft für sie einspringe, weil sie am Wochenende auf eine Hochzeit eingeladen sei – in Connecticut, außerhalb von New York.

»Wow, Sie Glückspilz«, sagen die Schüler.

Draußen auf dem Flur ist die Müllinsel vor der chilenischen Küste schon wieder vergessen. Aus Daunenjacken mit Pelzkragen werden neue iPhones gezogen; und alle, die schon einmal in New York waren, schwärmen davon, wie viele coole Läden es dort gebe, und in Barcelona könne man ganz toll shoppen, und in Thailand sei alles superbillig, und irgendwer fliegt mit seiner Mutter in den Osterferien nach Vietnam, und Greta bekommt das alles nicht zusammen.

In der Schulmensa gibt es an diesem Tag Hamburger, aber Greta kann nicht essen.

In der Mensa ist es warm und eng. Es herrscht ein ohrenbetäubender Lärm, und plötzlich ist dieses fettige Stück Fleisch auf dem Teller kein Nahrungsmittel mehr. Es ist der zerquetschte Muskel eines Lebewesens, das Gefühle hat, ein Bewusstsein und eine Seele. Die Müllinsel hat sich auf Gretas Netzhaut eingebrannt.

Sie fängt an zu weinen und will nach Hause, aber sie darf nicht nach Hause und soll in der Schulmensa tote Tiere essen und über Markenklamotten, Make-up und Handys reden.

Man soll sich den Teller mit Essen vollladen, sagen, dass es furchtbar eklig sei, und ein bisschen darin herumstochern, bevor man alles in den Mülleimer wirft – ohne Anzeichen von Autismus oder Anorexie oder irgendetwas anderem Unangenehmen zu zeigen.

Greta hat eine Diagnose gestellt bekommen, aber das schließt nicht aus, dass sie recht hat und wir anderen so falschliegen, wie man nur falschliegen kann.

Denn sosehr sie sich auch bemüht, die Gleichung, die wir anderen schon gelöst haben, geht für sie nicht auf; die Gleichung, die die Eintrittskarte zu einem funktionierenden Alltag darstellt.

Weil sie das sieht, was wir anderen nicht sehen wollen.

Greta gehört zu den wenigen, die unsere Kohlendioxide mit bloßem Auge erkennen können. Das Unsichtbare. Den farb-, geruchs-, und tonlosen Abgrund, den unsere Generation zu ignorieren gewählt hat. Sie sieht all das, selbstverständlich nicht buchstäblich, aber sie sieht, wie die Treibhausgase aus unseren Schornsteinen strömen, mit dem Wind in den Himmel steigen und die Atmosphäre in eine gigantische unsichtbare Müllhalde verwandeln.

Sie ist das Kind, wir sind der Kaiser.
Und wir sind alle nackt.

SZENE 14

Irgendetwas passt nicht ganz zusammen

Alle Eltern sagen von sich, sie würden, ohne zu zögern, vor einen Zug springen, um ihr Kind zu retten. Das ist ein Instinkt, den niemand leugnet.

Doch wenn dieser Zug dann tatsächlich kommt, ist es äußerst selten nur ein einzelner vorbeirauschender Zug.

Das Problem ist auch nicht die Zehntelsekunde, die man benötigt, um zwei Arme auszustrecken und jemanden aufzufangen. Aber irgendetwas passt nicht ganz zusammen. Und es ähnelt so gut wie nie den Rettungsszenen, die wir aus Filmen kennen.

Parallel zu Mobbing, Diagnosen und Ausgrenzung treten die Konturen eines sehr viel größeren Bildes zutage. Für uns klärte sich dieses Bild so langsam, dass wir es fast nicht bemerkten, dass etwas nicht stimmte.

Eigentlich war es überhaupt nicht schwer zu erkennen. Aber unbequem.

Und als wir endlich den Blick darauf richteten, konnten wir ihn gar nicht mehr abwenden. Denn die Erkenntnis, die man als Dreingabe dazubekommt, füllt plötzlich dein ganzes Gesichtsfeld aus, ändert alles, und jede Faser deines Körpers sagt dir, dass du weggucken sollst, aber das können wir nicht, denn es geht um unser Kind, und es gibt nichts, das wir für unser Kind nicht tun würden.

Wir brauchten vier Jahre, um dieses Bild zu erfassen; das Bild eines verzerrten Ganzen, das unser Leben verändern sollte.

SZENE 15

Philanthropie-Junkies

Ich war achtunddreißig Jahre alt, als ich berühmt wurde. Bekannt war ich schon, bevor ich den schwedischen ESC-Vorentscheid gewann.
    Aber berühmt ist etwas anderes. Und diesen Unterschied kann man niemandem erklären, der es nicht selbst erlebt hat.

»Was passiert, wenn Malena gewinnt?«, fragte meine damalige Agentin, als wir uns Mitte Januar tief seufzend über meinen Terminkalender für das Jahr 2009 beugten.
    »Malena ist Opernsängerin«, lachte Svante. »Dir ist doch wohl klar, dass sie nicht gewinnt?!«

Am Tag nach dem ESC-Vorentscheid flogen Svante, ich und vier Journalisten von *Aftonbladet* und *Expressen* nach Frankfurt, wo die Proben für *La Cenerentola* begannen, das fünf Tage später Premiere feierte. Es war stressig.
    Meine Agentin musste die Opernhäuser förmlich beknien, mich ein paar Tage freizustellen, weil ich nicht nur völlig unerwartet ins Finale des ESC-Vorentscheids gekommen war, sondern auch noch gewonnen hatte und während einer Arbeitsperiode, in der ich Titelrollen in Frankfurt, Wien und Stockholm sang, nach Moskau reisen musste.

»Wirst du es schaffen?«, fragte sie.

»Ich schaffe alles«, antwortete ich.

Svante und ich sind nie auf irgendwelche Premierenfeiern gegangen, ebenso wenig wie auf Promipartys – oder irgendwelche anderen Partys.

Man wird ungemein effektiv, wenn man mit Sozialphobie zu kämpfen hat, und sobald meine Konzerte oder Aufführungen zu Ende sind, gehe ich auf direktem Weg nach Hause.

Wenn ich in Stockholm auftrete, verlasse ich das Theater noch vor den Zuschauern und schminke mich auf dem Fahrrad ab. Und wenn ich nicht unbedingt auf meine eigenen Premierenfeiern gehen muss, drücke ich mich auch davor.

Die Kinder und die Arbeit. Das ist alles, wofür unsere Kraft reicht. Svantes und meine. Alles andere ist zweitrangig. So arbeiten wir, und so schreiben wir.

Wir versuchen, den Dingen eine Stimme zu geben, die wichtiger sind als wir, und für uns hat sich die Umwelt- und Klimaproblematik zum ultimativen Beispiel für die bestehende verdrehte Weltordnung entwickelt, deren Resultat sie ist.

Wir befinden uns inmitten einer akuten Nachhaltigkeitskrise, die sich unter anderem in der globalen Erwärmung niederschlägt. Aber wenn in Westafrika infolge der Krise Erdmassen einbrechen und im Nahen Osten ganze Landstriche verdorren und die pazifischen Inselstaaten durch den ansteigenden Meeresspiegel gefährdet werden, dann äußert sich die Krise in unserem Teil der Welt nicht zuletzt in Form von Stresserkrankungen, Segregation und immer länger werdenden Schlangen in der Kinder- und Jugendpsychiatrie.

Die Erde spricht durch unsere Schaubilder und Diagramme mit uns. Wir sehen, wie bewegliche Graphiken das Eis im

Norden verschlingen. Die Erde hat Fieber, aber das Fieber ist nur ein Symptom einer umfassenden Nachhaltigkeitskrise, bei der es in Wahrheit vor allem unser Lebensstil und unsere Werte sind, die unser künftiges Überleben bedrohen.

Im Endeffekt reduziert sich alles auf die Nachhaltigkeitskrise. Sie manifestiert sich sowohl in der Luftverschmutzung und der Biosphäre als auch in ökonomischen und politischen Systemen, und sie führt uns zum Kern des Gesundheitszustands der Menschheit.

SZENE 16

Zoobesuch in Antwerpen

Im Winter 2010 haben wir eine ziemlich heruntergekommene Wohnung in der Rue du Fosé aux Loups in Brüssel gemietet. Unsere jüngste Tochter Beata ist gerade vier geworden, und an einem meiner freien Tage wollen wir nach Antwerpen fahren und in den Zoo gehen. Auf dem Flug nach Brüssel ist eine Flasche Läuseshampoo in unserer großen Reisetasche kaputtgegangen, und unsere gesamten Habseligkeiten riechen nach diesem Shampoo. Alle Pippi-Langstrumpf- und Madita-DVDs sind kaputt, und im ganzen Treppenhaus stinkt es nach Paranix.

Wir stehen früh auf, und es ist noch nicht einmal neun Uhr, als wir uns auf den Weg zum Bahnhof Midi machen wollen. Aber eine Sache müssen wir vorher noch erledigen: Beata soll sich saubere Strümpfe anziehen. Sie reagiert auf viele Dinge extrem empfindlich, und Kleidung bildet da keine Ausnahme.

»Nein, das kratzt!«, schreit sie und wälzt sich im Flur auf dem Boden, weil der Pullover und die Hose nicht hundertprozentig richtig sitzen. Manchmal können wir sie zum Fahrstuhl tragen und sie im Kinderwagen anziehen, aber an manchen Tagen ist nicht einmal das möglich, an Tagen, an denen alles aus dem Ruder läuft und kein Alltagstrick funktioniert.

Und das ist natürlich kein Zustand.

Also bleiben wir heute konsequent. Bevor wir fahren, muss Beata saubere Strümpfe anziehen. Aber Beata weigert sich.

Nach zwei Stunden schlagen wir einen Kompromiss vor und nehmen die alten, schmutzigen Strümpfe, die sie schon fast einen Monat lang trägt.

Beata weigert sich.

Also setzen wir eine Grenze, wir sprechen ein Machtwort. Das ist natürlich nicht das erste Mal, aber heute haben Svante und ich den ganzen Tag Zeit und haben nicht vor nachzugeben.

Um zwei Uhr nachmittags verlassen wir die Wohnung und fahren mit dem Zug nach Antwerpen.

Beata trägt keine Strümpfe in den Schuhen. Sie sitzt auf ihrem Platz und baumelt vergnügt mit den Beinen.

Unser Duell ist zu Ende, und Beata ist die strahlende Siegerin.

»Verglichen mit dir ist Lotta aus der Krachmacherstraße die reinste Mahatma Gandhi«, sagt Svante lachend.

Beata setzt ihr spitzbübischstes Lächeln auf, und wie immer, wenn sie das tut, ist sie einfach nur unwiderstehlich. Man schmilzt dahin.

Beata ist zufrieden.

Wir fahren in den Zoo.

SZENE 17

Kernschmelze

Im Englischen bezeichnet man dieses Phänomen als *meltdown*, einen Ausbruch von Gefühlen, die sich aufgestaut haben, bis sie sich nicht mehr im Rahmen dessen bewältigen lassen, was wir als angemessenes Benehmen betrachten.

Einer von Beatas ersten meltdowns ereignete sich an Heiligabend, ein, zwei Monate vor unserem Ausflug in den Antwerpener Zoo.

Sie konnte die Erwartung und die ganzen Eindrücke nicht bewältigen und bekam einen explosionsartigen Anfall, bei dem sie ganz einfach die Kontrolle verlor und in einem Gefühlschaos versank.

Bei Beata setzten sämtliche Hemmschwellen aus, und am Ende haben wir auf dem Boden miteinander gerungen, bis ich sie ruhig in meinen Armen halten konnte.

»Verstehst du nicht, was du tust?«, schluchzte ich verzweifelt.

»Doch.«

»Aber warum machst du das?«

Auch Beata begann zu weinen.

»Ich weiß es nicht.«

Es gab viele Hinweise, dass etwas ganz und gar nicht so war, wie es sein sollte, doch das spielte keine Rolle. Für uns war die logische Reaktion zu schreien, mit den Armen zu fuchteln und von einer Vierjährigen eine Erklärung für ihr schlechtes Benehmen zu verlangen – wie zwei Idioten.

»Ich glaube, Beata hat ADHS«, sagte ich später zu Svante. »Das ist kein normaler Trotz.«

Ich hatte keine Ahnung, wie ich damals zu dieser Schlussfolgerung kam, und obwohl ich heute weiß, dass unsere Vermutung für sehr viele Jahre noch keine Hilfe gebracht hätte, wünschte ich, wir hätten uns mit dieser Möglichkeit bedeutend länger auseinandergesetzt, als wir es taten.

Erst sehr viel später merkten wir, wie sehr wir uns dagegen wehrten, einzusehen, dass die Situation über das hinausgeht, was als normal gilt. Stattdessen haben wir uns die Schuld gegeben und uns angepasst. So, wie man es macht.

In der Kita und außerhalb unserer vier Wände war Beata ein kleiner Engel. Pfiffig, lieb, schüchtern und einfach nur zauberhaft. Sie spielte das soziale Spiel nach allen Regeln der Kunst, und bei der kleinsten Andeutung, wir könnten den Erziehern in der Kita erzählen, wie sie sich zu Hause aufführte, brach sie in Tränen aus.

Natürlich wussten wir damals noch nicht, dass all das frühe ADHS-Anzeichen bei Mädchen waren. Woher hätten wir es auch wissen sollen? Schließlich hatte gerade keine staatliche Aufklärungskampagne zu diesem Thema stattgefunden.

Wir wussten nur das, was wir wussten. Und wir taten nur das, was unserem Wissens nach getan werden sollte. Man sollte Grenzen setzen, und man sollte seine Kinder so erziehen, dass sie *funktionieren*.

Also schimpften wir weiter.

Wir erzogen weiter. Wir setzten deutliche Grenzen. Und wir stiegen ins Auto, googelten Hotels im Handy und fuhren in den Norden. In Richtung Åre. Da die Familie nicht funktionierte, wenn wir nur zu viert waren, schlussfolgerte Svante, dass alles gut werden würde, wenn wir uns in Hotels und Restaurants unter Menschen mischten. Oder zumindest besser: »Dann kommt alles wieder ins Lot, wartet's nur ab.«

Und diese männliche rationale Logik funktionierte! Abgesehen von ein bisschen Schweiß, Stress und Tränen auf dem Kinderhügel fühlten wir uns wieder gut. Wir funktionierten.

Wir lernten Skifahren. Wir tranken heiße Schokolade und aßen Würstchen mit Pommes.

Nachmittags badeten wir im Pool und gingen anschließend ins Restaurant.

Es war ein schöner Urlaub.

Wir hatten das Problem vertagt und es zugunsten von harmonisch verlaufenden Ferien und ein bisschen Ruhe und Frieden unter den Teppich gekehrt. Wir gaben der Oberfläche den Vorrang vor dem Inhalt, so, wie wir es gelernt hatten. Wir verbargen unsere Andersartigkeit und unsere Schwäche. Wir richteten den Blick auf den Weg, der vor uns lag, und sahen nie zur Seite.

SZENE 18

Alltag

Ein halbes Jahr nach Gretas Diagnose hat sich unser Leben zu etwas geglättet, das einem Alltag mit Routinen ähnelt. Es ist 2015, und Greta besucht seit kurzem eine neue Schule. Ich habe meinen Terminkalender zusammengestrichen und arbeite auf Sparflamme.

Beata geht in die vierte Klasse. Sie lebt und atmet Musik und Tanz. Unsere jüngste Tochter ist völlig besessen von der britischen Girlband *Little Mix* und hat ihr Zimmer mit Bildern der vier Bandmitglieder Perrie, Jade, Jesy und Leigh-Anne tapeziert. Beata ist ein kleines Musikgenie.

Wenn ich muss, kann ich eine Oper innerhalb von zwei Tagen auswendig lernen, und ich kenne kaum jemanden, der ein besseres Gehör besitzt als ich – außer Beata.

Sie hat vor Tausenden Menschen gesungen, und während der Liveübertragung des traditionellen Liederabends Allsång im Stockholmer Freilichtmuseum Skansen hat sie jeden Ton getroffen, ohne auch nur das kleinste Anzeichen von Nervosität zu zeigen.

Ich kenne niemanden, der sich Musik schneller aneignet als sie.

Aber während wir alle Hände voll zu tun haben, wieder auf die Füße zu kommen und uns um Greta zu kümmern, häufen sich Beatas Wutanfälle. Obwohl sie erst zehn Jahre alt ist, gehen ihre Ausbrüche über das normale pubertäre Maß hinaus und übersteigen das, was man als normalen Zorn und Starrsinn bezeichnen kann.

In der Schule verläuft alles ganz normal.

Aber zu Hause bricht sie zusammen. Sie erträgt es nicht mehr, mit uns zusammen zu sein. Sie fühlt sich durch alles gestört, was Svante und ich tun. Vielleicht weil sie in unserer Gegenwart das soziale Spiel fallenlassen kann. Sie ist hochsensibel, und in unserer Gegenwart kann sie die Kontrolle verlieren und ihren Frust herausschreien, über Geräusche, Geschmäcker, Kleidung und alle anderen Dinge, die zu viel und zu anstrengend sind, um sie zu verarbeiten.

Beata geht es nicht gut. Aber noch ist uns die Ursache nicht klar. Genauso wenig wie uns klar ist, wie sehr uns allein der Versuch auslaugt, den Alltag zu bewältigen. Oder wie sich Erschöpfung auf das Urteilsvermögen auswirken kann.

SZENE 19

Als der Krieg bei uns einzog

Es ist Herbst 2015, und Europa erlebt die größte Flüchtlingskrise seit dem Zweiten Weltkrieg. Obwohl die Krise für die breite Bevölkerung gar nicht so groß ist, sofern man nicht als Sachbearbeiter beim Amt für Migration oder als Feuerwehrmann arbeitet und jede zweite Nacht ausrücken muss, um Brände in Flüchtlingsunterkünften zu löschen.

Wir sind der Meinung, dass keine Gesellschaft der Welt imstande ist, die größte Flüchtlingskrise seit dem Zweiten Weltkrieg zu bewältigen, ohne dass die Zivilbevölkerung die Ärmel hochkrempelt und versucht zu helfen. Also tun wir, was wir können.

Beata und Greta wollen noch mehr tun und schlagen vor, dass wir unser Sommerhaus auf der Insel Ingarö als Flüchtlingsunterkunft zur Verfügung stellen. Im November zieht eine syrische Familie dort ein, und wir kümmern uns um Busfahrkarten und Lebensmittel. Bis zum Ende ihres Asylverfahrens kann die Familie in unserem Haus wohnen bleiben. An den Wochenenden essen wir mit der Familie und allen Nachbarn syrische Gerichte und sehen uns Bilder aus Damaskus an.

Greta beugt sich über Eintöpfe und Beilagen und riecht nur an den Speisen. Beata sitzt kerzengerade und mit einem

Lächeln auf den Lippen auf unserem ausgeliehenen Sofa. Tapfer probiert sie sich durch die syrische Küche. Svante und ich geben uns Mühe, gute Gäste zu sein.

Aber auch wenn der Krieg bei uns zu Hause Einzug gehalten hat, ist er immer noch zu weit entfernt, um ihn zu begreifen.

Ganz gleich, wie viel Mühe wir uns geben: Die klitzekleinen Schritte nach vorn verlangen uns immer noch so unendlich viel Kraft ab, dass wir kaum fähig sind, etwas anderes aufzunehmen, wie sehr wir es uns auch wünschen. Wir sind zu erschöpft.

SZENE 20

Die schlechteste Mutter der Welt

»Du blöde Schlampe!«

Beata steht im Wohnzimmer, reißt DVDs aus dem Regal und wirft sie die Wendeltreppe zur Küche hinunter. Es gab eine Zeit, in der wir ausführliche Gespräche über die Bedeutung solcher Ausdrücke geführt haben, aber diese Zeit ist lange vorbei. Pippi und Madita bekommen ihren Teil ab. Es ist nicht das erste Mal, und es wird ganz bestimmt nicht das letzte Mal sein.

»Ihr kümmert euch nur um Greta. Nie um mich. Ich hasse dich, Mama. Du bist die schlechteste Mutter auf der ganzen Welt, du verdammte Bitch!«, schreit sie, als mich *Jasper der Pinguin* am Kopf trifft.

Gefolgt von *Rasmus und der Landstreicher*, *Harry Potter*, *Angelina Ballerina* und hundert weiteren Filmen.

Beata knallt ihre Zimmertür zu und tritt immer wieder mit voller Wucht gegen die Wand, und wir staunen ein weiteres Mal über die unglaubliche Stabilität von doppelten Gipsplatten. Die Wand hält, und die DVDs sind ohnehin schon seit langem lädiert.

Wir sind auch ziemlich lädiert, aber leider nicht so robust wie die Wände im Obergeschoss.

Zumindest ich nicht.

Bei der zweiten Explosion ist es bedeutend schwieriger, auf den Beinen zu bleiben. Auch wenn Gretas Zusammenbruch akuter war, weil sie nichts mehr aß, schmerzt diese Entwicklung auf eine ganz andere Weise.

Bei Greta ging es um Kilos, Minuten, Tage, Tabellen und Struktur. Alles war praktisch überdeutlich, und von diesem konkreten Schema ging eine Art Erleichterung aus. Bei Beata ist alles Chaos, Zwang, Trotz und Panik.

Ähnlich ist nur der Zeitpunkt – denn altersmäßig ereignet sich die Explosion um genau dieselbe Zeit: in der vorpubertären Phase, zwischen dem zehnten und elften Lebensjahr.

SZENE 21

Svante löst alle Probleme und fährt mit Beata nach Italien

Innerhalb weniger Wochen ist unser Alltag ein weiteres Mal zu einem Scherbenhaufen zersplittert.

Ich habe gerade ein Engagement am Stockholmer Stadttheater angetreten, und ich falle schnell. Meine Kraftreserven sind aufgebraucht, und das Adrenalin reicht nicht mehr aus, um mich wie bei Greta aufrecht zu halten.

Nicht ansatzweise.

»Das wird schon wieder«, sagt Svante und beschließt, vom Muster abzuweichen und mit Beata in den Urlaub zu fahren, damit sie Zeit miteinander verbringen, ein bisschen ausspannen und das tun können, was man im Urlaub eben so tut. Was das auch immer ist.

Greta kann wegen ihrer Essstörung nicht verreisen, und außerdem weigert sie sich zu fliegen, dem Klima zuliebe.

»Fliegen ist das absolut Schlimmste, was man machen kann«, erklärt sie.

Aber sie sagt, dass sie fahren sollen, wenn es ihrer kleinen Schwester hilft. Also fliegen Svante und Beata nach Sardinien und fahren in einem Mietwagen zu einem schönen Hotel in der Nähe der Meerenge von Bonifacio.

Sie schwimmen im Pool und essen im Restaurant, und diese männliche rationale Logik geht ein zweites Mal auf.

Der Umgebungswechsel tut Beata gut. Sie ist fröhlich und ausgeglichen.

Ein paar Stunden.

Dann bekommt sie Panik und will nach Hause. Im Hotel gibt es Geckos und Geräusche, und es ist zu warm, und sie kann nicht schlafen.

»Ich will nach Hause, jetzt«, schluchzt sie.

»Aber wir können jetzt nicht nach Hause. Unser Flug geht erst in einer Woche.«

Diese Realität überfordert Beata.

Sie bekommt eine Panikattacke, weint die ganze Nacht, und ihre Panik hat sich bis zum Frühstück nicht gelegt. Svante und Beata baden im Pool, aber Beata weint und will nach Hause. Sie hat Angst, und es geht ihr nicht gut.

Also packt Svante ihre Sachen, checkt aus dem Hotel aus, und die beiden steigen ins Auto und fahren den ganzen weiten Weg zum Flughafen mit *Little Mix* auf höchster Lautstärke.

Sie erreichen gerade noch den Nachmittagsflug nach Rom, und ich buche sie auf den SAS-Flug nach Stockholm am nächsten Morgen.

Svante findet ein schönes Last-Minute-Hotel in der Nähe der Piazza Venezia, und von der Dachterrasse sehen sie dabei zu, wie die Sonne hinter dem Petersdom untergeht, es wird ein stimmungsvolles Facebook-Bild, das viele Likes bekommt, und alle Freunde schreiben: »Genießt es!«

Svante lässt einen weiteren Teil seiner Unter-den-Teppich-kehr-Logik in der Ewigen Stadt zurück und fliegt nach Hause in Richtung von Arlandas glitzernden Stränden. Beata ist ausgeglichen und zufrieden.

Es ist Mittsommerabend 2016, und wir gehen alle vier mit Moses an der Leine vom Arlanda-Express zu Fuß nach Hause.

Greta und Beata pflücken unterwegs jede einen Blumenstrauß am Kungsholms Strand: sieben Mittsommerblumen, die sie unter ihre Kopfkissen legen, um von ihrer zukünftigen Liebe zu träumen.

»Ihr habt gerade einen CO_2-Ausstoß in Höhe von 2,7 Tonnen verursacht«, sagt Greta zu Svante. »Das entspricht der Jahresemission von fünf Einwohnern des Senegal.«

»Ich verstehe, was du meinst.« Svante nickt. »Von jetzt an werde ich versuchen, auf dem Boden zu bleiben.«

SZENE 22

Die Ballade vom Sommer 2016

Es wird kein guter Sommer. Keines der Kinder kann verreisen. Beata hat es versucht, aber jetzt will sie nicht mehr. Wir locken sie mit all den Aktivitäten, die man in der Stadt unternehmen kann.

Doch jeder unserer Vorschläge wird mit einem »Halt die Klappe, du blöder Idiot« quittiert, und Greta kann nur wenige Lebensmittel essen, die zu Hause in unserer Küche auf ganz bestimmte Weise zubereitet werden müssen. Sie kann in Gegenwart anderer Menschen nicht essen, und obwohl sie zugenommen und ihr Gewicht sich stabilisiert hat, darf sie keine einzige Mahlzeit auslassen.

Also bleiben wir zu Hause. Beata erträgt überhaupt keine Sinneseindrücke mehr. Sie erträgt uns nicht, und sie erträgt unsere Geräusche nicht. Alles ist zu laut, und sie bekommt die ganzen Gedanken in ihrem Kopf nicht zu fassen, es sind zu viele, und sie drehen sich zu schnell. Sogar Moses wird zu ihrer Projektionsfläche. Er verkriecht sich unter dem Flügel und versucht, so wenig wie möglich im Weg zu sein.

Wir müssen still sein.

Beata erfindet Spiele, die zu kompliziert werden, Spiele, die aus dem Ruder laufen und zum Zwang werden, und wenn es nicht so klappt, wie sie es sich vorstellt, richtet sie ihre Wut gegen uns, weil wir diejenigen sind, an denen sie ihren Frust abreagieren kann. Aber das genügt nicht, und ihre Frustration wächst. Am Ende entwickelt sie einen Zwang gegenüber allem, was Geräusche macht, wie eine Art Abwehrmechanismus. Jeder kleinste Laut kann einen Ausbruch verursachen. Also gehen wir drei anderen in den Park oder unternehmen zwischen den Mahlzeiten kurze Ausflüge. Wir besuchen Gewächshäuser und ökologische Gärten und tauchen unsere Füße in den Mälarsee.

Beata macht die Nacht zum Tag. Sie schläft gegen siebzehn Uhr ein und steht um drei Uhr morgens auf.

So vergeht eine Woche. Svante, Greta und ich essen im Gästezimmer von Plastiktellern, um keinen Mucks von uns zu geben. Alles läuft weiter. Die Situation ist alles andere als gut, aber sie funktioniert einigermaßen, wir kriegen die Tage über die Runden, und mit jedem Tag, der verstreicht, rückt das Ende der Sommerferien mit Kindern, die die ganze Zeit zu Hause im Bett liegen, näher.

Aber dann schrecken wir eines Morgens um sieben Uhr aus dem Schlaf, weil das ganze Haus bebt. Zwei Nachbarn sind im Urlaub und nutzen die Gelegenheit, um ihre Badezimmer renovieren zu lassen.

Zementfuhren werden herbeigeschafft, der Lärm ist ohrenbetäubend, in der Wohnung lässt es sich nicht aushalten. Doch Beata kann nicht nach draußen gehen, und die Umbaumaßnahmen sollen zwei Wochen dauern.

Innerhalb kürzester Zeit bricht das fragile Fundament, das wir errichtet haben, auseinander.

Wir bitten und betteln. Wir verwünschen und fluchen.

Die Hausverwaltung versucht, uns zu helfen, aber jeder hat das Recht, sein Badezimmer renovieren zu lassen.

Eine unhaltbare Situation ist noch viel unhaltbarer geworden, und wir verlieren abwechselnd die Fassung. An manchen Tagen versuchen Svante und ich, Grenzen zu setzen und konsequent zu bleiben, doch das macht alles nur noch schlimmer. Irgendwo inmitten des Chaos erhalten wir einen Termin in der BUP, und ich breche im Wartezimmer hyperventilierend zusammen.

Natürlich will man uns helfen, aber während der Urlaubszeit ist das schwierig, und wir fahren mit Kratzspuren an den Armen und im Gesicht in die Notaufnahme des Sachsska Kinderkrankenhauses, doch die ist geschlossen. Also pendeln wir einige Tage zwischen BUP und Notaufnahme hin und her, und letzten Endes verschreibt man uns wenigstens Tabletten, damit Beata abends leichter einschläft.

Aber die ganze Familie hat schon den Halt verloren.

Ich kündige mein Engagement am Stockholmer Stadttheater und nehme Antidepressiva und Beruhigungsmittel und warte darauf, dass die Sommerferien und die Badezimmerrenovierungen ein Ende haben.

Wir schreien. Wir treten Löcher in die Türen. Wir kratzen uns. Wir schlagen Wände ein. Wir tragen Ringkämpfe aus. Wir weinen. Wir bitten um Hilfe, und wir halten aus. Aber langsam, ganz langsam formt sich eine Einsicht in uns, und mit dieser Einsicht nimmt Beatas Reise ihren Anfang.

SZENE 23

Zwischen den Zeilen

Immer mehr Menschen wollen wissen, weshalb ihr Alltag nicht so funktioniert, wie der Alltag der meisten anderen Menschen zu funktionieren scheint.

Immer mehr Menschen benötigen Hilfsmittel, die in Worte fassen, dass sie beispielsweise eine Beeinträchtigung haben: Werkzeuge, die wir Diagnosen nennen. Deshalb sind Diagnosen gut, sie retten Leben.

Dass uns im Anschluss nicht klar ist, wie Diagnosen in der Praxis umgesetzt werden, und wir ständig mit falschen Schablonen gemessen werden, die sehr häufig mehr Schaden als Nutzen anrichten, steht auf einem anderen Blatt.

Autismus und ADHS und alle anderen neuropsychiatrischen Erkrankungen sind an sich kein Handicap. In vielen Fällen können sie im Gegenteil diese Superkraft ausmachen, dieses Über-den-Tellerrand-Hinausblicken, von dem so viele Künstler sprechen. Künstler wie ich, zum Beispiel.

Aber die Reaktionen, die durch eine Diagnose hervorgerufen werden können, sind auf jeden Fall mit einem Handicap vergleichbar; einem Handicap, das aufgrund von Unwissenheit, falschen Behandlungsmethoden oder Diskriminierung entsteht. Oder aus dem Unvermögen zu gesellschaftlichen Anpassungen, die erforderlich sind, aber selten erfolgen.

Das Handicap kann von mehreren getragen werden. Als Familie kann man entlasten, den Weg ebnen und die Komplikationen untereinander teilen, das hilft. Mit der richtigen Unterstützung und den richtigen Anpassungen verringern sich die Probleme häufig mit der Zeit. Bekommt man allerdings keine Hilfe, haben wir die Erfahrung gemacht, dass die Probleme schnell größer werden, und die ganze Familie Gefahr läuft, mehr oder weniger in eine Co-Abhängigkeit zu geraten oder eine Co-Behinderung zu entwickeln.

Das ist genau das, was momentan in Zehntausenden schwedischen Familien geschieht – Familien, die überwiegend am Rand der Gesellschaft leben, betroffen von einer sozialen Ausgrenzung, von der niemand die geringste Ahnung zu haben scheint.

Denn mit dem Rand der Gesellschaft verbindet man keine ökonomischen Ziele. Dort gibt es keine Lobbygruppen. Dort, zwischen den unsichtbaren Kindern und den unsichtbaren Familien, gibt es kaum jemanden, der Energie zum Reden hat. Es zehrt zu sehr an den Kräften, und eigentlich fehlt mir die Kraft, darüber zu schreiben. Denn zwischen den Zeilen steht eine Geschichte, die man nicht erzählen kann.

Eine Geschichte, für die niemand die Kraft oder die Möglichkeit besitzt, sie nachzuzeichnen, denn diejenigen, die sich einmal an diesem Punkt befunden haben, wollen niemals wieder dorthin zurückkehren und sich erinnern müssen. Es ist zu belastend. Es ist zu diffus.

Diese Geschichte ist für alle Betroffenen zu erniedrigend – und aus diesem Grund muss ich sie erzählen.

Es ist meine Pflicht, weil ich in der Position bin, mir Gehör zu verschaffen. Ich muss von den täglichen Telefonaten mit

Lehrern und Eltern erzählen. Von den Anrufen beim Werklehrer, der Mathematikvertretung, beim Vater der Klassenkameradin. Oder von den Tausenden E-Mails spätabends an verschiedene Pädagogen, damit die Kinder zur Ruhe kommen und schlafen können. Von dem Zwang, immer diejenige zu sein, die daran erinnert, dass das Beste für die Mehrheit das Schlimmste für den Einzelnen sein kann.

Ich muss von den Turngruppen erzählen, die gewechselt werden müssen, dem Abfragen von Hausaufgaben, das nicht funktioniert. Von Ausflügen, die abgesagt werden müssen. Von Medikamenten, die zur Neige gehen, und von der Apotheke, die kein Rezept bekommen hat. Von allen Vertretungskräften, die nicht auftauchen, und von schlaflosen Nächten und Telefonwarteschleifen in der BUP und Mitteilungen der Schule, die uns nie erreichen.

Von Nachbarn, die sich beschweren, und Löchern in den Wänden und enttäuschten Freunden, die sich nicht mehr melden. Von all den Handys und Computern und Instagramkonten, die man zur Hölle wünscht.

Von all den Antidepressiva und Beruhigungsmitteln. Von den Tagen, an denen ich nicht zu Hause schlafen darf, weil ich zu laut bin. Von Konzerten und Liedern, die ich in unserem Kellerabteil einstudieren muss. Von Freunden, die etwas auf Snapchat schreiben.

Von all den Tagen, an denen einem die Kraft fehlt oder an denen man rein gar nichts mehr möchte. Von all den Tagen, die eine einzige hoffnungslose Dunkelheit darstellen. Von all den Tagen – jedem einzelnen Tag in einem Zeitraum von über fünf Jahren –, an denen unsere Familie nicht zusammen essen oder sich kaum im selben Raum aufhalten konnte.

Von den Aufklebern der Nordischen Widerstandsbewegung an der Eingangstür und Bildern von unserem Haus, die im Internet veröffentlicht werden, und von den Abenden, an denen wir in die kinderpsychiatrische Notaufnahme rasen und im Wartezimmer ein Käsebrot bekommen und wieder nach Hause fahren, weil wir nur versucht haben, Grenzen zu setzen.

Von den Daheimgebliebenen: den Kindern, die es nicht mehr schaffen, in die Schule zu gehen.

Jemand muss von dem Schulsystem erzählen, in dem einer von vier Schülern auf der Strecke bleibt. Schülern, die kein Abschlusszeugnis bekommen, weil es den Förderschulen, die Millionengewinne einstreichen, »misslingt«, Lehrer einzustellen. Der lukrativste Misserfolg der Welt.

Von Kindern mit Autismus, die auf eine Schule gehen müssen, in der zweiundachtzig Prozent ihresgleichen gemobbt werden. Von all den Krisengesprächen mit Schulen und von all den Eltern und Lehrern, die völlig ausgebrannt sind. Von all denen, denen es schlimmer geht als uns.

Von den Zusammenhängen zwischen Autismus und Depression und Kindern, die sich das Leben nehmen.

Von der schwärzesten Statistik. Mädchen, die unter Anorexie leiden.

Und von der bodenlosen Trauer über all die Kindheiten, die unwiederbringlich verlorengehen, weil wir in einer Gesellschaft leben, die jeden Tag immer weniger Menschen integriert.

Einer Gesellschaft, der wir uns mit aller Macht anzupassen versuchen, und nein, man muss keine neuropsychiatrische Erkrankung haben, um all das Kranke rings um uns zu sehen.

Aber fest steht: Manchmal ist das Gesündeste, was ein

Mensch tun kann, kaputtzugehen. Das Problem ist, dass es auf lange Sicht nicht hilft.

Aus diesem Grund geben wir nicht auf.

Ganz gleich, was passiert, wir geben nie auf.

Wir versuchen es.

Wir *reparieren* einander.

Wir werden vielleicht nie hundertprozentig, aber wir können immer besser werden, und darin liegt die Kraft.

Darin liegt die Hoffnung.

SZENE 24

Streetdance

Heute ist Dienstag, und wir haben uns gerade von einem richtig miserablen Wochenende erholt.

Am Freitag hat eine neue Lehrerin Beata gefragt, weshalb sie so müde aussehe und wann sie abends ins Bett gehe?

»Um Mitternacht«, antwortete Beata. Die Lehrerin explodierte und hielt einen langen – natürlich gutgemeinten – Vortrag, wann man ins Bett gehen muss und wie viel Stunden Schlaf man benötigt, um die Schule zu bewältigen, und alles, was sie sagte, stresste Beata so sehr, dass sie das ganze Wochenende nicht schlafen konnte. Drei Tage später war unsere Familie ein weiteres Mal wie ein Kartenhaus zusammengefallen.

Aber heute ist Dienstag, und wir machen uns auf den Weg zum Tanztraining.

Es ist wichtig, dass wir pünktlich da sind, denn die Panik, möglicherweise zu spät zu kommen, ist manchmal so groß, dass wir gar nicht erst losgehen.

Also nehmen wir uns viel Zeit.

Beata muss nämlich bestimmte Pflastersteine meiden.

Sie muss immer den linken Fuß zuerst aufsetzen, und wenn sie sich vertut, muss sie wieder von vorne anfangen. Und ich muss auf genau dieselbe Weise gehen wie sie, was schwierig ist, weil meine Beine länger sind, und vermutlich bieten wir einen ziemlich merkwürdigen Anblick, wenn wir die Straße rauf- und runterlaufen. Rauf und runter.

Die Tanzschule ist nur einen Kilometer von unserer Wohnung entfernt, trotzdem brauchen wir fast eine Stunde. Beata hat diese Zwänge nur bei mir. Und das kann ich gut nachvollziehen. Mir ging es mit meiner Mutter genauso – alle meine Tics traten in ihrer Gegenwart sehr viel stärker hervor.

Als wir endlich ankommen, stellen wir fest, dass heute eine Vertretung die Stunde leitet, und das ist nicht gut, denn dann wird es anders, und Beata kann Veränderungen nicht leiden. Ich setze mich draußen vor den Raum und warte.

Jeden Dienstag sitze ich zwei Stunden vor diesem Raum. Ich darf mich nicht vom Fleck rühren, nicht einmal zur Toilette gehen, denn dann wird Beata nervös. Sie muss mich die ganze Zeit durch den Türspalt sehen können.

Dröhnende Bässe lassen Wände und Fußboden vibrieren. Die Unruhe zieht meinen Magen zusammen. So laut ist die Musik normalerweise nicht. Ich beantworte am Handy einige E-Mails und versuche, ein paar Dinge zu erledigen. Nach einer Weile schleiche ich mich in den Raum. Die Musik dröhnt, und acht Mädchen tanzen Streetdance-Choreographien, während die Vertretungskraft vor der Gruppe steht und Anweisungen brüllt. Das neunte Mädchen tanzt nicht – sie steht mitten im Raum, hält sich die Ohren zu und weint hysterisch. Sie zittert am ganzen Körper.

Ich stürze zu ihr und bitte zum achtzehntausendsten Mal darum, die Musik leiser zu machen. Sehen Sie nicht, dass meine Tochter weint?! Aber die Vertretungskraft versteht nicht, weshalb sie sich darum kümmern sollte, also nehme ich Beata an die Hand und gehe. Und Streetdance gesellt sich nun zu der langen Reihe an missglückten Gruppenaktivitäten.

Aber bevor wir gehen, darf ich Beata umarmen.

Lange. Sie weint verzweifelt in meinen Armen, und das ist schrecklich, aber ich darf mich zumindest wie eine Mutter fühlen, die von ihrem Kind gebraucht wird.

Es ist seit langer Zeit das erste Mal, dass ich mein geliebtes kleines Mädchen im Arm halten darf. Es ist wie eine Heimkehr nach einem Leben im Exil.

Es ist der beste Moment.

Von allen.

SZENE 25

Der Low-Arousal-Ansatz

Als bei Beata eine Reihe neuropsychiatrischer Untersuchungen vorgenommen werden, ist es Herbst. Svante und ich führen unser letztes BUP-Gespräch, bevor die Auswertung im Beisein von Beata und ihren Lehrern erfolgt.

»Ich weiß noch, wie Beata in der Schule geimpft werden sollte, und wochenlang Angst deswegen hatte«, sagt Svante. »Manchmal hat sie fürchterlich geweint, weil diese Spritze anstand. Am Tag der Impfung bin ich mit ihr zur Schulkrankenschwester gegangen, und im Behandlungszimmer hat Beata keine Miene verzogen. Sie hat ihren Pullover ausgezogen, ihren Arm hingehalten und sich die Spritze, ohne mit der Wimper zu zucken, geben lassen. Sie wirkte, als würde sie sich einen langweiligen Fernsehfilm ansehen. Sie bekam ein Pflaster, zog ihren Pullover wieder an und ging in den Unterricht zurück, als sei die Spritze das Normalste und die unwichtigste Nebensache der Welt. Aber als sie nachmittags nach Hause kam, brach sie zusammen.« Svante stottert ein wenig, während er von dieser Situation erzählt, das tut er immer, wenn ihn etwas mitnimmt.

Mehrere Krankheitsbilder treffen teilweise auf Beata zu, aber bei keinem erfüllt sie alle Kriterien für eine Diagnose.

»Man kann zu neunzig Prozent ADHS, zu sechzig Prozent Autismus, zu fünfzig Prozent Aufsässigkeits-Trotz-Syndrom und zu siebzig Prozent OCD haben, insgesamt also über hundert Prozent zutreffende Kriterien für neuropsychiatrische Störungen erfüllen, aber immer noch keine richtige Diagnose gestellt bekommen«, erklärt die Psychologin.

Als sie fertig ist, fällt mir auf, dass Svante zum ersten Mal seit fünfzehn Jahren in der Öffentlichkeit weint. Auch sonst weint er nicht oft, aber jetzt kann er nicht mehr aufhören.

»Sie müssen ihr helfen«, schluchzt er. Immer wieder.

Am Ende wird bei Beata ADHS diagnostiziert, mit Zügen von Asperger, OCD und eine Störung mit oppositionellem Trotzverhalten.

Wenn Beata keine Diagnose bekommen hätte, hätten wir nicht gemeinsam mit der Schule die Anpassungen vornehmen können, durch die sie sich integrieren und wieder wohl fühlen konnte. Hätte sie keine Diagnose bekommen, hätte ich es nicht den Eltern ihrer Mitschüler, ihren Lehrern und allen anderen Erwachsenen erklären können. Hätte sie keine Diagnose bekommen, hätte ich nicht mehr arbeiten können. Hätte Beata keine Diagnose bekommen, hätten wir dieses Buch niemals schreiben können.

So krass sieht die Wirklichkeit aus. Der Unterschied ist wie Tag und Nacht.

Aber jetzt bekommt Beata eine Diagnose, und es wird ein Neuanfang für sie, eine Erklärung, eine Rehabilitierung.

Unsere Tochter geht auf eine gute Schule. Eine Schule mit Ressourcen, mit ausgebildeten Fachkräften. Eine der wenigen Schulen, die Inklusion, Beeinträchtigungen und individuelle Anpassungen ernst nehmen. Aber nach wie vor ist es das freiwillige Engagement einzelner Lehrer, das den entscheidenden Unterschied ausmacht. Beata hat wunderbare Lehrer, mit deren Hilfe alles funktioniert. Sie muss keine Hausaufgaben machen. Wir können alle Gruppenaktivitäten abwählen. Wir vermeiden alles, was Stress verursacht.

Und es funktioniert. Zu Hause lernen wir, dass der deeskalierend wirkende Low-Arousal-Ansatz die beste Methode ist. Ganz gleich, was geschieht, wir dürfen auf Wut nie mit Wut reagieren, das bringt mehr Schaden als Nutzen. Wir passen uns an, und wir planen, mit genau festgelegten Routinen und Ritualen. Stunde für Stunde.

Wir versuchen Gewohnheiten zu finden, die funktionieren. Manchmal, wenn etwas Unvorhergesehenes eintritt, bricht alles zusammen, aber wenn das geschieht, fangen wir direkt wieder von vorne an. Wir teilen uns auf. Nehmen jeder ein Kind. Wohnen getrennt.

Jede Familie hat eine Heldin oder einen Held. Beata ist unsere Heldin. Als es Greta am schlechtesten ging, musste Beata zurückstecken und alleine klarkommen. Hätte sie das nicht getan, hätte rein gar nichts funktioniert. Ohne sie wäre es nicht möglich gewesen.

Ich stehe ihr am nächsten, denn ich bin ihre Mutter. Und wir sind uns so unheimlich ähnlich. Ich bin diejenige, die sie am besten versteht, und das weiß sie. Aber das würde sie niemals zugeben.

Manchmal mache ich Fehler. Manchmal bin ich das Kind. Ich schaffe es nicht immer, den Low-Arousal-Ansatz zu befolgen.

Aber ich liebe Beata bis ans Ende der Zeit und darüber hinaus.

SZENE 26

Higher Ground

Dass unsere Kinder am Ende Hilfe bekamen, geht auf viele verschiedene Faktoren zurück. Teilweise lag es am bestehenden Gesundheitswesen, an bewährten Methoden, guter Beratung und wirkungsvoller Medikation. Aber dass Greta und Beata diese Rehabilitierung erhalten haben, verdanken wir vor allem unserem eigenen Kampf, einem Zusammenspiel aus Geduld, Zeit, Glück sowie der Tatsache, dass eine Reihe von Menschen etwas getan haben, was sie nicht durften, aber von dem sie wussten, dass es richtig war.

Eine Gesellschaft kann sich nicht auf Glück oder zivilen Ungehorsam verlassen. Die meisten Eltern haben nicht 250 000 Follower in den sozialen Medien. Die meisten Eltern können nicht Vollzeit zu Hause bleiben, ohne sich krankzumelden. Die meisten Eltern verfügen nicht über den notwendigen sozialen Status.

2

Ausgebrannte Menschen auf einem ausgebrannten Planeten

*Ich kann nicht mehr.
Oder doch, ich kann schon,
aber ihr versteht das Prinzip.*

Nina Hemmingsson,
schwedische Karikaturistin

SZENE 27

Leugnung

Aus einem Lüftungsschacht in der Fleminggatan riecht es nach Weichspüler.

Stockholm. Januar.

Weihnachtsbaumfriedhöfe.

Ein nie enden wollender drei Grad kalter Regen begleitet mich durch nasskalte Straßen.

Zu Weihnachten und Neujahr ist die Stadt so gut wie leer, alle Stockholmer sind irgendwo anders.

In Los Angeles oder Thailand. In Florida oder Sydney. Auf den Kanarischen Inseln oder in Ägypten.

Wir Schweden sind engagiert. Wir setzen uns für fast alles ein, wofür man sich nur einsetzen kann. Wir setzen uns für Menschen in Not und Flüchtlinge ein und lehnen uns gegen Ungerechtigkeit auf.

Aus ökologischer Perspektive betrachtet, sind wir allerdings bei weitem nicht so großartig – und zu den Schlimmsten zählen Leute wie ich.

»Ihr Promis seid für die Umwelt ungefähr das, was der Rechtspopulist Jimmie Åkesson für die multikulturelle Gesellschaft ist«, sagt Greta am Frühstückstisch.

Das jemandem an den Kopf zu werfen, der Multikulturalität sehr schätzt, ist nicht nett. Aber ich fürchte, es trifft zu. Nicht nur auf Prominente, sondern auf die allermeisten Menschen. Jeder möchte schließlich erfolgreich sein, und nichts kann Erfolg so gut vermitteln wie Luxus, Überfluss und Reisen, Reisen, Reisen.

»Aber es ist auch so, dass ich kein Geld verdiene, wenn ich krank werde oder unbeliebt«, halte ich dagegen. »Nur weil man gewisse Möglichkeiten hat, sich Gehör zu verschaffen und mit gutem Beispiel voranzugehen, kann man doch nicht immer gleich moralisch zur Verantwortung gezogen werden.«

Aber Greta ist anderer Meinung. Sie scrollt durch meinen Instagramfeed. Sie ist wütend.

»Nenn mir einen einzigen Promi, der sich für das Klima einsetzt? Nenn mir einen einzigen Promi, der bereit ist, den Luxus aufzugeben, kreuz und quer in der Welt herumzufliegen?«

»Die setzen sich für andere Dinge ein«, sage ich, ohne auf ein einziges triftiges Argument zu kommen.

»Okay! Nenn mir eine einzige Sache, für die sie sich einsetzen, außer vielleicht gegen einen ausgewachsenen Atomkrieg mit fatalen Folgen, die wir nie wiedergutmachen könnten?«

Sie hat natürlich recht. Und wenn wir das Klima zerstören, dann lässt es sich nie wieder reparieren – und zukünftige Generationen werden nicht alles wieder einrenken können, so gerne sie das auch wollten.

Und klar, wir Menschen setzen uns für die falschen Sachen ein. Oder besser gesagt, wir setzen uns für das Richtige ein, aber solange wir dabei durch unseren Lebensstil gegen das Wichtigste überhaupt verstoßen, ist die Wahrscheinlichkeit hoch, dass wir am Ende vergeblich gekämpft haben werden.

Natürlich muss nicht jeder ein Klimaaktivist sein. Aber das Allermindeste wäre doch, dass wir zumindest damit aufhörten, unsere Umwelt und unseren Planeten aktiv zu zerstören, und es unterließen, unsere Klimazerstörung in den sozialen Medien wie Trophäen vorzuführen.

Ich bin natürlich selbst Teil des Problems. Noch keine drei Jahre her, da habe ich sonnige Selfies aus Japan hochgeladen. Ein »Guten Morgen aus Tokio«, und schon strömten Zehntausende Likes auf mein Handy.

Auf dem Heimflug saß ich einfach nur da und starrte den ganzen Tag gebannt auf Sibirien und das arktische Eismeer, während die Flugmotoren monoton brummten und ihren eigenen kleinen Teil zur Freisetzung der Treibhausgase beitrugen, die über Hunderttausende Jahre unter dem Permafrost der Tundra geschlummert hatten.

Etwas bedrückte mich. Etwas, das ich früher einfach Reisefieber oder Flugangst genannt hätte, das jetzt aber anfing, eine andere, deutlichere Gestalt anzunehmen. Irgendetwas stimmte nicht.

Ich war vor achttausend Menschen aufgetreten, und die Konzerte waren im japanischen Fernsehen ausgestrahlt worden, meine Reise hatte also doch einem Zweck gedient, dachte ich.

Als ob die Biosphäre und das Ökosystem sich für das japanische Fernsehen interessieren würden.

Leugnung ist eine starke Kraft.

SZENE 28

Völlerei

Eine für unsere Begriffe ausgewogene, intakte Atmosphäre ist eine endliche Ressource; ein begrenzter Naturvorrat, der allen Lebewesen gleichermaßen gehört. Mit der heutigen Menge an CO_2-Ausstoß wird dieser Naturvorrat in achtzehn Jahren aufgebraucht sein.

Bestenfalls.

In einer für uns intakten Atmosphäre darf der Anteil an Kohlendioxid nach Ansicht führender Forscher nämlich dreihundertfünfzig Millionstel nicht übersteigen.

Wir haben zum jetzigen Zeitpunkt schon die Marke von vierhundertzehn Millionsteln passiert, und in zehn bis zwölf Jahren werden wir voraussichtlich bei vierhundertvierzig sein.

Und so geht es weiter.

Bei einem Hin- und Rückflug von Stockholm nach Tokio in der Economyklasse beträgt der CO_2-Ausstoß einer Person 5,14 Tonnen Kohlendioxid (laut des Anbieters für CO_2-Kompensation vom Stockholmer Flughafen Arlanda).

Also in etwa genauso viel, wie wenn ein einzelner Mensch zweihundert Kilogramm Hackfleisch zu sich nähme, und das innerhalb der Zeit, die der Hin- und Rückflug dauert, also zirka fünfundzwanzig Stunden.

Unsere neuen Gewohnheiten lassen sowohl die Völlereien der alten Römer als auch den ausschweifenden Lebensstil der französischen Aristokraten im achtzehnten Jahrhundert in neuem Licht erstrahlen.

Der durchschnittliche CO_2-Ausstoß eines Bewohners von Indien beträgt laut Weltbank 1,7 Tonnen pro Jahr. In Bangladesch sind es nur 0,5 Tonnen.

Und nein, wir können bald nicht mehr von Solidarität und Gleichstellung sprechen, ohne unseren eigenen ökologischen Fußabdruck zu berücksichtigen. Für die Gerechtigkeit einzutreten ist ein Mandat, und es droht uns gerade aus den Händen zu gleiten.

SZENE 29

Symbiose

Vielleicht hätte ich doch lieber ein Kochbuch schreiben sollen. Ein Buch über Kekse und Lieblingskomponisten. Oder eben eine richtige Autobiographie. Erinnerungen einer Sängerin. Nichts über Burn-out, Medizin oder irgendwelche Diagnosen.

Ein schönes Buch, vielleicht über Yoga. In dem ich mich natürlich auch zu einfachen Umweltfragen äußere: zu Lebensmittelverschwendung, zum Gebrauch von Plastiktüten oder irgendeinem anderen Thema, das nicht als unangenehm oder störend aufgefasst wird.

Ein positives Buch, das so was wie Essstörungen oder Depressionen überhaupt nicht behandelt und verschweigt, dass man an manchen Tagen einfach nicht aus dem Bett kommt, weil man es weder will noch schafft.

Ich hätte kein Buch darüber schreiben sollen, wie es mir ergangen ist.

Kein Buch darüber, wie es meiner Familie in den letzten Jahren über lange Phasen hinweg ging.

Aber ich muss. Denn es ging uns beschissen. Mir ging es beschissen. Svante ging es beschissen. Den Kindern ging es beschissen. Dem Planeten ging es beschissen. Sogar dem Hund ging es beschissen.

Und wir mussten darüber schreiben.

Gemeinsam.

Denn als wir endlich einsahen, warum es uns so ging, fingen wir an, uns besser zu fühlen.

Wir mussten über das hier schreiben, weil wir zu denjenigen gehörten, die Hilfe bekamen. Wir hatten Glück, und manchmal glaube ich, dass wir aus all dem gestärkt herausgehen werden, gestärkt und geheilt. Oft denke ich das.

Und es ist an der Zeit, dass wir Menschen anfangen sollten, darüber zu sprechen, wie es uns geht. Wir müssen anfangen zu sagen, wie es ist, was Sache ist.

Wir leben in einer Zeit des historischen Überflusses. Die gemeinsamen Vorräte in der Welt waren nie größer. Genau wie die Kluft zwischen arm und reich. Manche Menschen haben unglaublich viel, mehr als sie benötigen. Andere haben nichts.

Gleichzeitig ergeht es der Welt um uns herum immer schlechter. Das Meereseis schmilzt, die Insekten sterben, die Wälder werden abgeholzt, und die Weltmeere und das Ökosystem kollabieren.

Genau wie die Menschen um uns herum. Die zugrunde gingen, wie wir es taten. Menschen, die immer noch völlig kaputt sind. Wie unsere Freunde.

Diejenigen, die abgehängt wurden.

Diejenigen, die in keine Schablone passten.

Diejenigen, die nicht das Glück hatten, den richtigen Arzt zu finden.

Diejenigen, die nicht einmal einen Platz in der Statistik bekamen.

Alle, die es tatsächlich geschafft haben, in Einklang mit dem Planeten zu leben, den sie bewohnen. Aber nicht die Art von Einklang, über den wir immer sprechen, dieses erdverbundene Leben in Harmonie mit der Natur.

Hier geht es um einen vollkommen neuen Einklang – einen neuen Akkord. Es geht dabei um ausgebrannte Menschen auf einem ausgebrannten Planeten. Und für diese Geschichten gibt es keinen Platz in Kochbüchern.

SZENE 30

Astrophysik

Die Erde benötigt 23 Stunden, 56 Minuten und 4,091 Sekunden, um sich einmal um ihre eigene Achse zu drehen und einen kompletten Tag zu vollenden. Manchmal scheint es zwar schneller zu gehen, aber tatsächlich ist die Geschwindigkeit auf die Millisekunde exakt. Ganz anders als bei jenen Dingen, die sich ebenfalls in Windeseile drehen, aber zweifelsohne an Geschwindigkeit zunehmen – unser Leben beispielsweise.

Als ich klein war, ging man davon aus, dass ein Computer niemals einen Menschen ersetzen könne. »Man sieht es ja beim Schach! Ein Computer kann einen Menschen nicht besiegen«, hieß es.

Dann, im Jahr 1990, kam ein Mann mit Namen Ray Kurzweil und behauptete, da die Datenkapazität der Welt sich jedes Jahr verdoppelt, würde ein Computer noch vor dem Jahr 1998 fähig sein, den besten Schachspieler der Welt zu schlagen. Das war ein rein logischer Folgeschluss.

Und tatsächlich wurde am 3. Mai 1997, in einer der berühmtesten Partien der Geschichte, der amtierende Schachweltmeister Garri Kasparow vom Computerprogramm Deep Blue von IBM besiegt.

So ist das also.

Heute ist Ray Kurzweil Entwicklungsleiter bei Google und behauptet Dinge, wie dass ein Kind, das mit einem Smartphone ausgestattet ist und in der afrikanischen Provinz lebt, Zugang zu mehr Informationen hat als der Präsident der Vereinigten Staaten vor gerade mal zwanzig Jahren. Dass Computer eine künstliche menschliche Intelligenz besitzen werden, ist laut Kurzweil ebenfalls eine reine Zeitfrage – eine mathematische Selbstverständlichkeit, die spätestens im Jahr 2029 eintreten wird.

Das verrät so einiges über die Geschwindigkeit, in der unsere Gesellschaft gerade verändert wird.

Aber auch nicht alles.

Denn wir erleben mehr, wir fühlen mehr, wir meinen mehr.

In den sozialen Medien diskutieren wir über Gesellschaftsfragen in einem Tempo und Ausmaß, das die 1990er Jahre wie die reinste Agrargesellschaft dastehen lässt.

Nichts darf ruhen, überall wird polarisiert und auf die Spitze getrieben.

Wir produzieren mehr. Wir konsumieren mehr. Eigentlich ganz egal, was wir machen, wir machen mehr davon. Viel mehr.

SZENE 31

Think BIG and Kick Ass in Business and Life

So lautet der Titel eines der bestverkauften Bücher des derzeitigen amerikanischen Präsidenten.
Think BIG!
Donald Trump verkörpert in unserer Gesellschaft das Schlimmste. Das ist der bisherige Höhepunkt auf dem Weg, den wir eingeschlagen haben, aber in seiner Welt leben wir natürlich schon lange. In der Welt der Gewinner. Einer Welt, in der alles expandieren muss.

Die Welt ist wie ein Karussell, das sich in immer höherem Tempo dreht – schneller und schneller.
Aber wie schnell ist schnell genug? Werden wir irgendwann den kritischen Punkt erreichen? Den Punkt, an dem wir nicht länger wegsehen können, wenn diejenigen, die es nicht schaffen, sich der Geschwindigkeit anzupassen, aus dem Karussell geschleudert werden?
All diejenigen, die wir einer Gesellschaft des ewigen Wachstums opfern. Jener Gesellschaft, die uns einen höheren Lebensstandard beschert, weil der Antrieb, es besser zu haben und der in schwindelnder Höhe lebenden Elite näher zu kommen, alles vorantreibt. Und natürlich, manchmal scheint es verlockend, einfach die Augen davor zu verschließen, dass

wir drauf und dran sind, den Ast abzusägen, auf dem wir alle gemeinsam sitzen.

Denn es ist Fakt, dass es trotz aller steigenden Wachstumskurven sehr vielen Menschen immer schlechter geht. Vereinsamung ist zu einer chronischen Volkskrankheit geworden. Burn-out und andere psychische Erkrankungen sind nicht länger nur eine tickende Bombe – die Bombe ist bereits hochgegangen.

SZENE 32

Stresserkrankungen und Krankenstand

Die Zahl der psychischen Erkrankungen bei Kindern im Alter zwischen zehn und siebzehn Jahren ist in der letzten Dekade um einhundert Prozent gestiegen. Laut einer Studie des schwedischen Zentralamts für Gesundheits- und Sozialwesen aus dem Dezember 2017 leiden fast hundertneunzigtausend Kinder und junge Erwachsene in Schweden an irgendeiner Form von psychischer Erkrankung. Am schlimmsten geht es Mädchen und jungen Frauen, von denen sechzehn Prozent bereits Kontakt mit jugendpsychiatrischen Einrichtungen hatten. Betroffen ist also beinahe jedes siebte Mädchen in Schweden.

Die Anzahl der ADHS- und Autismusdiagnosen hat sich in den letzten fünf Jahren mehr als verdoppelt.

Man spricht von zehntausend Fällen von Schulverweigerern – Kindern, die sich nicht mehr imstande fühlen, die Schule zu besuchen. Die Grauzone ist hierbei groß und die Dunkelziffer gigantisch, denn niemand will sich zu den Betroffenen zählen. Doch trotz ihrer Unvollständigkeit lässt sich in dieser Statistik die Kontur der Katastrophe erahnen.

Und es gibt keine Indizien, die darauf hindeuten, dass der Trend wieder abnehmen oder ganz zurückgehen könnte.

Stattdessen wächst er weiter.

SZENE 33

In Rock und Boxhandschuhen

Nirgends auf der Welt sind Frauen und Männer gleichgestellt, und das wird uns überall und ständig vor Augen geführt. Auf Muskelmasse oder Lungenkapazität bezogen, wird, ganz allgemein, die stärkste Frau es nicht mit dem stärksten Mann aufnehmen können. Doch das bedeutet nicht, dass Frauen schwächer sind als Männer.

Es ist natürlich eine Frage der Definition von Stärke und auf was wir dabei Wert legen. Trotzdem wird wohl niemand abstreiten, dass die Eigenschaften, die wir traditionell mit Erfolg und Glücksgefühlen verknüpfen, stark mit der männlichen Physiognomie zusammenhängen.

Höher, größer, schneller, stärker. *Mehr.*

Wir fordern mehr Gleichberechtigung in der Gesellschaft und verlangen von Frauen in Folge, ebenfalls diese männlich geprägten Eigenschaften zu verkörpern, obwohl sie diese niemals in gleicher Form sich werden aneignen können.

Wir Frauen müssen uns in den Wettstreit mit den Männern begeben, während diese die Regeln aufstellen. Genau wie die Frau auf dem ikonischen Bild, die ihre Hemdsärmel hochgekrempelt hat und ihren Bizeps vorführt, müssen wir werden und dabei sowohl Rock als auch Boxhandschuhe tragen – als Symbole für einen Kampf, den wir ganz am Ende nie werden gewinnen können.

Sollten wir es entgegen aller Erwartung doch tun, werden wir vermutlich als unweiblich bezeichnet: zu stark, zu ehrgeizig. Denn wie wir es auch machen, es ist so gut wie immer falsch. Und das wird so lange weitergehen, bis wir ernsthaft anfangen, die Strukturen offenzulegen, die unsere Welt steuern.

Die Strukturen, die dafür verantwortlich sind, dass immer mehr von uns aus dem Karussell geschleudert werden. Die Strukturen, die Menschen allzu oft direkter Lebensgefahr aussetzen, weil wir gezwungen werden, etwas zu sein, das wir nicht sind, wenn wir erfolgreich sein wollen. Oder einfach nur dazugehören wollen.

Laut des schwedischen Sozialversicherungsamts hat sich die Zahl der mit Erschöpfungssyndrom diagnostizierten Menschen seit 2010 verdoppelt. Sechs Jahre in Folge. Über achtzig Prozent der Betroffenen sind Frauen.

All diese Zahlen sprechen eine deutliche Sprache. Eine dramatische Sprache.

Und dass sie keinen größeren Platz in den Debatten und der Nachrichtenflut eingeräumt bekommen, spricht für sich. Und sagt, dass wir – auch hier wieder – den nachfolgenden Generationen demonstrieren, wen und was wir für wichtig halten. Und wen und was nicht.

Feminismus ist hingegen ein unglaublich diverser Begriff, und viele stutzen, wenn man ihn in den Kontext der Nachhaltigkeit stellt. Dabei verdient die Kombination beider Ideen eigentlich ganze Regale in jeder gutsortierten Bibliothek. In jedem Fall aber verkörpern Statistiken über Burn-out die Kehrseite der Konkurrenzgesellschaft – und Frauen und hochsensible Menschen sind dabei deutlich überrepräsentiert.

SZENE 34

Ein historischer Übergang

Wir befinden uns wie gesagt in einer Nachhaltigkeitskrise. Aber wir befinden uns ebenfalls in einer akuten Klimakrise. Es gibt so gut wie niemanden mehr, der die Krise noch abstreitet, was positiv ist. Das Problem besteht allerdings darin, dass von dem Moment an, in dem man sich die Existenz der Krise eingesteht, bis zu dem Punkt, an dem man begreift, was sie bedeutet, es ein weiter Weg ist. Ein unfassbar weiter.

Wir befinden uns jetzt mitten auf diesem Weg, einem Leerraum, in dem alles wie gewöhnlich weiterlaufen kann.

Wir glauben, dass wir wissen, was die Krise mit sich bringt. Und alle gehen davon aus, dass alle darüber Bescheid wissen.

SZENE 35

Ein Brief an all jene, die die Chance haben, gehört zu werden

Ich heiße Greta und bin fünfzehn Jahre alt. Meine kleine Schwester, Beata, wird im Herbst dreizehn. Wir dürfen bei den Parlamentswahlen, die im Herbst anstehen, nicht mitwählen, obwohl die Fragen, die auf dem Spiel stehen, Auswirkungen auf unser gesamtes zukünftiges Leben haben werden. Und zwar auf eine Weise, die mit früheren Generationen nicht vergleichbar ist.

Wenn wir hundert Jahre alt werden, werden wir auch das nächste Jahrhundert noch eine Weile erleben. Ich weiß, dass das sehr seltsam klingt, denn wenn man heute von *der Zukunft* spricht, dann sind damit ja eigentlich bloß die nächsten paar Jahre, die vor einem liegen, gemeint. Alles, was jenseits von 2050 ist, fühlt sich so weit weg an, dass es in der eigenen Phantasie gar nicht erst existiert. Trotzdem werden ich und meine kleine Schwester dann nicht einmal die Hälfte unseres Lebens hinter uns haben – hoffentlich. Mein Großvater ist dreiundneunzig Jahre alt, und sein Vater wurde neunundneunzig, es ist also nicht so unwahrscheinlich, dass auch wir ein langes Leben haben werden.

Im Jahr 2078 und 2080 werden wir unseren fünfundsiebzigsten Geburtstag feiern. Wenn wir Kinder und Enkel haben sollten, werden sie unsere Geburtstage vielleicht mit uns feiern wollen. Vielleicht wird dann eine von uns erzählen, wie es war, als wir Kinder waren. Vielleicht werden wir von euch erzählen.

Vielleicht werden sich unsere Kinder und Enkel wundern, warum ihr, die ihr die Möglichkeit hattet, gehört zu werden, rein gar nichts gesagt habt? Aber so muss es nicht kommen. Denn es ist ja möglich, dass wir alle damit beginnen, uns so zu verhalten, als würden wir uns in der Krise befinden, in der wir tatsächlich auch stecken.

Ihr sagt immer, dass die Kinder unsere Zukunft sind, und dass ihr alles Erdenkliche für eure Kinder tun würdet. Es klingt so zuversichtlich, wenn ihr das sagt. Und wenn ihr meint, was ihr sagt, dann hört uns doch bitte auch zu – denn wir wollen euren übertriebenen Elan nicht haben. Wir wollen eure Geschenke nicht, auch nicht eure Pauschalreisen, eure Hobbys, oder eure ganze grenzenlose Freiheit. Das einzige, was wir wollen, ist, dass ihr euch in der akuten Nachhaltigkeitskrise, die um euch herum in vollem Gange ist, ernsthaft engagiert. Und wir wollen, dass ihr endlich sagt, wie die Dinge wirklich sind.

SZENE 36

Die Luxusfalle

In Schweden werden laut einer Statistik des staatlichen Amts für Naturschutz pro Person elf Tonnen Kohlendioxid im Jahr ausgestoßen, wenn wir sowohl die Emissionen im eigenen Land als auch die im Ausland einberechnen. Gemäß dem Living Planet Reports des WWF rangiert unser ökologischer Fußabdruck unter den zehn größten der Welt, und wenn alle so leben würden, wie wir es jetzt tun, bräuchten wir 4,2 Erdkugeln.

Wir bilden uns ein, dass wir immer noch Wahlmöglichkeiten haben und dass wir verschiedene Emissionsarten verrechnen können. Wie z. B. Veganer werden, um weiter Flugreisen machen zu können. Ein Elektroauto kaufen, um weiter shoppen zu gehen und Fleisch zu essen. Oder die Kohlendioxidemission zu kompensieren für Dinge, die wir irgendwann einmal tun werden, obwohl unsere Hypothek aus Sicht der Nachhaltigkeit bereits über alle Maßen ausgereizt ist.

In Wahrheit haben wir unseren ökologischen Kredit in dem Moment aufgebraucht, als unsere Emissionen den Anteil von dreihundertfünfzig Millionstel Kohlendioxid in der Atmosphäre überschritten – nämlich im Jahr 1987.

SZENE 37

Biofallobst und Atommüll

»Schweden wird der erste fossilfreie Wohlfahrtsstaat der Welt sein«, sagte der schwedische Ministerpräsident, als er im Herbst 2017 seine Regierungserklärung verlas.

Das klang super. Genauso super wie zwei Jahre zuvor, als er ebenfalls die Regierungserklärung verlas und praktisch genau das Gleiche sagte. Doch rückblickend ist seit dem letzten Mal nicht so wahnsinnig viel passiert.

Eine Schätzung des schwedischen Vereins für Naturschutz *Naturskyddsföreningen* aus dem Jahr 2018 besagt, dass sich der schwedische Umweltetat auf elf Milliarden Kronen beläuft. Gleichzeitig sind im Staatshaushalt Subventionen in Höhe von dreißig Milliarden Kronen vorgesehen, die unmittelbar der Umwelt schaden. Subventionen zum Beispiel, die den Ausstoß von Treibhausgasen günstiger machen. Um einen Großbrand zu löschen, schicken wir also quasi einen Feuerwehrwagen voll Wasser los – und gleichzeitig drei Tankfahrzeuge voll Benzin.

Aber.

»Fossilfrei« ist zweifellos ein sehr schönes Wort. Sowohl wachstumsfreundlich als auch radikal. Und fast genauso kraftvoll wie »nachhaltig«, nur dass es mit erheblich geringeren Anforderungen einhergeht. »Fossilfrei« kann nämlich von der Sonnenenergie über Biofallobst bis hin zu Entwaldung, Emissionshandel und Atommüll alles bedeuten.

Wenn wir auf solche Worte wie »fossilfrei« setzen, bedeutet das, dass wir Worte wie »Wandel« in die Zukunft verschieben können und unsere ökologische Zahlungsfrist stattdessen um viele zusätzliche Jahre verlängern. Dann lässt sich bequem weiter damit prahlen, dass wir die Besten der Welt sind.

SZENE 38

Das Kleingedruckte

Recht häufig dürfen wir uns anhören, dass wir bald nur noch mit mickrigen zwei Tonnen Kohlendioxid pro Jahr und Person klarkommen müssen. Oder dass wir Schweden gezwungen sind, unseren Ausstoß auf ein Zehntel des aktuellen Werts zu senken, wenn wir das Pariser Klimaabkommen einhalten wollen. Doch alle derartigen Berechnungen beruhen auf Maßnahmen, die jenseits unserer eigenen Kontrolle liegen. Auf Erfindungen, die noch nicht erfunden wurden, auf eine nachhaltige Forst- und Landwirtschaft, die es noch nicht gibt.

Und sie setzen voraus, dass die anderen der bald acht Milliarden Einwohner der Erde nicht auf die Idee kommen, ihren Lebensstandard zu erhöhen und die Gewohnheiten zu übernehmen, die wir als unser selbstverständliches Recht betrachten.

»Die Zahl zwei Tonnen ist unglücklich«, sagt Kevin Anderson. Er berät als Klimaforscher die britische Regierung, ist Professor an der Universität in Manchester, Gastprofessor an der Universität von Uppsala und war stellvertretender Direktor des international anerkannten Tyndall Centre for Climate Change Research. »Die Zahl steht für eigentlich gar nichts, und ich vermute, dass sie ein altes Überbleibsel eines der ersten Berichte des UNO-Weltklimarats ist, als man auf unvollständige Ausstoßwerte zurückgriff und sagte, diese müsse man halbieren. Unser Ausstoß an Kohlendioxid muss auf null gesenkt werden, das ist die bittere Wahrheit.«

Die albtraumhafte Zahl kann also für ein unerreichbares Traumszenario stehen.

Das bedeutet aber trotzdem keineswegs, dass alle Hoffnung verloren und alles längst zu spät ist. Es bedeutet, dass wir unsere Gewohnheiten ändern müssen. Und zwar jetzt.

SZENE 39

Ein Traumspiel

Am Schlimmsten zu ertragen ist das Gefühl der Unwirklichkeit. Es gibt Momente, in denen man sich als jemand, der mit der Klima- und Nachhaltigkeitsfrage vertraut ist, ernsthaft fragt, ob man den Verstand verloren hat.
Verrückt geworden ist.
Momente, in denen man erkennt, dass das, was unseren Alltag prägt – das, was wir *normal* nennen – häufig so weit entfernt von dem Normalen ist, wie man sich nur vorstellen kann.
All die unfassbaren Augenblicke, in denen sich deine Umgebung in eine Kulisse verwandelt.
Ein klimatisiertes Hotelzimmer in einer brodelnden Millionenmetropole. Ein Einkaufszentrum mit vierhundert Geschäften. Die Fahrt durch einen Schneesturm, bis man den die Stadt unterquerenden Söderledstunnel erreicht und sich dort plötzlich sicher fühlt. Ein Lebensmittelgeschäft mit Produkten aus allen nur erdenklichen Ecken der Welt. Oder der innere Frieden, den man beim freundlichen Blick einer Schwedisch sprechenden Flugbegleiterin verspürt, die einem vertrauenerweckend zunickt, wenn man irgendwo am anderen Ende der Erdkugel in ein Flugzeug der SAS steigt.

All das, was wir und die anderen, mit denen wir unseren Alltag teilen, für natürlich halten und wodurch wir uns im Handumdrehen in Sicherheit wägen, fern aller Gefahr.

Jetzt erinnert all das an ein Bühnenbild, ein gigantisches Dekor aus dem Zeitalter des Menschen: dem Anthropozän.

Das Fest ist vorbei.

Das Spiel ist aus.

Da öffnet sich ein Fenster, und der Raum erstrahlt in neuem Licht. Das Unwirkliche wird wirklich.

Tücher und Gardinen flattern im Wind. Requisiten wirbeln umher. Masken werden abgenommen, und der Ton verflüchtigt sich über die Bühne und durch den Zuschauerraum. Alles wird auf den Kopf gestellt, alles wird umgekehrt.

Wir, die wir unsere Kultur stets von der Natur getrennt haben und denen die Fassade wichtiger war als alles andere, haben plötzlich eine unsichtbare Grenze überschritten. Einer nach dem anderen geraten wir ins Stocken und halten inmitten des Stücks inne, das um uns herum fieberhaft zu Ende gebracht wird.

Aber die Vorstellung ist bereits vorbei, und es ist an der Zeit, unser Verhalten zu ändern. Die vierte Wand einzureißen. Aufzuhören mit dem So-tun-als-ob.

Eine Gesellschaft, die das Äußere dem Inneren vorzieht, kann niemals eine nachhaltige Gesellschaft werden. Wir werden die Klima- und Nachhaltigkeitskrise unmöglich lösen können, wenn wir nicht die Kultur aufgeben, die uns verbietet, zu sagen, wie es wirklich um uns steht – all das, was wir Jahrzehnte und Jahrhunderte ignoriert und unter den Teppich gekehrt haben.

SZENE 40

Die Kunst zu lügen

»Manchmal brocken wir Menschen es uns selbst ein.« Der Ministerpräsident spricht in einer Liveübertragung aus dem Reichstagsgebäude über das Klima.

»Er lügt«, sagt Greta und steht vom Sofa auf, das vor dem Fernseher steht. »Er lügt!«

»Warum denn?«, frage ich.

»Er sagt, wir Menschen wären diejenigen, die es uns eingebrockt haben, aber das ist nicht wahr. Ich bin ein Mensch, und ich habe uns nichts eingebrockt. Beata hat uns auch nichts eingebrockt und du oder Papa auch nicht.«

»Nein, du hast recht.«

»Er sagt das nur, damit wir so weitermachen wie immer, denn wenn *alle* schuld sind, ist *niemand* schuld. Aber irgendjemand muss schuld sein, also stimmt es nicht, was er sagt. Es gibt doch nur ein paar hundert Firmen, die für den gesamten CO_2-Ausstoß stehen. Und es gibt nur sehr wenige extrem reiche Männer, die Tausende Milliarden dadurch verdient haben, den ganzen Planeten zu zerstören, obwohl ihnen die Risiken bekannt waren. Also lügt der Ministerpräsident, genau wie alle anderen.«

Greta seufzt.

»Nicht alle haben es uns eingebrockt, sondern nur ein paar wenige, und um den Planeten zu retten, müssen wir den Kampf gegen sie und ihre Firmen und ihr Geld aufnehmen und sie zur Verantwortung ziehen.«

SZENE 41

Grünes Wachstum

Wann immer wir einen Politiker oder einen Experten für Nachhaltigkeit über das Klima oder die Umwelt reden hören, sagen sie dasselbe – nämlich, dass unsere Kohlendioxidemissionen verringert werden müssen.

Und verringert werden müssen sie ja. Um zehn oder fünfzehn Prozent im Jahr, wenn wir das Zwei-Grad-Ziel des Pariser Klimaschutzabkommens einhalten wollen.

Das Problem ist nur, dass sich bislang diese Emissionen bis auf ein einziges Jahr niemals verringert haben. Diese Verringerung war eine Folge der globalen Finanzkrise. Es ist daher nicht weiter verwunderlich, dass für all diejenigen, die in kürzeren Perspektiven denken als ein naturhistorisches Museum, das nicht besonders erstrebenswert ist. Was im Großen und Ganzen alle Menschen der Welt betrifft. Die Emissionen steigen also weiter an, obwohl wir uns seit langem auf einem Niveau befinden, das haushoch über dem Grenzwert liegt, der eingehalten werden muss, um das Klima zu stabilisieren. Als wir zum letzten Mal eine so hohe Menge Kohlendioxid in der Atmosphäre hatten, lag die Wasseroberfläche etwa zwanzig Meter höher als heute.

Und nein, der Anstieg des CO_2-Ausstoßes ist natürlich kein Zufall. Wir haben uns entschlossen, ihn in Kauf zu nehmen, und deshalb wird er fortbestehen, bis wir eine Entscheidung treffen: nämlich wirtschaftliches Wachstum nicht länger zu unserem einzigen übergeordneten Ziel zu machen, sondern eine radikale Verringerung unserer Kohlendioxidemissionen. Das würde bedeuten, so schnell wie möglich alle Ölhähne abzudrehen und uns an die neue Wirklichkeit anzupassen, auf die die weltweite Forschungsgemeinschaft dringlich hinweist.

Das soll nicht heißen, dass grünes, nachhaltiges wirtschaftliches Wachstum nicht wünschenswert, möglich oder willkommen ist.

Aber gerade jetzt kann es für uns kein anderes Hauptinteresse geben, als den Ausstoß von Kohlendioxid zu verringern, denn unser Puffer ist komplett aufgebraucht.

SZENE 42

Der verdammt traurige Teil

Svante sitzt am Computer und reibt sich die Augen. Wir haben eine vorläufige Fassung unseres Buchmanuskripts zum Lesen rausgegeben und werten jetzt das Ergebnis aus. Er dreht sich zu Greta um:

»Okay, die finden, dass der Text um Szene 41 etwas schwermütig klingt und fänden es auflockernder, wenn du und Beata dort mehr vorkommen würdet. Vielleicht können wir da also noch etwas hinzufügen?«

»Wie denn?«, fragt Greta, die gerade einige Bilder von Schweinen in Schlachthöfen herausgesucht hat, von denen sie hofft, dass sie mit ins Buch kommen, um zu thematisieren, dass Millionen Tiere ihr kurzes Leben lassen müssen, nur weil wir Menschen uns das Recht herausgenommen haben, sogar das Leben zu industrialisieren.

»Tja, wir könnten etwas über euch schreiben?«

»Nein«, antwortet sie knapp. »Es kommt ja später noch genug Privates und so. Mamas Burn-out und dieses ganze Zeug, das die Leute so liebend gern über Promis lesen. Das hier ist ein Buch über das Klima, und es muss traurig sein. Das müssen sie aushalten.«

SZENE 43

Business as usual

Auf großen Teilen des Planeten herrscht ein Informationskrieg um unsere zukünftigen Überlebensbedingungen. Forscher und Umweltorganisationen bilden eine Front, Wirtschaft und Lobbyisten die andere.

Dank des Desinteresses der Medien ist unser zukünftiges ökologisches Sein oder Nichtsein auf ein politisches Spiel reduziert worden, in dem Aussage gegen Aussage steht und der Populärste gewinnt. Und welches Klima- und Nachhaltigkeitsnarrativ verkauft sich wohl besser? Das, das uns Veränderungen abverlangt, oder das, das behauptet, wir könnten bis in alle Ewigkeit weiter shoppen und durch die Welt fliegen?

Welche Erzählung ist wohl diejenige, hinter die sich die meisten Politiker stellen? Das Problem besteht allerdings darin, dass bei der beliebteren der beiden Alternativen ein paar kleine Details übersehen wurden. Zum Beispiel, dass es sich um eine Krise handelt und eben nicht um die Chance zu neuem wirtschaftlichen Fortschritt. Die größte Bedrohung der Menschheitsgeschichte ertrinkt also in einem Meer aus Nachhaltigkeitsversprechen für ein zukünftiges, ewig »grünes« Wachstum.

Hier haben die schmelzenden Pole keinen Platz. Hier

spricht man nicht darüber, wie die globale industrielle Landwirtschaft unsere eigene Zukunft riskiert. Und hier erzählt niemand davon, wie die Regenwälder dieser Erde so heftig gerodet werden, dass sie insgesamt kein Kohlendioxid mehr binden können, sondern stattdessen gigantische Mengen jenes Stoffes ausstoßen, der langsam die Atmosphäre vergiftet.

Eine der besten Eigenschaften des Menschen ist sein Vermögen, sich an Veränderungen anzupassen. Und auch wenn wir Veränderungen nicht unbedingt immer willkommen heißen, so fügen wir uns ihnen doch fast immer, wenn wir mit lebensbedrohlichen Begebenheiten konfrontiert sind.

Das sechste Massenaussterben auf unserem Planeten, das überall um uns herum einsetzt, ist eine solche lebensbedrohliche Begebenheit. Die Eisschmelze auf Grönland, in der Arktis und der Antarktis sind solche lebensbedrohlichen Begebenheiten. Die Tatsache, dass wir in einer extrem ungewöhnlichen Zeit der klimatischen Stabilität gelebt haben – einer Stabilität, die die Entstehung der Zivilisation möglich gemacht hat – und dass unser Lebensstil dazu geführt hat, dass dieser Abschnitt jetzt hinter uns liegt, ist eine solche lebensbedrohliche Begebenheit. Doch diese Geschichten dringen nicht zu uns vor, weil wir sie in einer Flutwelle aus Abfall ertränken.

Eine neue Weltordnung steht vor der Tür. Astronomisch überhöhte wirtschaftliche Interessen stehen auf dem Spiel: Lügen, Halbwahrheiten und kreative Statistiken werden fleißig und in alle denkbaren Richtungen gestreut. Ein CO_2-Ausstoß wird gegen den anderen aufgerechnet, obwohl *alle* dramatisch verringert werden müssen.

Die Luftfahrt gibt den Autos die Schuld. Die Landwirtschaft der Luftfahrt. Die Autofahrer der Schifffahrt. Schließlich ist es immer einfacher, die Schuld anderen zuzuschieben, als sich an die eigene Nase zu fassen. Und es findet sich fast immer jemand anderes, der mehr unternehmen müsste als man selbst. Es gibt immer irgendeine internationale Gesetzesinitiative oder ein anderes kleines Detail, auf das man meint, sich konzentrieren zu müssen, statt zu handeln. Es ist unsere Zukunft, die auf dem Spiel steht, doch wir begnügen uns mit einem »Ja, aber die anderen!?«. Der Ausstoß wird zwar nicht verringert, aber wenn wir wie gehabt weitermachen, nützt das doch allem und allen!

Stimmt, allem außer dem zukünftigen Leben auf der Erde. Aber wer interessiert sich schon für so etwas?

Wir haben unser Schicksal in die Hände des guten Willens gelegt, und zwar in einer Zeit, in der sogar von Kranken und Schulkindern mit Handicaps erwartet wird, dass sie wirtschaftlich rentabel sind.

Was kann schon groß schiefgehen?

SZENE 44

Liebedienerei

»Donald Trump ist wenigstens ehrlich. Er setzt sich für Arbeitsplätze und Geld ein, und das Pariser Abkommen ist ihm scheißegal, und deswegen halten ihn alle für einen Extremisten. Dabei machen wir doch genau dasselbe«, sagt Greta.

Wir sehen uns die Wiederholung der Debatte der Parteivorsitzenden des schwedischen Parlaments im Internet an. Svante geht stattdessen mit dem Hund raus. Er schafft es nicht, mitzugucken, er wird zu wütend.

»Unser CO_2-Ausstoß ist einer der höchsten der Welt«, redet Greta aufgebracht weiter. »Und jetzt kommen praktisch alle Parteivorsitzenden an und sagen, dass wir uns nicht auf unseren *eigenen* Ausstoß konzentrieren, sondern stattdessen Nachbarländern helfen sollten, die anscheinend noch schlechter abschneiden als wir. Aber unser ökologischer Fußabdruck ist ja viel größer!! Und niemand sagt etwas!«

Sie sitzt auf dem Sofa mit dem Laptop auf dem Schoß. Draußen vor dem Fenster hat schon hochsommerliche Hitze Einzug gehalten, obwohl der Kalender gerade mal Mai anzeigt.

»Wir liegen weltweit auf dem achten Platz«, fährt sie fort. »Und wir sollen anderen helfen? Den USA und Saudi-Arabien oder was? Wir sind ja wohl diejenigen, die Hilfe nötig haben. Und die Moderatoren sagen nichts, weil sie wohl nicht wissen, dass wir unseren CO_2-Ausstoß in andere Länder exportiert haben. Keiner weiß Bescheid, weil man ja darüber nicht spricht. Alle beschweren sich über Trumps alternative Fakten, aber wir sind sogar noch schlimmer als er, denn wir betrügen uns selbst, indem wir glauben, dass wir gute Dinge für die Umwelt tun.«

Am Tag drauf unterziehen die Zeitungen die Behauptungen aus der Debatte einem Faktencheck. Aber was untersucht wird, sind vollkommen andere Dinge, als die, über die wir gesprochen haben – nämlich in welchem Tempo das Eis tatsächlich schmilzt. Sind es wirklich zweihunderttausend Quadratmeter Eis pro Minute oder doch bedeutend weniger? Aber dass die meisten Parteivorsitzenden in ihren Reden den Wert von Schwedens Kohlendioxidausstoß mehr als halbiert haben, stört niemanden. Greta liest den Artikel am Frühstückstisch und kommentiert:

»Am einen Tag verpassen wir das Klimaziel. Am anderen Tag sollen wir alle Flughäfen ausbauen, die Zahl der Passagiere verdreifachen und *klimasmarte* Autobahnen bauen. Es heißt immer, dass die Klimaleugner Idioten sind. Aber alle sind ja wohl Klimaleugner. Jeder von uns.«

SZENE 45

Die Optimisten

Im Sommer 2017 haben sechs führende Wissenschaftler und Entscheidungsträger für Klimafragen in der Zeitschrift *Nature* geschrieben, dass die Menschheit jetzt exakt drei Jahre die Möglichkeit hat, die Kurve der Kohlendioxidemissionen umzulenken, nämlich steil nach unten. *Three years to safeguard the planet.* Sollte dies nicht gelingen, bestehe das große Risiko, das Zwei-Grad-Ziel des Pariser Klimaschutzabkommens zu verfehlen, was eine fatale Abwärtsspirale von Klimakatastrophen zur Folge hätte.

Sofern die Welt nicht bereit ist, im Jahr 2025 fast alle Fabriken stillzulegen und Autos und Flugzeuge an Ort und Stelle stehen und langsam vor sich hin rosten zu lassen, während wir uns von Vorräten aus der Speisekammer ernähren. Und die Urheber des Artikels gelten nicht gerade als Panikmacher.

»Die Verfasser zählen zu den Optimisten«, schrieb die *Washington Post*.

Seitdem ist ein Jahr vergangen, und fast nirgendwo sind Zeichen für den revolutionären Wandel sichtbar, den wir so dringend benötigen. *Schweden ist so vorbildlich*, bekommen wir oft zu hören. Aber in Wahrheit gibt es noch kein Land, das sich vorbildlich verhält. Jedenfalls nicht in unserem Teil der Welt.

Denn unser Klimakampf läuft schließlich nicht auf die Rettung des Klimas hinaus – wir kämpfen bloß dafür, dass wir weiter so leben dürfen wie bisher.

SZENE 46

Anno Domini 2017

2017 war das Jahr, in dem neun Millionen Menschen an den Folgen von Umweltverschmutzung starben.

Das Jahr, in dem über zwanzigtausend Wissenschaftler die Menschheit nachdrücklich gewarnt und erklärt haben, dass wir geradewegs auf eine Klima- und Nachhaltigkeitskatastrophe zusteuern; dass die Zeit uns davonläuft.

Es war das Jahr, in dem deutsche Forscher feststellten, dass fünfundsiebzig bis achtzig Prozent der Insekten verschwunden waren. Wenig später erschien der Bericht darüber, dass der Vogelbestand in Frankreich »kollabiert« war und sich das Vorkommen bestimmter Vogelarten um bis zu siebzig Prozent verringert hatte, da die Vögel keine Insekten als Nahrung mehr finden konnten.

2017 war auch das Jahr, in dem zweiundvierzig einzelne Personen im Besitz von mehr Geld waren als die Hälfte aller übrigen Menschen auf der Welt zusammen. In dem zweiundachtzig Prozent des totalen Vermögenszuwachses der Welt an das reichste *eine* Prozent ging.

In dem Meereseis und Gletscher in Rekordtempo schmolzen.

In dem fünfundsechzig Millionen Menschen auf der Flucht waren.

In dem Orkane und Wolkenbrüche Tausende von Todesopfern forderten, Städte unter Wasser setzten und die Existenz ganzer Nationen bedrohte.

Es war außerdem das Jahr, in welchem die Kurve des CO_2-Ausstoßes wieder nach oben ging und die Menge an Kohlendioxid in der Atmosphäre weiter anstieg, und zwar in einer Geschwindigkeit, die es in geologischen Maßstäben nur mit dem Drücken des WARP-Knopfs in einem Star-Trek-Film aufnehmen kann.

SZENE 47

Nein, bitte keine Texte über das Klima mehr

»Die Klimafrage brennt. Sie ist superwichtig. Aber ich möchte, dass du über andere Themen schreibst.«

Einmal im Monat schreibe ich für die Medienunternehmen Mittmedia und *Dalarnas Tidningar*, und heute ist die Deadline für den November. Meine grundgescheite Redakteurin hat gerade weitere dreitausend Zeichen ohne Leerzeichen zum Thema Klima bekommen, und sie äußert verzweifelt ihren Unmut: »Ich möchte keine Texte zur Klimafrage mehr bekommen!«

Uns geht es genauso. Svante und ich möchten auch keine Texte mehr zur Klimafrage schreiben. Ich möchte über andere Themen schreiben. Die Themen, die ich mit der Zeitung abgesprochen hatte. Kultur. Belebung des ländlichen Raums. Humanismus. Die Gemeindemusikschule. Antirassismus. Irgendetwas in die Richtung.

Ich möchte wie andere Kolumnisten sein, die über alles Mögliche schreiben und dann vielleicht einmal im Monat mit einer Kolumne zum Thema Klima gegen den Strom schwimmen, nur um anschließend wieder das Krankenhausessen, den Streit über den Gebetsruf in den Moscheen oder ein anderes gesellschaftliches Phänomen aufzugreifen, das gerade in aller Munde ist.

Ich möchte so ticken wie alle anderen, die vor einem Wahlkampf die für uns drängendsten Fragen und fünf oder zehn verschiedene Themen auflisten, über die wir mehr sprechen sollten und die mehr in den Fokus der Öffentlichkeit gehören. Ich möchte die Bedrohung des Klimas auch auf Platz drei nennen, vielleicht nach den Themen Schule und Pflegenotstand.

Aber es ist nun mal, wie es ist. Und wie sehr ich es auch versuche, es geht nicht. Ich bin fasziniert von Leuten, denen es gelingt, sich in anderen Bereichen zu engagieren. Ein bisschen ist es so, als befände man sich am Beginn des zwanzigsten Jahrhunderts und würde ausgerechnet für Fragen brennen, die weder das allgemeine Wahlrecht noch die Lebensbedingungen der Arbeiterklasse berührten und auch nicht die Emanzipation der Frauen oder das Recht, einer Gewerkschaft beizutreten.

Mit dem Unterschied, dass das hier viel, sehr viel dramatischer ist. Weil man vor hundert Jahren keine gigantische Uhr vor Augen hatte, die die Zeit, und damit das Schicksal sämtlicher zukünftiger Generationen, gnadenlos herunterrechnet.

»Die Frage ist zu groß«, mussten Svante und ich uns häufig anhören. »Man kann sich ihrer nicht ausreichend annehmen.«

Und das ist gleichzeitig richtig wie falsch.

Eigentlich ist es sehr einfach, sich der Problematik anzunehmen, wenn man möchte. Wenn man bereit ist, Opfer zu bringen, von manchen Privilegien Abstand zu nehmen und ein paar Schritte zurückzugehen.

Denn die Klimafrage an sich ist keineswegs zu schwierig oder zu groß, um sich ihrer anzunehmen. Sie ist nur zu unbequem.

Es ist, wie behaglich zusammengerollt in einem Schlafsack zu liegen, irgendwo in einer warmen Ecke eines vom Regen durchnässten Zelts. Man will einfach nicht aufstehen und sich des Problems annehmen. Man will weiterschlafen. Wie alle anderen.

Meine letzte Kolumne für die *Dalarnas Tidningar* handelt davon, dass Mittmedia immer wieder bereits widerlegte Argumente von Klimaleugnern veröffentlicht. Und dass mein Gewissen mir nicht mehr erlaubt, für Zeitungen zu arbeiten, die Raum für Klima- oder Holocaustleugner bieten.

Aber Mittmedia zeigt keine Absichten, daran etwas zu ändern, und daher habe ich die weitere Zusammenarbeit abgelehnt. Meine letzte Kolumne wird niemals veröffentlicht.

SZENE 48

Unwissenschaftliche Forschung

»Neuer Rekord!«

Es ist Samstagmorgen und Greta kommt in die Küche, fröhlich winkend mit einem DIN-A4-Papier voller Zahlen und Spalten.

»Über ein Prozent dreht sich um Umwelt oder Klima. Das meiste sind natürlich kleine Notizen oder alte Texte, die noch herumlagen, aber trotzdem.«

Alles fing mit dem Kommentar eines Bekannten an, dass er es bald nicht mehr ertragen könne, Zeitung zu lesen, weil die ganze Zeit so viele schreckliche Dinge darin stünden: »Immer nur eine Krise nach der anderen. Krieg, Trump, Gewalt, Kriminalität und das Klima.«

Greta fand sich in dieser Art, die Wirklichkeit zu beschreiben, so gar nicht wieder, aber es gab viele, die das Gleiche sagten: dass so viel Schlimmes über das Klima zu lesen sei.

Unsere Tochter fand hingegen, dass fast nie irgendetwas über die Umwelt und Nachhaltigkeit geschrieben wurde. Sie entschloss sich deshalb, nachzuprüfen, wie es wirklich um die Berichterstattung stand.

Sie fing damit an, regelmäßig durchzuzählen, was die vier größten Tageszeitungen auf ihren Nachrichtenseiten schrieben – und was sie ausließen.

Wie viele Artikel über Klima und Umwelt gab es? Und wie viele kreisten um Dinge, die dem Thema genau entgegengesetzt waren, wie etwa Flugreisen, Shopping oder Autos? Das Ergebnis war im Großen und Ganzen jedes Mal gleich: Klima und Umwelt bewegten sich zwischen 0,3 und 1,4 Prozent, während die anderen Themen auf deutlich höhere Zahlen kamen.

Als eine der größten Zeitungen Schwedens sich zum Ziel setzte, das Klima ins Zentrum ihrer Berichterstattung zu stellen, so dass es *die gesamte Redaktion durchdrang*, wie es hieß, verfolgte Greta ihre Berichterstattung fünf Wochen am Stück. Das Ergebnis war nicht besonders beeindruckend.

Shopping zweiundzwanzig Prozent, Autos sieben Prozent, Flugreisen elf Prozent. Und die Klimafrage 0,7 Prozent.

Jedes Mal, wenn sie es nachprüfte, waren die Ergebnisse weitgehend identisch, egal, um welche Zeitung es sich handelte.

Greta ist jemand, die nichts aus dem Auge verliert, was sie wichtig findet, also sehen wir jeden Morgen mit ihr zusammen die Titelseiten aller Zeitungen im Internet durch.

»Wenn das Thema Klima zusammengerechnet die größte Nachricht ist, werde ich das rot im Kalender anstreichen«, sagt sie.

Doch dazu ist es bis heute nicht gekommen.

Und wir prüfen es jetzt seit zwei Jahren nach.

SZENE 49

Das Prinzip der Nähe

Wir sind mit den Hunden draußen, spazieren zu dem runden Park hinter der Fleminggatan. Svante guckt nebenher in sein Handy. Der Sommer 2017 ist vorüber, und Moses hat eine Hundefreundin bekommen. Eine Schwester, die wir vor einem halben Jahr adoptiert haben.

Roxy ist eine pechschwarze Labradorhündin, die mindestens genauso ungezogen und lieb ist wie ihr großer Bruder. Ohne die enthusiastischen Tierschützer beim Hunderettungsverein hätte sie ihre letzten Tage in einem Käfig in Südirland gefristet. Stattdessen schnuppert sie jetzt hier neben Moses glücklich an jedem Grashalm. Sie sind unermüdlich.

Der Sommer war aus schwedischer Sicht wettermäßig höchst mittelmäßig, von den tödlichen Hitzewellen aus Südeuropa bekamen wir nichts zu spüren. Trotzdem war der Juli der zweitwärmste Monat, der weltweit bisher jemals aufgezeichnet wurde.

Und wir spazieren hier durch die Gegend, und alles ist in Ordnung. Typisch.

Die Wassermassen, die letzte Woche die Nachrichtenseiten im Internet überfluteten, waren hingegen alles andere als in Ordnung. *Das ist fake!*, behaupteten die Klimaleugner auf Twitter. Aber die Fotos von Autobahnviadukten in Houston, die zu zehn Meter tiefen Seen wurden, konnten leider nicht echter sein.

In Ordnung waren auch die Zustände in Sierra Leone nicht. Wir sehen uns ein Video auf dem Handy an, während die Hunde weiter herumschnüffeln und an der Leine zerren. In Sierra Leone hat es dreimal so viel geregnet wie gewöhnlich.

»Hier stand unser Haus«, sagt der Mann in dem Bericht, den wir auf dem kleinen Bildschirm verfolgen. »Hier haben wir gewohnt«, fährt er fort und zeigt auf einen Abhang, der nur aus rotem Schlamm besteht. Die Kamera macht einen Schwenk über das, was vor ein paar Wochen noch ein kompletter Stadtteil vor den Toren der Hauptstadt Freetown gewesen war. Jetzt ist wirklich nicht der kleinste Überrest eines Gebäudes zu sehen. Keinerlei Fundamente, Schornsteine oder Autowracks. Nur Schlamm. Rotgrauer Erdrutschschlamm.

Der Mann erzählt davon, wie sehr er es vermisst, am Abend seine Kinder ins Bett zu bringen.

Wie sehr er es vermisst, seinem Sohn Schlaflieder vorzusingen.

Denn all das hat er verloren.

Seine Frau, seine Kinder, sein Zuhause. Nun geht er durch das, was von seinem kleinen Teil der Welt übrig geblieben ist, und zeigt einem britischen Fernsehreporter die Verwüstung. Aber es gibt nichts zu zeigen. Nur einen Hügel mit rotgrauem Schlamm und ein paar Helfer, die sich vorsichtig im Hintergrund bewegen. Wo vorher Tausende von Menschen wohnten, ist jetzt alles leer. Hier lebten Familien ihren Alltag. Ein Leben.

Menschen, die am Morgen aufwachten und frühstückten und ihre Kinder zur Schule schickten, bevor sie zur Arbeit gingen.

Menschen wie wir.

Der Reporter weint und gibt sein Bestes, um das Schicksal des Mannes zu vermitteln, auch wenn er vermutlich schon weiß, dass auch das ertrinken wird, nur in einer anderen Art von Schlamm – ein abendländischer Schlamm, der Nachrichtenflut und Prinzip der Nähe heißt.

Er versucht einen erschütternden Beitrag zu senden, aber der Mann aus der Slumvorstadt Regent auf dem Sugar Loaf Mountain in Sierra Leone scheint nicht besonders viel daran zu liegen, dem weinenden Reporter dazu zu verhelfen. Er steht nur da, ohne eine Miene zu verziehen.

Manche erlauben sich alles. Andere erlauben sich nichts.

Über tausend Menschen sind bei dem Bergsturz als Folge des verheerenden Unwetters am Sugar Loaf Mountain umgekommen. Der Mann aus Regent hat alles verloren, und er trauert nicht einmal vor der Fernsehkamera.

SZENE 50

Der Wert des Menschen

»Das geht auf den Klimawandel zurück«, sagte der Präsident von Kolumbien, als er im April 2017 feststellte, dass bei den Erdrutschen, die als Folge der unnatürlich starken Regengüsse Kolumbien und das Nachbarland Peru heimgesucht hatten, Hunderte von Menschen umgekommen waren.

Aber er hatte nicht viele Zuhörer. Und als die erschütternden Videos weniger wurden, in denen Lawinen aus meterdickem Schlamm mit einer Geschwindigkeit von fünfzig Kilometer pro Stunde durch die Straßen der Städte schossen – wie Lava bei einem Vulkanausbruch –, weckte das in den Nachrichtenredaktionen in der westlichen Welt nur mäßiges Interesse. Die Videos wurden ebenso wenig beachtet wie all die anderen tausend Geschichten, in denen Menschen ein ähnliches Schicksal trifft.

All das wird im Journalismus als *Prinzip der Nähe* bezeichnet. Dahinter steht, dass beispielsweise eine terroristische Tat, die sich in Frankreich ereignet, eine bedeutend größere Nachricht darstellt, als wenn sich eine gleichartige Tragödie im Irak ereignen würde, da Schweden vermeintlich mehr mit Frankreich als mit dem Irak gemeinsam hat.

Dahinter steht auch, dass die Schwelle, bei der aus extremen Unwettern Nachrichten werden, besonders hoch liegt, wenn diese sich nicht in Europa, den USA oder Kanada ereignen. Oder in Australien!

Denn nach dem Prinzip der Nähe liegt Australien näher an Schweden als beispielsweise Litauen, obwohl jenes ein Nachbarland ist und Mitglied der gleichen politischen Union wie Schweden.

Unterschiedliche Länder haben schlichtweg eine unterschiedliche Wertigkeit. Staatsbürger unterschiedlicher Länder haben unterschiedliche Wertigkeiten. Vor allem einen unterschiedlichen Nachrichtenwert. Aber es kann ja nicht ausgeschlossen werden, dass der Nachrichtenwert sich auf andere Werte auswirkt. Wie die Menschenwürde zum Beispiel. Aber wer weiß das schon?

Und Wetter ist schließlich einfach nur Wetter, etwas das aus Nachrichtensicht ganz von allein geschieht. So war es zu allen Zeiten. Bis heute, wo Wissenschaftler aus aller Welt deutliche Parallelen ziehen zwischen dem Ausstoß von Treibhausgasen und der Zunahme von Unwettern, die wir überall auf der Welt miterleben.

Man kann Artikel um Artikel lesen, in denen führende Experten erklären, dass die globale Erwärmung in Bezug auf Unwetter etwa wie Anabolika funktioniert. Unsere Emissionen machen extremes Wetter noch extremer – es gibt also einen deutlichen allgemein anerkannten Zusammenhang zwischen uns und dem Wetter. Und darüber sollte endlich auch in unseren Medien umfassend berichtet werden.

SZENE 51

Gleiche Krankheit, verschiedene Symptome

Da in den schwedischen Medien keine einzige Zeile über die Erdrutsche in Sierra Leone veröffentlicht wurde, teilen wir den Bericht gleich auf Twitter und Instagram. Aber wir werden schnell in unseren eigenen Alltag zurückkatapultiert, als das Telefon klingelt.

Greta ist traurig. Sie hat heute den ganzen Tag keinen Unterricht gehabt, weil kein Lehrer aufgetaucht ist.

An ihrer Schule fehlen in mehreren Fächern immer noch Lehrer, und wir müssen ein weiteres Krisengespräch mit der Schulleitung erwirken. Greta ist enttäuscht, denn als sie endlich eine Lehrerin für die naturwissenschaftlichen Fächer bekommen hat, die gut war, hörte diese bald schon auf, Gretas Klasse zu unterrichten, weil sie montags und freitags freinehmen können wollte.

»Das hier soll eine Schule für Schüler mit speziellen Bedürfnissen sein, aber das ist sie nicht«, seufzt Greta. »Es ist eine Schule für Lehrer mit speziellen Wünschen.«

Es wird Zeit, mit den Hunden nach Hause zu gehen, sich ans Telefon zu klemmen und zu versuchen, den Alltag wieder in den Griff zu kriegen. Aber der Rektor ist offenbar auf den Philippinen, und es gibt niemanden, der beantworten kann, warum der Stundenplan viermal in zwei Wochen geändert worden ist.

»Lass gut sein, sonst gehst du daran zugrunde«, sagt Svante, als ich meinen verzweifelten Blick hinaus auf die Kreuzung der Flemminggatan werfe, die im hellen Nachmittagslicht daliegt. Aber ich kann es nicht gut sein lassen, denn wenn ich das tue, dann muss eine andere Person übernehmen, und eine solche Person gibt es nicht. Ich verstehe genau, was er meint, aber ich schaffe es einfach nicht, das Ganze fallenzulassen, das ist ein Ding der Unmöglichkeit.

Am Abend, als alle eingeschlafen sind, setze ich mich aufs Sofa und weine die ganze Unruhe, die die Kinder nicht sehen dürfen und die ich für mich behalten muss, aus mir heraus.

Die Tränen schießen mir in die Augen und durch meine Hände, wie eine Flut aus Trauer und Wut auf die ganze verdammte Scheiße dieser Welt.

Der ganze Frust darüber, nie die Kontrolle verlieren zu können. Dann fallen mir all die ungeschriebenen E-Mails an die Lehrer und Pädagogen ein, die ich hätte verschicken sollen, um sie über die Zustände in der Schule zu informieren. Also schreibe ich, bis meine Hände taub werden und das Handy sich aufhängt, ich verliere das Gefühl im Arm und hasse mich selbst und alle anderen.

Ich bin nicht mehr zu Erklärungen fähig.

Nicht mehr fähig, um Hilfe zu bitten.

Ich muss neuen Waffelteig für das Frühstück zubereiten und neues Melatonin sowie Oxazepam besorgen und den Arzt anrufen, der im Urlaub ist, und wir in der Familie müssen uns über alles zanken, und mir muss es leidtun und Sorge, Sorge, Sorge, wie zwei Tonnen Zement auf der Brust. Ich kann nicht mehr.

Es muss raus. Ich muss gesund werden.

Ich liege wach und lese über Menschen, die viel schlimmer dran sind als ich.

Ich lese über all die ausgebrannten Menschen auf einem ausgebrannten Planeten, wo Wetter, Wind und Alltag jeden Tag an Fahrt aufnehmen.

Und ich denke, dass all das hier unterschiedliche Symptome für genau dieselbe Krankheit sind, eine planetare Krise, die entstanden ist, weil wir uns voneinander entfernt haben. Weil wir uns von der Natur entfernt haben.

Wir haben uns von uns selbst entfernt, geht es mir wieder und wieder durch den Kopf, bis ich einschlafe.

In einem Bett weit entfernt von unter Wasser gesetzten Städten und dem Schlamm des Sugar Loaf Mountains in Sierra Leone.

SZENE 52

Spielverderber

Am 7. März 2016 flog ich von einem Konzert in Wien nach Hause, und kurz danach beschloss ich, von nun an auf dem Boden zu bleiben, endgültig. Es war ein notwendiger Schritt, um in einem Debattenklima bestehen zu können, in dem es unmöglich ist, Stellung zu beziehen, ohne mit einem »Aha, und was machst du selber?« abserviert zu werden.

Denn unsere Verachtung von jeglicher Heuchelei ist so groß, dass wir lieber die einzige Form intelligenten Lebens im Universum opfern, als anzuerkennen, dass unser eigener guter Wille möglicherweise unvollkommen ist.

Es war eine Entscheidung, die nötig war, um sich Gehör zu verschaffen. Denn wie sollen wir die größte Kraftanstrengung der Weltgeschichte in Angriff nehmen, wenn wir nicht gehört werden?

Das Fliegen bringt die ganze Klimadebatte auf den Punkt. Der Stand der Forschung ist glasklar, und doch will niemand zuhören. Denn beim Verzicht auf das Fliegen geht es natürlich nicht nur um das Fliegen an sich.

Es geht dabei darum, dass die Arten dieser Erde in einer Geschwindigkeit aussterben, die fast tausendmal höher ist als das, was wir für ein normales Aussterbetempo halten.

Es geht darum, dass unser CO_2-Ausstoß mit Hilfe von Erfindungen, die noch niemand erfunden hat, auf netto null gesenkt werden muss und anschließend auf ein Minus. Es geht darum, dass wir bei den extremen Gewohnheiten, die wir entwickelt haben, nicht zu Nachhaltigkeit fähig sind. Gewohnheiten, die wir längst als selbstverständlich ansehen. So wie innerhalb von ein paar Stunden Hunderte von Tonnen Blech rund um die Erde zu transportieren.

»Das Argument hab ich am liebsten«, sagt Greta und lacht laut auf. »Wenn wir aufhören würden zu fliegen, müssten erst die Züge zuverlässiger werden. Das sagen alle! Und in der Praxis heißt es, dass der bloße Gedanke an eine mögliche Verspätung so vollkommen undenkbar ist, dass wir lieber die Lebensbedingungen aller zukünftigen Generationen zerstören, als uns diesem Risiko auszusetzen.«

Greta folgt mit ihrem Blick Roxy, ist eine Weile still und ergänzt dann:

»Alle sind so daran gewöhnt, dass sich alles ihren eigenen Bedürfnissen anpasst. Die Menschen sind wie kleine, verwöhnte Kinder. Und mit uns Kindern wird gemeckert, weil wir angeblich faul und verwöhnt sind. Ich weiß, dass wir, die wir Asperger haben, nicht fähig sind, Ironie zu verstehen, weil es so in allen Beschreibungen steht, die irgendwelche alten Leute über Menschen wie mich verfasst haben. Und trotzdem glaube ich, dass man Ironie nicht viel besser beschreiben kann als damit.«

SZENE 53

»*Wie ein bewusster Meteorit*«

Auf Facebook gibt es ein neu eingestelltes Video von einer dänischen Nachrichtensendung, in der der Moderator die Gäste im Studio fragt, ob es nicht ein wenig fanatisch sei, mit dem Fliegen aufzuhören.

»Ich finde eher, dass es fanatisch ist, zu glauben, dass wir mit vier Grad Erderwärmung leben können«, antwortet einer der Gäste auf Englisch. »Das wirklich Fanatische ist, zu glauben, dass wir einfach so weiterleben können, wie wir es tun, mit den Normen, die für die kleine Elite gelten, der wir angehören. Mit dem Fliegen aufzuhören ist also überhaupt nicht fanatisch, ganz im Gegenteil.«

Ungefähr drei Prozent der Weltbevölkerung gönnen sich den Luxus, mindestens einmal im Jahr an Bord eines Flugzeugs zu steigen. Obwohl Fliegen mit Abstand das Schlimmste ist, was man als Individuum dem Klima antun kann.

Der Gast in der dänischen Nachrichtensendung, Kevin Anderson, gehört nicht diesen drei Prozent an. Und im Jahr 2004 hörte er endgültig auf zu fliegen.

»Das Ganze ist ein Kuchen«, pflegt er zu sagen. »Um die globale Erwärmung auf zwei Grad zu begrenzen, haben wir einen begrenzten Kohlendioxidkuchen, der all das Kohlendioxid enthält, das wir jemals ausstoßen können. Wenn wir den ganzen Kuchen verbraucht haben, ist kein Kuchen mehr übrig. Das letzte Stück Kuchen, das wir jetzt noch übrig haben, muss also gerecht unter allen Ländern der Erde aufgeteilt werden.«

Die Vorstellung eines gemeinsamen Kuchens ist ebenso kindlich einfach wie revolutionär. Ein Budget beinhaltet schließlich früher oder später irgendeine Form von Rationierung.

Und schon da treffen wir – zunächst einmal – auf den Anfang vom Ende der neoliberalen Weltordnung, die Margaret Thatcher und Ronald Reagan vor bald vierzig Jahren begründet haben. Das ist nicht einmal eine Theorie, sondern reinste Vorschulmathematik.

Das große Dilemma ist jedoch, dass sich in diesem gemeinsamen Kuchen unsere SUVs, Urlaubsreisen und unser Fleischkonsum ebenso befinden wie der Ausbau von Straßen, Krankenhäusern und die Infrastruktur für Milliarden Menschen, die bislang kein bisschen zur Entstehung der Probleme beigetragen haben, vor denen wir heute stehen.

Und jedes Mal, wenn wir uns entscheiden zu fliegen, Fleisch zu essen oder auf Shoppingtour zu gehen, hat das zur Folge, dass den Teilen der Erde, die weniger vom Glück verwöhnt sind als wir, ein geringeres Kohlendioxidbudget zur Verfügung steht, um dort den Wohlstand zu steigern.

Nachzulesen ist das alles in Andersons Vorträgen, die im Internet auffindbar sind.

Ganz ohne Zweifel ist es unerhört schwierig, sich zu diesen Fakten zu verhalten. Doch trotzdem können wir nicht länger den Blick abwenden und so tun, als wären wir nicht an einer existentiellen Kreuzung angekommen.

Der verheerende Lebensstil der modernen Gesellschaft

führt so viele verschiedene Komplikationen für den Planeten, auf dem wir wohnen, mit sich – Probleme, von denen jedes einzelne uns schon vor große Herausforderungen stellen würde. Das Hauptproblem ist jedoch, dass wir alle stets alles auf einmal tun, und zwar in der denkbar höchsten Geschwindigkeit. Der Mensch, sagt Kevin Anderson, ist wie ein Meteorit mit Bewusstsein.

SZENE 54

#ichbleibaufdemboden

Auf dem Boden zu bleiben ist ein Prinzip, das Kreise zieht. Und Kreise ziehen ist das Beste, was wir Menschen machen können. Ein Freund fragte mich einmal, welche Flugreisen überflüssig sind. Meine Flugreisen, habe ich geantwortet. Genauso wie meine Shoppingausflüge und mein Fleischverzehr.

Und nein, niemand behauptet, dass das reichen wird. Niemand glaubt, dass die Macht der Konsumenten die Lösung ist. Wenn mein mikroskopischer Beitrag aber auf irgendeine Weise eine radikale Klimapolitik beschleunigt, dann von mir aus gerne.

Doch jeder muss sein eigenes Leben leben.

Jeder Einzelne von uns ist schon vollauf mit seinen persönlichen unmöglichen Gleichungen beschäftigt.

Niemand kann verlangen, dass wir Menschen uns auf eigene Faust der Krise annehmen, die niemand als Krise behandelt. Denn die Verantwortung kann niemals auf uns Individuen abgewälzt werden.

Das Fliegen treibt alles auf die Spitze, aber die Wachstumsgesellschaft akzeptiert nicht, dass der Weg vorwärts manchmal ein paar Schritte zurück bedeutet.

Vorwärts ist das Einzige, was zählt.

SZENE 55

Beim Psychologen

»Wie heißt die Hauptstadt von Frankreich?«
Ich erinnere mich nicht.
»Wie heißt Schwedens höchster Berg?«
Ich weiß es nicht.
»Wie heißt der Präsident der USA?«

Wir haben das Jahr 2016, und ich sitze bei einer Psychologin, um mich einer neuropsychiatrischen Untersuchung zu unterziehen.

Nach mehreren hundert Stunden Lektüre war ich mir schon recht sicher, jetzt, nach mehreren tausend Seiten kann ich mir ein klares Bild machen. Nicht nur von meinen Kindern, sondern auch von mir selbst. Aber ich möchte es schwarz auf weiß haben.

Nicht, dass ich glaube, dass das etwas ändern wird, aber ich will es trotzdem wissen.

Und wenn es nur der Umgebung hilft. Auch wenn mir die ehrlich gesagt im Augenblick scheißegal ist. Ich bin nur so unglaublich müde und traurig und denke, vielleicht gibt es ja irgendein Mittel, von dem irgendwer da draußen vermutet, dass es mir dabei helfen könnte, morgens aufzustehen und das Bett zu verlassen.

Etwas, das den Beinen hilft, ihre Last zu tragen. Etwas, das mich dazu bringt, hinter die allgegenwärtige verdammte Dunkelheit zu sehen. Deshalb fülle ich alle Formulare aus. Ich beantworte alle Fragen. Zum tausendsten Mal.

Die Psychologin spricht mit mir, aber ich höre kaum, was sie sagt. Oder genauer, ich höre sie, aber ich bin nicht fähig, Antworten zu formulieren. Meine Gedanken bleiben irgendwo stecken. Ich möchte um ein Glas Wasser bitten, aber mir fällt das Wort für das, woraus man Wasser trinkt, nicht ein.

Glas.

Nichts, was schwierig sein sollte, aber der Begriff ist verschwunden. Das Wort ist in Geräuschen ertrunken.

Musik hat mir schon immer alles bedeutet. Aber ich habe sie immer an- und abstellen können, genau so, wie ich es haben wollte. Das geht nun nicht mehr. Die gestellte Diagnose gewinnt die Oberhand. Ich versuche, die Gedanken beiseitezuschieben, doch das Rauschen sickert durch, überall und unaufhörlich.

Mein Fluch und meine Gabe.

Meine Superkraft, die fast immer von Vorteil war, aber die ich nicht mehr kontrollieren kann, weil all meine Energie mittlerweile dafür draufgeht, alles irgendwie am Laufen zu halten.

»Wie heißt der Präsident der USA?«, wiederholt die Psychologin, aber das Einzige, was ich höre, ist, dass sie unheimlich monoton auf der Tonhöhe des kleinen g spricht.

Ein Fenster ist angelehnt, und draußen singen ein paar Vögel einen F9-Akkord mit Terz im Bass und die None als viergestrichene Oktave. Es klingt verstimmt, ein bisschen zu hoch, und das stört mich so sehr, dass ich nicht höre, was die Psychologin sagt. Ich spüre Schmerzen. Physische Schmerzen. Ein Motorrad fährt unten auf der Straße vorbei in G, F, D, E, Es und liegt im Verhältnis zum F9-Akkord der Vögel viel zu tief. Eine quietschende Tür, ein Notizblock und ein scharrender Stuhl bilden ein weiteres Cluster, und mein Körper schreit vor Schmerz.

Ich möchte wirklich um ein Glas Wasser bitten. Ich schlucke und blinzele wie in Zeitlupe.

Meine Finger werden taub, und die Psychologin macht eine Pause und verlässt den Raum. Ich sage, dass ich sitzen bleiben und in mein Handy sehen werde, aber ich kauere einfach nur auf diesem Stuhl und schließe die Augen.

Die Psychologin kommt zurück. Ich leide wahrscheinlich an ADHS, außerdem zeige ich deutliche Anzeichen einer Depression und eines Erschöpfungssyndroms. Doch die Untersuchung wird eine Weile dauern, sagt sie.

Auf dem Heimweg schleppe ich mich zur Apotheke, doch die Medikamente sind nicht vorrätig.

»Die gibt es hier nicht«, sagt die Apothekerin mit nasaler Stimme zwischen eingestrichenem G, Gis, A und B.

Ein Reißverschluss, eine sich schließende Schublade, ein weinendes Kind und ein Lastwagen vor der Tür bilden einen herausstechenden Durseptakkord mit der Quinte im Bass. Es stört mich schrecklich, dass der Lastwagen nicht auf dem Grundton brummt.

Beatas Theralene ist auch nicht mehr vorrätig, und das Medikament ist schwer woanders zu bekommen. Ohne das können wir unser Leben gleich vergessen. Ohne das fällt alles in sich zusammen.

»Es gibt das jetzt in flüssiger Form als Tropfen. Haben Sie den neuen Geschmack schon ausprobiert?«, will die Apothekerin wissen.

Nein, wir haben den neuen Geschmack nicht ausprobiert und auch nicht die flüssige Form, denn es ist wahrscheinlicher, dass Beata und Greta lernen, unter Wasser zu atmen, als dass sie anfangen, Medikamente in flüssiger Form einzunehmen.

»Es müsste noch eine Packung davon in Kronans Apotheke in Skärholmen geben.« Aber ich schaffe es nicht nach Skärholmen, denn Greta hat gerade eine SMS geschrieben. Das Schulpersonal hat ihren Reis weggeworfen, weil kein Datumsaufkleber darauf war, was aber verlangt wird. Da Greta durch ihren Zwang nichts isst, wenn sie Zeitungen, Papier oder Aufkleber sieht, ist es schwierig, ihr mitgebrachtes Essen mit Etiketten zu versehen, und das haben wir auch schon zig Mal der Schule so erklärt. Und jetzt ist Svante unterwegs nach Bergshamra, um sie abzuholen, und ich muss nach Hause und neuen Jasminreis kochen.

Aber zuerst muss ich die Medikamente bekommen.

Ich rufe meinen alten Freund und mittlerweile pensionierten Arzt an, der mich schon viele Male gerettet hat, aber er hat keinen Computer und kann mir nicht helfen.

Ich wühle in meiner Tasche nach einem seiner alten handgeschriebenen Rezepte und hole einen Haufen Münzen, die Pässe der Kinder, Quittungen, Haarnadeln und zwei rosa Hundehaufentüten hervor, aber meine Finger haben kein Gefühl, und das Geräusch, als all das zurück in die Tasche fällt, klingt wie ein Pistolenschuss.

Das Handy klingelt, und gleichzeitig ertönt der Signalton einer eingegangenen SMS. Es schneidet wie ein Messer in mein Ohr. Ich versuche das Telefon herauszuholen, um das Klingeln abzustellen, aber meine Finger können immer noch nicht richtig greifen, es ist wie in einem wiederkehrenden Albtraum, bei dem ich mich mitten im Krieg befinde und

Svante und die Kinder warnen muss, aber es einfach nicht schaffe, etwas ins Handy zu tippen oder ihre Nummern herauszusuchen.

Krämpfe in den Fingern.

Kriege das verdammte Handy nicht zu fassen.

Versuche, den Bildschirm mit dem Kinn zu entsperren.

Erfolglos.

Ich verlasse die Apotheke und gehe in den Supermarkt, um eine Zwischenmahlzeit für die Kinder zu kaufen, und alles dreht sich um Luft.

Atmen.

Aber die Luft reicht nicht aus.

Wenn das Stresslevel steigt, sinkt die Sauerstoffaufnahme, und obwohl ich einen Ton eine Minute halten kann, ohne Luft zu holen, reicht die Lungenkapazität im Moment nicht aus, um das Gehirn und die Muskeln mit Sauerstoff zu versorgen, und darum werde ich noch gestresster, woraufhin meine Sauerstoffaufnahme noch mehr sinkt, und deshalb fällt es schwer, klar zu denken. Ich will das nicht länger mitmachen müssen.

Ich stehe auf dem Bürgersteig vor dem Einkaufszentrum und bin all meine versteckten Handicaps so wahnsinnig leid; all meine unsichtbaren verdammten Probleme. Wenn man doch nur an einem kleinen Knochenbruch oder so leiden würde oder einer ordentlichen Lungenentzündung oder irgendetwas anderem, weswegen man für ein paar Wochen in ein nettes Krankenhaus müsste, wo man endlich schlafen könnte.

Atmen.

Ausruhen.

SZENE 56

Im Club der toten Dichter

Es gab einmal eine Zeit, in der wir den Tag nutzten, um mit Kescher und Haken loszuziehen, und auf einen Fang hofften – heute durchkämmen wir den Meeresboden mit Schleppnetzen auf unserer ständigen Jagd nach Selbstverwirklichung, persönlicher Entwicklung und Abenteuern. Es existieren keine Grenzen. Alles ist möglich.

> »Venedig, die Malediven und die Seychellen versinken im Meer, die Gletscher schmelzen, die Regenwälder werden abgeholzt, und im ausgedörrten Kalifornien brennt es. Erleben Sie diese wundervollen, aber durch den Klimawandel bedrohten Orte, bevor sie endgültig verschwunden sind!«

Der Text ist zu gut, um wahr zu sein.

Er könnte gut und gerne direkt aus einer Karikatur stammen – aber die Realität übertrifft ja bekanntermaßen die Satire, und daher stammt das Zitat von der Titelseite einer Reisebeilage der Zeitung *Svenska Dagbladet* von 2018.

Klimatourismus ist ein in höchstem Grad reales Phänomen und er stellt eine beträchtliche – wenn auch aus natürlichen Gründen zeitlich begrenzte – Einnahmequelle für Menschen an vielen abgelegenen Orten dar. Wie das Belize Barrier Reef in der Karibik, das Great Barrier Reef vor Australien, der schneebedeckte Kilimandscharo und selbstverständlich die gesamte Antarktis.

Erlebe sie, ehe es zu spät ist!

Als Robin Williams' Filmcharakter in »Der Club der toten Dichter« aus dem Jahr 1989 seinen Schülern die Bedeutung des Ausdrucks carpe diem beibrachte, saß fast eine gesamte Generation vor der Leinwand und sah ihm dabei zu.

Er war ein guter Lehrer. Und wir waren großartige Schüler. Die Berliner Mauer fiel, die Grenzen öffneten sich, und die Welt schrumpfte mit jeder Minute.

Flugtickets wurden billiger, der Wohlstand nahm zu, und plötzlich war das Wort Wochenendreise nichts mehr, das man nur aus dem Vokabular der Spitzenverdiener kannte.

Natürlich konnten es sich nicht alle leisten, einen kleinen Jetlag in Kauf zu nehmen, um an einem x-beliebigen Wochenende im Oktober zum Shopping nach Manhattan zu fliegen. Aber es waren doch einige.

Alle konnten es sich nicht leisten, an einem Strand in Südostasien zu liegen, wenn der schwedische Winter am stärksten wütete. Aber recht viele konnten es doch.

Sehr viel mehr, als wir jemals zu träumen gewagt hätten, als wir im Herbst 1989 aus den Kinos kamen, Robin Williams' Worte bereits tief verinnerlicht. »Carpe diem«, sagte der selige Robin, und wir traten hinaus in die Welt und taten genau das.

Aber wir nutzten nicht nur den Tag. Wir nutzten ganze Wochen, Monate und Jahre. Alle auf der Jagd nach exotischen Drinks zum Sonnenuntergang, einer neuen Küche im dänischen Design oder einem Paar Schuhe, das es in unserem gebirgigen Norden nicht zu kaufen gab.

Die Realität übertrifft die Satire immer.

SZENE 57

Waffeltag

Ein gutes Jahr ist vergangen, seit Gretas Gewichtskurve wieder nach oben zeigt. Jetzt isst sie jeden Tag das Gleiche. Als Mittagessen zwei Pfannkuchen mit Reis, die sie im Hort selbst in der Mikrowelle aufwärmt. Sie isst sie ohne Soße oder irgendeinen Belag, möchte weder Marmelade noch Butter dazu. Was sie isst, muss rein sein, und sie ist höchst sensibel für Geschmäcker und Gerüche. Ihr Abendessen besteht aus Nudeln, zwei Kartoffeln und einer Avocado.

Greta mag es ganz einfach nicht, neue Dinge zu probieren. Aber sie liebt es, an verschiedenen Speisen zu riechen. Als es ihr am schlimmsten ging, konnte sie Stunden damit verbringen, die Vorräte durchzugehen und an jeder einzelnen Verpackung zu riechen, und wenn wir mal auswärts essen, dann riecht sie sich durch das Salat- oder Frühstücksbüfett des Restaurants. Wenn es keine Büfetts gibt, dann findet sie etwas anderes.

Eines schönen Tages steht eine Verkäuferin in einem Supermarkt und bietet Waffeln mit Sahne und Marmelade zum Kosten an. Greta geht zu ihr hin und riecht an allen zehn Mini-Waffeln, die auf dem eigens aufgebauten Tisch zum Probieren bereitliegen.

»Dann musst du sie auch essen«, sagt die Frau, als meine Tochter damit fertig ist, ihre Nase auch noch fast in die Schlagsahne zu stecken.

Bei den Worten der Waffelfrau wird Greta stocksteif.

»Sie hat Asperger«, sage ich schnell. »Und selektiven Mutismus. Sie spricht nur mit den engsten Familienmitgliedern, und sie hat eine Essstörung, sie kann sie also nicht essen. Aber sie liebt es, an Dingen zu riechen«, erkläre ich und versuche, so gut ich kann, freundlich und entschuldigend zu klingen. Aber der Gesichtsausdruck der Frau wird keinen Deut weicher.

»Dann müssen Sie die eben essen«, sagt die Frau.

»Entschuldigen Sie bitte. Es wird wirklich nicht wieder vorkommen.«

»Dann müssen Sie die eben essen«, wiederholt die Frau mit einem Mal so bestimmt, dass ich keine andere Möglichkeit sehe, als alle Mini-Waffeln mit der Sahne und Marmelade in mich hineinzustopfen, während Greta daneben steht und wartet, mit ausreichendem Abstand von der Waffelfrau, mir und allen vorbeigehenden Menschen, die das Geschehen erstaunt beobachten.

Wir treten hinaus auf die Flemminggatan, und ich sehe Greta an.

Sie wendet den Blick ab.

»Was denn?«, fragt sie. »Man wird doch noch mal riechen dürfen.«

SZENE 58

Mitautismus

»Es ist wichtig, dass die Eltern sich von der gestellten Diagnose nicht *mit*ziehen lassen, denn die Gefahr besteht dann, gewissermaßen mitautistisch zu werden. Wenn man der Diagnose zu großen Raum zugesteht, verstärkt das die Probleme eher.«

Ja, schönen Dank auch.

Diese Warnung hat man uns ganz zu Beginn mit auf den Weg gegeben, lange bevor wir ahnen konnten, dass die Diagnose eben nur eine Diagnose war.

Wir streiten häufig genau darüber. Ich fordere alles heraus, möchte Dinge erforschen, ihnen auf den Grund gehen. Am besten schon vorgestern. Svante möchte abwarten und allem Zeit geben. So sieht es wohl in den meisten Familien aus, sagen die Psychologen, mit denen wir Kontakt hatten.

Wir verstehen all das mit dem sogenannten Mitautismus nur zu gut, es trifft zu. Aber an manchen Tagen wollen wir es nicht verstehen. An manchen Tagen schert uns die Logik einen Dreck.

Gar nicht, weil die Sache auf diese Art leichter zu bewerkstelligen wäre. Es ist nur einfach so, dass wir uns an manchen Tagen der Diagnose eher anpassen, weil die Diagnose richtigliegt und die Norm falsch.

SZENE 59

Tick Tack

Nichts ist schwarzweiß. Die Welt ist komplex.

Es gibt immer mehrere verschiedene Wahrheiten, und in einer offenen Gesellschaft müssen alle Seiten die Chance bekommen, gehört zu werden.

Die Unparteilichkeit liegt den Demokratien in unserem Teil der Welt zugrunde – und sie ist durchaus genial. Außer wo es um die wenigen Fälle geht, die tatsächlich schwarzweiß sind und bei denen es nicht mehrere Wahrheiten gibt.

Wie Leben oder Tod.

Oder die Fälle, wo die Grauzone, also die Zone zwischen Schwarz und Weiß, so viele Risiken birgt, dass es bei Anwendung des gesunden Menschenverstands vollkommen ausgeschlossen sein sollte, sie zu betreten.

Die Klima- und Nachhaltigkeitskrise ist bei weitem nicht unkompliziert oder einfach. Aber sie ist in vielerlei Hinsicht schwarzweiß.

Denn es ist so einfach: Entweder schaffen wir das Zwei-Grad-Ziel des Pariser Klimaschutzabkommens und vermeiden, dass wir eine gigantische Kettenreaktion in Gang setzen, die sich nicht mehr wird beherrschen lassen – oder wir schaffen es nicht.

Dieses Entweder-oder ist so schwarzweiß wie nur irgend möglich.

Es gibt außerdem eine Uhr, die die Zeit hinunterzählt, die uns noch bleibt, um das Zwei-Grad-Ziel zu erreichen. Die Uhr zählt nach den offiziellen Ziffern der UN, und im Moment, in dem wir dies schreiben, steht sie auf achtzehn Jahren, hundertsiebenundfünfzig Tagen, dreizehn Stunden, dreiunddreißig Minuten und sechzehn Sekunden.

In dem Moment, in dem wir dies schreiben, vermuten die führenden Wissenschaftler, dass die Wahrscheinlichkeit, das Zwei-Grad-Ziel zu erreichen, bei gerade mal fünf Prozent liegt.

SZENE 60

*»Ladies all across the world,
Listen up, we're looking for recruits,
If you're with me, let me see your hands,
Stand up and salute.«*

Little Mix, englische Popgruppe

Beata möchte nicht mehr zum Sportunterricht gehen, weil man sich da mit harten Bällen bewerfen muss und die Bälle weh tun. Sie möchte nicht zum Sportunterricht gehen, weil man da Spiele spielen muss, bei denen es nur ums Gewinnen geht; Spiele, die die Jungs lieben und bei denen alle sich schubsen und schreien. Sie versteht nicht, warum sie nicht tanzen kann, wenn es doch um Bewegung und Motorik geht.

Beata möchte auch keinen Werkunterricht haben, weil sie eine Sterbensangst vor allen Maschinen hat, und sie möchte in den Pausen nicht Karten spielen, weil niemand ihre Regeln versteht, in denen die Dame immer den König schlägt.

»Warum sollen die Jungs immer mehr wert sein als die Mädchen? Warum müssen immer alle über die Witze der Jungs lachen, und warum dreht sich alles darum, von den anderen gesehen und gehört zu werden, wenn es am Ende doch immer die Jungs sind, die gesehen werden und denen alle zuhören?«, will Beata wissen, und sie fragt mich: »Mama, warum ist das alles so?«

»Die patriarchischen Strukturen der Gesellschaft«, antworte ich.

SZENE 61

Moscow Pride

Stunden vor dem Finale des Eurovision Song Contest 2009 in Russland wurde auf Moskaus Straßen eine Pride Parade abgehalten. Es war ein strahlend schöner Vorsommertag, und wir Künstler verfolgten vom Inneren der Halle aus alles über die sozialen Medien. Die Generalprobe sollte gerade starten, als sich die Nachricht verbreitete, dass die russische Polizei die Parade abgebrochen habe und über achtzig Teilnehmer festgenommen und von der Polizei abgeführt worden seien.

Alle wussten Bescheid, hinter der Bühne gab es kein anderes Thema.

»Die Parade verdirbt die Moral der Gesellschaft«, erklärte ein verantwortlicher Beamter.

Es handelte sich um unser Publikum, das da mit Gewalt von der Halle weggeschleppt worden war, und für mich verstand es sich von selbst, dass ich ihnen meine Unterstützung zusagte und meine Abscheu gegenüber den russischen Behörden bekundete.

»Shame on you, Russia«, sagte ich und dachte, dass wir doch wohl kein Unterhaltungsprogramm machen konnten, während gleichzeitig Teile des Publikums dafür verhaftet wurden, dass sie für grundlegende Menschenrechte auf die Straße gegangen waren.

Und ob wir das konnten.

Die Vertreterin aus Spanien und ich waren die Einzigen, die Solidarität mit unseren festgenommenen Unterstützern zeigten, alle anderen waren strategisch unwissend. Strategisch uninteressiert.

»No politics in Eurovision«, sagten sie allesamt. Als ob das Recht, denjenigen lieben zu dürfen, den man liebt, eine Sache der Politik wäre. Die Jury wählte Spanien auf den letzten und mich auf den drittletzten Platz. Und jener sonnige Samstag in Moskau wurde zu einem richtig beschissenen Tag.

Als alles vorbei war, warteten noch eine Pressekonferenz und Exklusivinterviews mit der schwedischen Presse an Bord des Tourbusses auf mich. Am Tag darauf sollte ich dann wieder Aschenputtel in der Königlichen Oper in Stockholm singen, und ich sehnte mich dorthin. Heim zu den Kindern.

»Guck nicht so traurig«, sagten alle. »Warte mit dem Weinen, bis der Bus außer Sichtweite der Fotografen ist.«

»Und gib nicht zu, dass du enttäuscht bist«, ergänzte jemand.

Ich setzte alles um, wie es von mir verlangt wurde. Dass wir uns in einer Diktatur befanden, die Homosexuelle einsperrte, spielte hier natürlich keine Rolle – jetzt ging es nur darum, nicht als Verlierer dazustehen.

Und darum, nicht zu weinen. Keine Schwäche zu zeigen.

SZENE 62

Digitaler Erfolg

»Nein, antworte nicht. Du wirst dich sonst nur den ganzen Abend mit einem russischen Roboter herumärgern, der extra so programmiert wurde, dass er Menschen wie dich zur Weißglut treibt.«

Greta hat sich auf einem ihrer Tierschutzaccounts auf Instagram eingeloggt und befeuert ihre Lieblingsfeinde mit ihren Lieblingsargumenten. Klimaleugner, Technikoptimisten und besonders Veganer, die regelmäßig weite Flugreisen unternehmen, um die Welt mit neuen exotischen Rezepten *zu retten*. Sie sieht zufrieden aus.

»So«, sagt sie mit Genugtuung und macht große Augen. »Jetzt hat er's gekriegt!«

»Aber du solltest doch nicht antworten«, sagt Svante. »Das ist verschwendete Zeit. Was hast du geschrieben?«

»Das war ein amerikanischer Pilot, der Veganer geworden ist wegen der Tierrechte … als ob die Tiere nicht auch eine intakte Atmosphäre bräuchten«, antwortet unsere Tochter. »Und er behauptet auch noch, dass die Klimakrise daher kommt, dass wir zu viele Menschen sind.«

»Okay. Hast du geantwortet wie gewöhnlich?«

»Mhm«, antwortet Greta und grinst über das ganze Gesicht.

Sie hat einige Antworten auf Schwedisch und Englisch vorformuliert, und eine bezieht sich auf das Problem der Überbevölkerung, das ihr immer wieder als Argument begegnet.

»Unser CO_2-Ausstoß ist das Problem. Nicht die Menschen. Je reicher man ist, desto höher ist der CO_2-Ausstoß. Wenn Sie also der Meinung sind, dass die Bevölkerung reduziert werden sollte, damit wir Ressourcen sparen, könnten Sie eine Kampagne für die Abschaffung von Milliardären starten. Sie können sie nennen: *Ermordet Bill Gates und verbietet allen Firmenchefs und Filmstars Kinder zu bekommen!!* Es könnte aber etwas schwierig werden, die UNO dazu zu bringen, so eine Resolution zu verabschieden, daher würde ich Ihnen empfehlen, stattdessen ihren eigenen CO_2-Ausstoß zu reduzieren. Oder Mädchen in ärmeren Ländern bei der Ausbildung zu unterstützen, denn das wäre die effektivste Art, etwas gegen Überbevölkerung zu unternehmen.«

»Was hat er geantwortet?«, frage ich.

»Nichts«, sagt Greta. »Oder warte ... er hat mich blockiert.« Sie lacht so laut, das Roxy vom Sofa aufspringt und zu bellen anfängt.

SZENE 63

Hybris

Wir stehen vor einem großen gesellschaftlichen Umbruch, der historisch betrachtet beispiellos ist.

Doch es ist leichter gesagt als getan, die ewige Wachstumsgesellschaft hinter uns zu lassen, der wir so viel verdanken und die so große Teile der Bevölkerung aus Armut und Elend befreit hat. Wir sind immer noch vom Märchen des Erfolgs berauscht, das uns aus Hunger und Not herausgeholt und zu Mondlandungen, 24-Stunden-nonstop-Unterhaltung und einem Alterswohnsitz in der Sonne geführt hat.

Innerhalb von drei Generationen haben wir den Wandel von notleidend zu unsterblich erlebt, und bisweilen legen wir so viel Arroganz und Kurzsichtigkeit an den Tag, als wären wir auf einer einsamen Insel gestrandet, von der Außenwelt abgeschnitten und mit Proviant für nur ein Jahr versorgt – den wir uns trotzdem gleich in der ersten Woche einverleiben.

»Vertraut der Technik. Jemand wird auf eine Lösung stoßen«, grölen alle im Chor und werfen im gleichen Moment ihren Müll in eine Frischwasserquelle und verfeuern das Rettungsboot, um in der Nacht nicht frieren zu müssen. »Man lebt nur einmal. Genießt es!«

Dass wir die Armut überwunden haben, haben wir einer geringeren gesellschaftlichen Kluft, kollektiven Lösungen und einer zunehmend humanistischen Geisteshaltung zu verdanken. Wir haben der Gleichstellung einen Spalt weit die Tür geöffnet, doch sind dabei, sie wieder sanft zu schließen. Die Kluft wird wieder größer, die Ressourcen versiegen, und wir sind gestrandet auf einer einsamen Insel im Kosmos.

SZENE 64

Wiederholung

»Okay, dann eben so«, sagt Greta. Die Frühlingssonne scheint, und wir sitzen auf der Insel Ingarö zusammen und ringen damit, das, was wir wirklich mit unserem Buch sagen wollen, zu formulieren.

»Der Feminismus steht vor der Tür, stampft zornig mit den Füßen und will hereinkommen. Die Tür ist verschlossen, aber nur wer eintritt, kommt auch weiter. Ein Stück weiter befinden sich die anderen Bewegungen, der Humanismus, die Rassismusgegner, die Tierrechtsbewegung, die Flüchtlingshelfer, diejenigen, die den Kampf gegen psychische Krankheiten oder finanzielle Unterschiede in der Gesellschaft aufgenommen haben, und weitere. Sie stehen alle vor ihrer eigenen Tür und möchten eintreten. Die Klimabewegung hat einen Schlüssel, der in alle Türen passt, aber niemand will von ihr Hilfe annehmen. Jede Bewegung ist entweder zu stolz oder kann die Lösung nicht erkennen, weil sie zu dicht vor ihr liegt. Oder sie will nicht auf ihre Privilegien verzichten, wie die Klimafrage es fordert.«

»Okay«, sagt Svante. »Wiederhol das alles noch einmal Wort für Wort. Ich schreib es auf.«

SZENE 65

Greenwashing

Eine neuveröffentlichte Studie des britischen Analyseunternehmens InfluenceMap besagt, dass vierundvierzig der fünfzig einflussreichsten Lobbyorganisationen der Welt aktiv eine effektive Klimapolitik bekämpfen.
 Eigentlich ist es ganz einfach.
 Wir sind voll und ganz von den Leistungen der Unternehmen und ihrer Bereitschaft abhängig, nachhaltige Lösungen zu finden. Aber wir können auch nicht alle Verantwortung ihnen überlassen. Das wäre weder rechtmäßig noch angemessen.
 Die Hauptaufgabe einer Aktiengesellschaft ist schließlich, Gewinn zu erwirtschaften. Nicht die Welt zu retten.
 Die Behauptung, dass gar kein Widerspruch zwischen diesen beiden gegensätzlichen Zielen herrscht, wird sich immer falsch anhören. Und genau dort, im Spielraum zwischen schönen Worten und wirklichen Taten, stoßen wir auf ein Phänomen, das sich *Greenwashing* nennt. Eine Geschäftsstrategie. Oder eine Taktik, die als neue Technik getarnt ist.
 Nirgendwo wurde das Phänomen deutlicher erläutert als in Naomi Kleins Beschreibung des Unternehmergurus, Fluggesellschaftseigentümers und Multimilliardärs Richard Branson und seine einträglichen Abenteuer als rettender Engel.

Vor knapp fünfzehn Jahren bekam Branson von Al Gore eine Privatpräsentation über die Klimakrise. Was er da sah, beeindruckte ihn so tief, dass er 2007 eine Pressekonferenz einberief, in der er erklärte, dass sein Unternehmen in den kommenden zehn Jahren drei Milliarden Dollar in die Entwicklung eines nachhaltigen Flugzeugtreibstoffs investieren würde.

Da seine Unternehmen wahre Unsummen an Geld in Branchen verdient haben, die ausgesprochen hohe Kohlendioxidemissionen zu verantworten haben, fand Branson, dass es nur mehr recht und billig sei, einen Teil seines Einkommens und seiner zukünftigen Gewinne in die Lösung des Problems der verheerenden Klimabilanz von Flügen zu stecken.

Und damit nicht genug.

Branson schrieb sogar einen Wettbewerb aus: Wem es gelänge, eine technische Lösung zu präsentieren, wie so und so viel Kohlendioxid aus der Atmosphäre gezogen werden kann, würde ein Preisgeld von fünfundzwanzig Millionen Dollar gewinnen.

Das waren großartige Neuigkeiten. Nicht nur für Menschen, die vollständig davon abhängig sind zu fliegen, um ihre Arbeit ausführen zu können. So wie ich. Wir alle hatten plötzlich das Gefühl, als würde sich alles lösen, denn zwar ging die Initiative nur von einem einzelnen Unternehmen aus, doch wenn es so einfach war, dann würden sicher alle anderen mitziehen. Ganz zu schweigen von den Regierungen dieser Welt.

Es fühlte sich so beruhigend an.

Und gut.

Es gab eine Lösung.

Das Problem war allerdings, dass Branson keinen Treibstoff fand, der nachhaltig genug war, um die Anforderung zu erfüllen. Er war noch nicht mal kurz davor.

Als beste Lösung galt noch Biotreibstoff, doch Biotreibstoff hat den Nachteil, dass es weltweit nicht genügend Wälder und Ackerböden gibt, um die Mengen anzubauen, die benötigt würden. Der Regenwald ist außerdem bereits abgeholzt, und nicht alle Länder haben große Waldflächen wie Schweden, Finnland oder Russland.

Darüber hinaus ist Biotreibstoff teuer. Und außerdem besteht da der moralische Konflikt, dass die Ackerflächen eigentlich für anderes genutzt werden sollten, wie zum Beispiel für den Anbau von Nahrung. Nicht zuletzt für die fünfundachtzig bis neunzig Prozent der Weltbevölkerung, die noch niemals ein Flugzeug bestiegen haben.

Die Investition betrug am Ende also statt drei Milliarden Dollar nur zweihundertdreißig Millionen.

Im darauffolgenden Jahr gründete Branson stattdessen drei weitere Fluggesellschaften und einen Formel-1-Rennstall. Ein Gewinner von Bransons Earth Prize mit dem Preisgeld von fünfundzwanzig Millionen Dollar wurde bisher immer noch nicht gekürt.

»*Grünes* Fliegen« ist ungefähr wie Donald Trumps »saubere Kohle« oder das sogenannte *Carbon Capture and Storage* (CCS). Es klingt gut, aber es wird nicht rechtzeitig funktionieren. Außer natürlich für die Unternehmen, die das Gefühl für Geschwindigkeit bereits verloren haben.

Die gleichen Unternehmen, die behaupten, dass sich eine Lösung für all das finden wird, solange wir nur ihre *grünen* Produkte kaufen.

SZENE 66

Skiausflug in Erwartung von Zeitmaschine und Teleporter

Es ist ein strahlender Wintertag, und wir sind draußen auf der zugefrorenen Bucht unterwegs. Wir haben ein Paar gebrauchte Skier für Greta gekauft, die wir einweihen wollen. Gretas kleine Schwester wollte nicht mitkommen und ist zu Hause in der Stadt geblieben. Beata liebt es, die Wohnung für sich zu haben und sie in einen Konzertsaal zu verwandeln, wo sie probt, Theater spielt, singt und tanzt.

Dabei fühlt sie sich am wohlsten.

Sie stellt Material für ihren eigenen YouTube-Kanal zusammen, den sie starten wird, sobald sie so weit ist.

»Aber frühestens in zwei Jahren. Es muss erst richtig gut sein.«

Wir teilen uns also auf, so oft es geht.

Draußen auf dem Eis fährt Svante voraus. Greta und ich halten beide je eine Leine mit Moses oder Roxy daran, die so schnell rennen, wie sie nur können. Es geht unglaublich schnell. Wir schaffen es kaum, uns auf den Beinen zu halten, und wir schreien und lachen über das Tempo und den Fahrtwind.

Wir fahren raus nach Björnö, und an uns sausen Badebuchten und Felsen vorbei, die eingepackt in winterlich verharschten Schnee und dickes glitzerndes Eis daliegen.

Vorne an der Bucht lassen wir uns auf einem Steg in der Sonne nieder und essen die Orangen, die wir dabeihaben. Svante schält, ich esse und Greta riecht daran. Es ist ein guter Tag für die Familie Thunberg-Ernman.

Ein Stück weiter entdecken wir drei Familien, die mit ihren Quads unterwegs sind und den kleinen Kindern beibringen, auf ihren eigenen benzinbetriebenen Mini-Modellen zu fahren.

Jede Familie hat drei Quads.

»Guckt doch bloß«, sagt Greta. »Die Familie teilt ihr gemeinsames Interesse für Motoren. Sehr nett.«

Ich muss so lachen, dass mir die Orangenstücke aus dem Mund fallen.

Die Kinder sind höchstens sechs oder sieben Jahre alt, und vermutlich gehören ihre Eltern auch zu dem Typ, der die Sommer damit verbringt, seinen Kindern das Hin- und Herfahren auf extra kleinen Jetskis beizubringen, damit sie dann gegen Papa um die Wette fahren können.

Hin und her.

»Schön, dass sie hier sind und die Kompensation für diejenigen übernehmen, die mit dem Bus hergekommen sind oder ein Vermögen für ihr Elektroauto ausgegeben haben«, sagt Greta, wackelt ein bisschen mit dem Fuß in den Skischuhen und lächelt.

Das Beste daran, technikfreundlich zu sein, ist, dass der Kauf eines Elektroautos, von Solarzellen oder einer Powerwall einem hilft, recht schnell einzusehen, dass die Technik nicht alles schaffen wird. Denn alle technischen Lösungen bleiben hinter einer Umstellung unserer Gewohnheiten zurück, wenn es um eine Verringerung des CO_2-Ausstoßes geht.

Beides ist notwendig, aber solange wir noch auf Kohlendioxidstaubsauger und Zeitmaschinen warten, brauchen wir vor allem von zweierlei mehr: einer radikalen Politik und konsequenten Gesetzgebung.

Denn für jedes Elektroauto wird es immer einen neuen Jetski geben. Für jede Person, die anfängt Bus zu fahren, einen neuen benzinbetriebenen SUV. Für jeden Veganer ein aus Argentinien importiertes Rinderfilet. Und für jeden Menschen, der auf das Fliegen verzichtet, eine neue Wochenendreise nach Madrid.

Die Macht der Konsumenten hilft bei der Meinungsbildung, ist aber keine endgültige Lösung.

Vor zwei Jahren hatten wir die Gelegenheit, eine Ladestation für Elektroautos in unserer Garage zu installieren. Wir tauschten also unser Fossil an Wagen gegen ein Elektroauto ein. Wir waren zwei von sechzig, die ihr altes Auto unmittelbar gegen ein elektrobetriebenes austauschten, während eine Person in ein Hybridauto investierte.

Seitdem konnte man eine Menge neuer Autos in unserer Garage entdecken. Viele in unserer Preisklasse.

Aber kein neues Elektroauto.

Kein Hybridauto.

Gleiches Spiel mit den Solarzellen auf dem Dach. Sie befinden sich dort seit zwei Jahren.

Und seit zwei Jahren halten wir Lobeshymnen auf die neue Technik, aber niemand stimmt ein. Und so wie bei uns sieht es natürlich an den meisten Orten der Welt aus.

Die Lösungen sind da, und sie funktionieren wunderbar. Dank der erneuerbaren Energiequellen wie Sonne und Wind haben wir schon jetzt die Möglichkeit, uns auf schnellste Weise von der Nutzung fossiler Brennstoffe zu verabschieden. Alles geht voran, aber es wird zu langsam in diese Lösungen investiert. Viel zu langsam.

Alle scheinen zu glauben, dass die Technik uns retten wird. Doch die Energieunternehmen bremsen die Entwicklung, und wir Privatpersonen, die die Möglichkeit hätten, die Entwicklung voranzutreiben, scheinen nicht an die Technik zu glauben. Oder vielmehr: Wir scheinen nicht daran zu glauben, dass wir gerettet werden müssen.

Die Familie Thunberg-Ernman geht vom Eis und kämpft sich durch den Gegenwind nach Hause.

SZENE 67

Gretas Monolog

Greta sitzt auf dem Fußboden in der Küche mit Moses und Roxy. Sie bürstet ihr Fell mit einem alten Kamm, ruhig und systematisch.
»Ich weiß noch, wie ich zum ersten Mal etwas von Klima und Treibhauseffekt gehört habe«, sagt sie. »Ich weiß noch, wie ich gedacht habe, dass das doch einfach nicht stimmen kann. Denn, wenn es wahr wäre, dann würde man sich ja wohl kaum noch über etwas anderes unterhalten. Und trotzdem gab es niemanden, der darüber sprach.«
»Ihr werdet diejenigen sein, die die Welt retten«, sage ich zu meiner Tochter.
Sie rümpft die Nase, genauso wie mein Vater es immer getan hatte, ein Mann, der durchs Leben ging wie die stilsicherste Karikatur einer Person mit Asperger, die man sich nur vorstellen kann. Nur dass ihm nie eine Diagnose gestellt wurde. Sie sind sich zum Schießen ähnlich.
»Die Lehrer sagen genau dasselbe«, antwortet Greta. »*Eure Generation ist es, die die Welt retten wird. Ihr seid diejenigen, die hinter uns aufräumen und alles in Ordnung bringen werden*, sagen sie, und dann fliegen sie jede Ferien davon, um Urlaub zu machen. *Ihr seid es, die die Welt retten werdet.* Danke, wir haben es jetzt gehört. Aber es wäre nicht ganz blöd, wenn auch ihr ein bisschen mithelfen würdet.«

Sie steht auf und geht Moses hinterher, der es sich auf dem Teppich ein paar Meter weiter bequem macht. Sie ergänzt:

»Und nein, Mama, so jemand wie ich wird die Welt nicht retten. Denn auf so jemanden wie mich hört niemand. Man kann sich vielleicht Wissen aneignen, aber das zählt ja heute nicht mehr. Das sieht man doch bei den Wissenschaftlern. Auf die hört auch niemand. Und auch wenn dem so wäre, wäre es egal, denn die Unternehmen stellen ihre eigenen *Experten* an, die sie in die USA auf irgendwelche superteuren Medientrainings schicken, damit sie danach in den Nachrichten auftreten und behaupten können, dass es wirklich richtig gut ist, alle Bäume abzuholzen und alle Tiere zu ermorden. Und wenn die Wissenschaftler dann etwas dagegen sagen, hört man nicht auf sie, denn die Unternehmen haben dann schon das halbe Land mit Anzeigen bombardiert, denn die Wahrheit ist auch nur noch eine Sache, die man für Geld kaufen kann.«

Moses hebt den Kopf, als sich der Aufzug im Treppenhaus in Gang setzt. Greta folgt seinem Blick.

»Ihr habt eine Gesellschaft geschaffen, in der einzig soziale Kompetenz, gutes Aussehen und Geld den Ton angeben. Wenn ihr also wollt, dass wir die Welt retten, müsst ihr zuerst einige Dinge ändern. Denn so wie es jetzt ist, gehen alle, die ein bisschen anders denken und die Ideen haben, auf die andere nicht kommen, früher oder später kaputt. Entweder werden sie da draußen gemobbt, oder sie bleiben einfach ganz zu Hause. Oder sie werden wie ich in Förderschulen geschickt, wo es leider keine Lehrer gibt.«

Sie dreht sich zu mir um und guckt mir direkt in die Augen. Das tut sie so gut wie nie.

»Du redest doch dauernd davon, dass ich einen großen

Buchverlag dazu gebracht habe, mir zu versprechen, dass sie das Lehrbuch für Geographie für die Mittelstufe umschreiben, weil ich ihnen gesagt habe, dass da drin ein Fehler war. Genauso wie ein Artikel in der Zeitschrift zur Nachhaltigkeit umgeschrieben wurde.

Ich hatte jetzt seit einem Jahr kein naturwissenschaftliches Fach mehr. Weil wir keine Lehrer haben. Wenn ihr diese Welt behalten wollt, müsst ihr sie ändern. Denn so wie sie jetzt ist, funktioniert gar nichts.«

Greta holt tief Luft und steckt ihre Nase in Moses flauschiges Fell. Und schnüffelt daran.

SZENE 68

Früher war nichts besser

Vor weniger als hundert Jahren galt es noch immer als allgemein landläufige Wahrheit, dass manche Länder das Recht hätten, andere Länder zu besitzen – genauso selbstverständlich wie die Überzeugung, dass unterschiedliche Menschen von unterschiedlichem Wert waren, der von ihrer Herkunft, ihrer Hautfarbe, ihrer Religion, ihrer sexuellen Orientierung, ihrem ökonomischen Hintergrund oder ihrem Geschlecht abhing.

Viele Diskriminierungen sind verschwunden, viele werden noch immer gepflegt. Manches Unrecht hat sich nur verwandelt, anderes ist dazugekommen. Aber in den meisten Fällen haben sich die Zustände gebessert. Das Problem ist allerdings, dass in den Bereichen, in denen es deutlichen Fortschritt zu verzeichnen gibt, dieser häufig auf Kosten anderer Bereiche eingetreten ist. Und diese Bereiche lassen sich meist schwer reparieren oder ersetzen: die Gesundheit etwa, eine ausbalancierte Biosphäre oder die Artenvielfalt.

SZENE 69

Goethes Faust

Was sich außerdem nicht gebessert hat, ist die Menge an Kohlendioxid in der Atmosphäre.

Der Zusammenhang zwischen unserem historischen Wohlstandsmärchen und den Mengen an Treibhausgasen, welche die Ursache für die globale Klimakrise darstellen, ist leider ganz und gar unbestreitbar.

Denn du bist Erde, sagten wir. *Und sollst zu Erde werden. Alles was aus der Erde kommt, muss wieder zu Erde werden*, sagten wir.

Dann aber fand irgendjemand eine Menge Öl, und es war vorbei mit allem Zu-Erde-werden. Stattdessen erschufen wir eine Gesellschaft, die auf der Idee beruhte, fossile Reste einstigen Lebens auszugraben, die wir dann – schnellstmöglich – in der hochempfindlichen Atmosphäre des Planeten verheizten.

Und wie wir sie verheizen!

Laut einer Studie der Universität von Utah benötigt man 23,5 Tonnen Biomasse, um einen Liter Benzin herzustellen. 23,5 Tonnen altes Holz und Dinosaurier und Tausende Millionen Jahre also, nur damit ein einzelner Volvo imstande ist, ein paar Kilometer zu fahren.

Es lässt sich viel sagen über jenen Vertrag, den unsere moderne Gesellschaft mit dem Planeten geschlossen hat, auf dem wir leben.

Aber nachhaltig ist er nicht.

SZENE 70

Hand auflegen

Unser Planet leidet an einer ernstzunehmenden Krankheit, und wir müssen dringend umfassende ärztliche Maßnahmen einleiten. Wir brauchen eine Notfallbehandlung.

Aber stattdessen entscheiden wir uns, wenn es hoch kommt, für das Praktizieren vorsintflutlicher Heilmethoden wie Gesundbeten oder Handauflegen.

Von Krankheitseinsicht keine Spur.

Das ist etwa so, als würde man auf eine dringende Operation verzichten, um abzuwarten, ob nicht irgendwann in ferner Zukunft eine passende Behandlungsmethode entdeckt wird.

SZENE 71

London

In der vierten Etage von Hamleys Spielzeuggeschäft in der Regent Street hat sich um die Karaokeanlage herum ein spontaner Chor aus mehreren etwa achtjährigen englischen Schülern gebildet.
　Sie singen Ed Sheeran.
　»I'm in love with your body. I'm in love with the shape of you.«
　Beata und Svante sind in London, um Beatas Weihnachtsgeschenk vom letzten Jahr einzulösen – ein Konzert ihrer Idole Little Mix in der Londoner O2-Arena.
　Im Laufe des Jahres, das vergangen ist, seit wir das Geschenk gekauft haben, hat Svante seine Gewohnheiten geändert.
　Er hat aufgehört zu fliegen.
　Wie ich.
　Erst dachten wir, dass es gut wäre, wenn sich zumindest ein Elternteil die Möglichkeit offenhielte, in einer plötzlichen Notsituation schnell in ein Flugzeug springen zu können.
　Aber dann las Svante *Storms of my Grandchildren* von James E. Hansen, der zwischen den Jahren 1981 und 2013 Direktor des Goddard Institute for Space Studies der NASA war. Daraufhin folgten noch um die zwanzig weitere Bücher, und

dann war es für ihn aus und vorbei mit Shopping, Fliegen und Fleisch.

Aus dem Kurztrip nach London für ein paar hundert Kronen wurde also ein bedeutend längeres und vermutlich sehr viel teureres Abenteuer. Beatas Weihnachtsgeschenk wurde somit einer Art moralischer Hyperinflation ausgesetzt. Doch versprochen ist versprochen.

Glücklicherweise hat auch unsere jüngste Tochter nichts dagegen, Klimapionier zu werden, und fährt gerne fünf Tage lang in einem Elektroauto durch Europa mit Little Mix auf höchster Lautstärke.

Bei Hamleys kauft Beata einen Fuchs als Weihnachtsgeschenk für Greta, und dann spazieren sie weiter durch die mit weihnachtlichen Lichterengeln geschmückte Straße bis zur HMV-Filiale gegenüber von Selfridges. Svante macht ein Foto von Beata am Oxford Circus und schickt es uns nach Hause.

Eine Stunde später nehme ich mein Telefon in die Hand. Zwei neue Nachrichten werden angezeigt. Das Foto von Beata auf der Oxford Street und eine Eilmeldung: *Terroranschlag auf Oxford Street*.

Ich rufe an, und sie gehen sofort ran. Sie sind bereits zurück im Hotel, weit vom Oxford Circus entfernt, und ich kann wieder ausatmen. Es folgt eine Stunde voller Extrasendungen und Liveberichten auf allen Kanälen. Für ein paar Minuten steht die Welt still. Alle hören zu und sehen zu. Schwedische Touristen werden per Handy interviewt, und alles versinkt im Chaos, niemand weiß etwas, alle halten den Atem an.

Doch es entpuppt sich als Fehlalarm. Die Polizei und das Militär sind ausgerückt, und alle haben alles richtig gemacht, aber es ist nichts geschehen, außer möglicherweise einer Schlägerei und jemand, der jemanden verfolgt hat, der jemanden verfolgt hat, und jetzt kann das Weihnachtsgeschäft weitergehen. Die Welt kann in aller Ruhe damit fortfahren, sich ins Koma zu konsumieren.

Am nächsten Morgen bleibt Beata im Hotelzimmer. Zu singen und zu tanzen ist so unglaublich viel spannender, als die Welt da draußen zu erkunden – keine Stadt der Welt kann damit konkurrieren. Sie ist voll und ganz zufrieden damit, sich selbst überlassen zu bleiben, also nutzt Svante den Tag, um an den Luxusyachten der St. Katharine Docks entlangzuspazieren.

Er sieht dort private Motorboote mit Namen wie Sand Dollar, ein jedes so groß, dass man es ohne weiteres für den interkontinentalen Schiffsverkehr einsetzen könnte.

Er passiert die Werften und Themsehäfen, wo alles eines Tages begann. Hier lagen die Handelskompanien, und hier landeten Schiffe an und wurden Waren ausgeladen. Hier war das Herz, denkt Svante.

Die Handelswaren, die das englische Imperium bauten, in dem die Grundlage für die industrielle Revolution gelegt wurde. Und den Treibhauseffekt unnatürlich schnell anfachten. Jenen Treibhauseffekt, der von Nobelpreisträger Svante Arrhenius, der aus dem Geschlecht der Thunbergs stammte, entdeckt wurde. Dem Mann, nach dem Svante benannt ist.

Mein Svante spaziert umher und liest in seinem Handy, dass Svante Arrhenius' Berechnungen zum Temperaturanstieg in dem Buch *Über den Einfluss des atmosphärischen Kohlensäuregehalts auf die Temperatur der Erdoberfläche* von 1896 ziemlich gut mit dem übereinstimmt, was wir heute, hundertzweiundzwanzig Jahre später, wissen. Sogar sehr gut. Was hingegen nicht übereinstimmt, ist der Zeitaspekt.

Nach Arrhenius' Berechnungen hätten zweitausend Jahre vergehen sollen, bis der Kohlendioxidgehalt in der Atmosphäre unser heutiges Niveau erreicht hätte. Er konnte natürlich nicht ahnen, dass zukünftige Generationen sich mit fossilen Brennstoffen dopen würden, die vielleicht besser in der Erde hätten bleiben sollen.

Stunde um Stunde spaziert Svante umher, um ihn herum Touristenhorden aus sämtlichen Ecken der Welt. Kinder, Jugendliche, Alte, Arme, Reiche: Menschen, mit allen nur erdenklichen Hintergründen schlendern durch den Tower in der späten Herbstsonne, nehmen massenweise Selfies auf und laden sie auf alle möglichen Plattformen hoch. Ein schwacher Duft nach gebrannten Mandeln und Diesel von den Sightseeingbooten vermischt sich mit der ein wenig zu warmen Novemberluft. Ein paar Touristen sind so alt, dass sie nicht mehr selbständig gehen können. Andere humpeln auf Krücken umher.

Eine Frau aus Australien führt ihren offenbar dementen Mann und zeigt auf die Schlittschuhbahn an der Ringmauer, auf der ein paar brasilianische Touristen mit Weihnachtsmannmützen bei achtzehn Grad Wärme über das Eis stolpern.

La dolce vita. Das süße Leben. Man lebt nur einmal. *Genieß es!*

Svante sitzt an der Tower Bridge unter noch immer belaubten Bäumen, obwohl fast Advent ist. Er träumt von einer Klimaprotestbewegung, die es nicht gibt, die es noch nicht geben kann, weil sie im Lauf der Reise noch formuliert werden muss.

Er trinkt eine Latte mit einem extra Shot Espresso von Starbucks, isst trockene Safranbrötchen, die Greta ihm eingepackt hat, und bezahlt über das Handy die Stromrechnung von Vattenfall.

Dasselbe staatliche Vattenfall, das im Vorjahr seine Braunkohlesparte an einen tschechischen Konzern verkauft hat, der an eine *Renaissance der Kohle* glaubt.

Dasselbe staatliche Vattenfall, das immer noch Millionen Tonnen an Steinkohle von kriminell schwer vorbelasteten Bergbaukonzernen in Kolumbien nach Nordeuropa importiert, wo die Kohle in schmutzigen Kohlekraftwerken verfeuert wird.

Dasselbe staatliche Vattenfall, das sich auf Platz hundertzwölf der zweihundertfünfzig Unternehmen wiederfindet, deren CO_2-Bilanz am verheerendsten ist – Unternehmen, die zusammen für mehr als dreißig Prozent des Gesamtausstoßes der Treibhausgase auf der ganzen Welt stehen.

Dasselbe staatliche Vattenfall, das den deutschen Staat auf einen Betrag von fast fünf Milliarden Euro verklagt hat, weil er sich nach der Reaktorkatastrophe von Fukushima für den Ausstieg aus der Atomenergie entschieden hatte.

Dasselbe staatliche Vattenfall, dessen stellvertretende Vorstandsvorsitzende zur Vorsitzenden des schwedischen Rats für Klimapolitik gewählt wurde.

Svante zieht sich in der Sonne die Strickjacke aus. Es ist T-Shirt-Wetter, und auf einer Kunstrasenfläche zwitschert munter ein Vogel.

SZENE 72

Der lange Weg nach Hause

Beata bricht sofort in Tränen aus, als sie auf einem Infoscreen in der U-Bahn den Namen Little Mix entdeckt.

»Man ist schließlich nicht aus Stein«, schluchzt sie.

Und als Little Mix aus vier verschiedenen Richtungen die Bühne der Londoner O2-Arena betreten, kreischen sowohl sie als auch Svante. Aber niemand schreit lauter und weint mehr als Beata. Kein Fan auf der ganzen Welt singt jede Stimme und jede einzelne Liedzeile so hingebungsvoll mit, wie sie es tut.

Nach dem Konzert setzen sich beide ins Auto, fahren Richtung Tunnel und Calais und treten den langen Weg nach Hause an. Beata ist unermüdlich. Sie sitzt auf dem Rücksitz, isst Kekse und hört sich alle Alben ihrer Idole auf höchster Lautstärke an. Solange es Little Mix ist, existiert keine Geräuschempfindlichkeit – da *soll* es laut sein.

Es wird Abend, sie guckt *Friends* auf dem Computer und schläft allein in einem eigenen Hotelzimmer, und das Chaos um sie herum stimmt sie ruhig. Denn es geschieht zu ihren Bedingungen. Sie genießt es, einfach so dahinzugleiten, und es geht ihr gut.

Kurz vor Eindhoven klingelt das Handy. Ein Verleger ist dran und möchte wissen, ob Svante und ich bei einem Buch über das Klima mitmachen wollen. Es soll ein aufgeschlossenes und hoffnungsvolles Buch werden und möglichst günstig, damit es für eine breite Zielgruppe erschwinglich ist. Der Verleger erklärt, wie unsere Rolle in dem Buch aussehen soll und wie wichtig es ist, gemeinsam etwas über die Umwelt zu veröffentlichen, das wirklich richtig viele Leser erreicht.

»Es soll sich an eine breite Leserschaft wenden und wirklich Hoffnung wecken.«

»Mhmmm«, macht Svante, und Gretas Worte klingen ihm im Ohr, *eine einzige Flugreise kann zwanzig Jahre Mülltrennung zunichtemachen.* »Aber wir sind gar nicht besonders an einem so Hoffnung weckenden Buch interessiert, in der derzeitigen Situation. Jedenfalls nicht, wenn die Art Hoffnung gemeint ist, die im Moment gerade angesagt scheint.«

»Wie meinen Sie das?«

»Wir glauben nicht, dass Hoffnung in der derzeitigen Lage das ist, was wir am meisten benötigen. Das würde bedeuten, weiterhin wegzusehen. Wenn wir ein Buch über das Klima machen, dann müssen wir zuallererst vermitteln, dass wir uns in einer akuten Krise befinden und dann erklären, was die Krise ausmacht. Hoffnung ist unglaublich wichtig, aber die kommt viel später. Wenn Ihr Haus in Flammen steht, setzen Sie sich doch auch nicht als Erstes an den Küchentisch und erzählen Ihrer Familie, wie hübsch alles werden wird, wenn Sie neu bauen. Wenn es anfängt zu brennen und das Haus komplett in Flammen steht, wählt man die 112, weckt alle auf, die sich im Haus befinden, und rennt zur Haustür.«

»Sicher, aber ich glaube schon, dass wir Hoffnung brauchen«, sagt der Verleger. »Wussten Sie zum Beispiel, dass wir über hunderttausend Tonnen Kohlendioxid sparen könnten, wenn man den Reifenluftdruck aller Autos justieren würde?«

»Ja«, antwortet Svante. »Aber das ist nicht das, worauf wir den Schwerpunkt legen wollen. Wenn die Leute glauben, dass derartig einfache Dinge viel verändern, dann ist die Schlussfolgerung ja bloß, dass wir alle so weitermachen können wie bisher. Für den richtigen Reifendruck zu sorgen ist schön und gut, aber es ist ein Tropfen auf den heißen Stein, und wenn wir das kleine bisschen Aufmerksamkeit, das die Klimafrage bekommt, auf so etwas verwenden, dann ist die Sache gelaufen.«

»Aber wenn die Leute glauben, dass die Sache gelaufen ist, dann werden sie doch erst recht einfach aufgeben.«

»Das glaube ich nicht«, sagt Svante. »Nicht, wenn sie gut informiert darüber sind, was das Wort *gelaufen* tatsächlich bedeutet. Aber das wissen sie nicht, und die meisten Menschen haben leider auch keine Ahnung, was ein galoppierender Treibhauseffekt ist. Oder wie nahe wir dran sind, Dinge in Gang zu setzen, die sich nicht mehr aufhalten lassen.«

»Aber es gibt Psychologen, die sagen, dass das nur zur Folge hat, dass wir uns einfach abwenden. Als reine Abwehrreaktion.«

»Ja, aber es gibt auch Psychologen, die das Gegenteil behaupten. Und was soll die Alternative sein?«, fährt Svante fort. »Zu lügen? Falsche Hoffnungen zu wecken? Wollen wir Menschen auf diese Weise dazu bringen, ihre Einstellung zu ändern? Malena und ich machen das hier ja nicht, weil wir die Leute nicht leiden können. Im Gegenteil, wir machen es, weil wir andere Menschen lieben. Weil wir an die Menschen glauben.«

»Okay, aber was sagen Sie zum Beispiel, wenn Sie sich mit Ihrem Nachbarn unterhalten?«, will der Verleger wissen.

»Ich unterhalte mich nicht mit meinen Nachbarn. Ich

schaffe es ja kaum mit meinen Freunden oder meinen eigenen Eltern zu sprechen.«

Der Verleger sagt, dass er später zurückrufen werde.

Aber das tut er natürlich nicht.

Spät am Abend an der McDonald's-Schlange von Hamburg-Süd unterhält sich Svante in gebrochenem Deutsch mit einem Mann und erzählt, dass er in einem Elektroauto unterwegs von London nach Stockholm ist, weil er aufgehört hat zu fliegen. Für das Klima, sagt er, und obwohl der Mann hört, was er sagt, kann er es doch nicht verstehen, und später auf dem Parkplatz im Wind und im Regen weint Svante zum zweiten Mal in fünfzehn Jahren lang und heftig.

Denn dort, umgeben von fünfzig Milliarden LKWs, Autobahnen und BMWs, begreift er, dass es keine Rolle spielt, wie viele Elektroautos wir uns anschaffen.

Es spielt keine Rolle, wie viele Solarzellen wir auf dem Dach aufstellen oder wie sehr wir einander aufmuntern oder inspirieren.

Und es spielt keine Rolle, ob wir auf dem Boden bleiben und auf das Privileg zu fliegen verzichten, denn was wir brauchen, ist eine Revolution. Die größte in der Geschichte der Menschheit. Und wir brauchen sie jetzt.

Aber wohin man auch blickt, es ist keine in Sicht.

Fünf Minuten lang steht Svante da, bis er einsieht, dass kein Mensch mit dem Gedanken aufzugeben leben kann. Und dass nichts besser dadurch wird, dass man auf dem Parkplatz einer deutschen Tankstelle steht und weint.

Ihm bleibt nur weiterzufahren.

Nach Jütland. Nach Malmö.

Dem Sonnenaufgang entgegen.

3
Das antike Drama

Wenn ich am Kiosk vorbeigehe, sehe ich Schlagzeilen über Morde und Promipartys, über das Bettelverbot und die Initiativen frisch gewählter Parteichefs.
Ich stelle mir dann vor, dass wir alle gemeinsam in einem Auto sitzen, das geradewegs auf eine Steilwand zurast, während wir uns über die Musik im Autoradio streiten.

Stefan Sundström, schwedischer Musiker

SZENE 73

Chaos

Ich liebe Chaos.

Ich liebe das Unmögliche; alles, was für andere undenkbar scheint.

Rad schlagen, auf den Händen gehen oder kopfüber in einem Fluggeschirr über der Bühne schweben. Liegestütze machen und gleichzeitig eine Arie singen, die selbst im Stehen kaum zu bewältigen ist.

Zur Höchstform laufe ich auf, wenn es kurz vor einer Livesendung zum Stromausfall kommt, die Generalprobe ausfällt und ich rasch improvisieren muss. Wenn ich kurzfristig für jemanden einspringe und drei Stunden später eine Rolle singe, in der ich seit acht Jahren nicht auf der Bühne stand, und die Vorstellung live in Kinos in ganz Schweden übertragen wird.

Wenn jemand krank wird und ich sofort zum nächsten Flieger eile, um vor zweitausend Menschen in London zu singen, die Noten erst nach der Landung bekomme und sie im Taxi auf dem Weg in die ausverkaufte Barbican Hall studiere.

Ich liebe Chaos.

Solange es mein Chaos ist und ich tun darf, was ich am besten kann.

Denn dann *bin* ich am besten.

Ich habe ADHS schon immer. Trotzdem bekam ich die Diagnose erst mit fünfundvierzig. Davor hatte ich mich nie untersuchen lassen, ich hielt es wohl nicht für nötig.

Ich bin ein Paradebeispiel für die Superkraft, von der alle sprechen. Aber auch wenn sie immer wieder betont wird, tritt sie nur bei den wenigsten zum Vorschein, denn nicht alle haben das Glück auf ihrer Seite.

Ich kann alle Instrumente eines Symphonieorchesters auf einmal hören. Ich vernehme die einzelnen Stimmen und sehe sie vor mir.

Ich hatte Glück. Schon als Kind hatte ich Menschen um mich, denen es wichtig war, dass ich das richtige Umfeld finde; ein Umfeld, das zu mir, meinen Talenten und Eigenheiten passt. Ein Umfeld, in dem ich meine Zeit auf die Dinge verwenden darf, die ich liebe.

Als Kind war ich schüchtern, und weil ich stotterte, wurde ich während der Unter- und Mittelstufe logopädisch behandelt.

»Musst du wieder zum Lo-lo-lo-lo-logopäden?«, witzelten die Jungs, wenn ich aus dem Unterricht gerufen wurde. Ich konnte keine Sätze sagen, die mit einem Vokal anfingen, und mich mit anderen zu unterhalten kostete mich so viel Kraft, dass ich lieber schwieg.

Nur wenn ich sang, war alles ganz leicht und selbstverständlich.

Der Gesang war meine Rettung, mein Platz in der Welt; dort fühlte ich mich sicher. Ein Platz, wo es keine Grenzen gab. Ein Platz, an dem ich mich vierzehn, fünfzehn Stunden am Tag aufhielt, um zu singen, der Musik zu lauschen und alle Stimmen, Töne und Laute niederzuschreiben.

Alles konnte ich dort schaffen.

Bis heute trage ich diesen Platz in mir, eine Art im Muskelgedächtnis gespeichertes Gefühl. Ein Glücksgefühl, ganz für mich allein.

Wenn ich singe, geht es mir gut.

SZENE 74

Die neue Währung

Unser Unwissen in Sachen Klima- und Nachhaltigkeitskrise hat sich zu einer der ergiebigsten Ressourcen der Welt entwickelt, ist es doch eine der Grundvoraussetzungen für steigendes Wirtschaftswachstum. Unkenntnis ist die neue Währung. Sobald wir die akute Nachhaltigkeitskrise in ihrer ganzen Tragweite realisieren, werden wir nämlich damit anfangen, unseren Lebensstil zu überdenken, und ein paar Schritte zurückgehen. Doch davon profitiert keine Wirtschaft, die darauf baut, dass wir unsere Autos und Flugzeuge ständig mit den Überresten der Dinosaurier volltanken und möglichst schnell möglichst viele Güter produzieren und erwerben.

Der Zusammenhang zwischen wachsendem Wohlstand, steigendem CO_2-Ausstoß und dem Verlust der biologischen Vielfalt ist mehr als offensichtlich. Trotzdem gelangt dieses Wissen nicht in unser Bewusstsein. Es geht unter.
Unsere ökologische Unkenntnis hat inzwischen einen unschätzbaren Wert, der sich überall niederschlägt: in den Medien, in der Werbung, in unseren Wertvorstellungen und Gewohnheiten. Wir kommen nicht dazu, die wirklich wichtigen Dinge von allen Ablenkungen zu unterscheiden, die beständig auf uns einprasseln. Also machen wir weiter wie gehabt.

Doch die Probleme werden sich nicht von allein lösen, und die erforderlichen Kosten, um alles wieder ins Lot zu bringen, steigen stetig.

Wir kommen nicht umhin, ein paar Schritte zurückzugehen. Die Frage ist nur, ob wir es jetzt tun wollen, in geordneter Form – oder ob wir noch eine Weile warten …

SZENE 75

Rudeltiere

»Der Klimawandel ist die größte Bedrohung der Menschheit«, erklärte UN-Generalsekretär António Guterres im April 2018.

Wir befinden uns in einem Destabilisierungsprozess und steuern auf einen sogenannten Tipping-Point zu, der überall lauern könnte.

Wir nähern uns einer unsichtbaren Grenze.

Die Grundsatzdebatte müsste längst abgeschlossen sein. Immerhin hat die Forschung uns bereits in aller wünschenswerten Deutlichkeit gezeigt, dass die globale Erwärmung katastrophale Veränderungen für Lebewesen aller Art bedeutet. Dass Abholzung, industrielle Landwirtschaft, Überfischung und die Versauerung der Meere die biologische Vielfalt auszulöschen drohen.

Aber wir leben in einer Zeit, in der eine bestimmte Anzahl verkaufter Autos nach wie vor eine vermeintlich rosige Zukunft verspricht. Eine Zeit, in der Flugverspätungen mehr Schlagzeilen generieren als der Tod Tausender Menschen infolge des Klimawandels (der sich, zumindest teilweise, auf den Luftverkehr zurückführen lässt). Wir leben in einer Zeit, in der man meint, man tue etwas für die Umwelt, wenn man Teebeutel durch losen Tee ersetzt.

Irgendwo habe ich gelesen, man solle im Flugzeug während Start und Landung die Plastikjalousie runterziehen, damit weniger Kraftstoff für den Betrieb der Klimaanlage draufgeht. Und im Hotel heißt es, wir »retten die Welt«, indem wir unsere Handtücher aufhängen, damit sie weniger häufig gewaschen werden.

»Wir können uns nicht andauernd mit Negativschlagzeilen und niederschmetternden Nachrichten beschäftigen. Sonst setzt früher oder später ein Verdrängungsmechanismus ein. Wir brauchen eine neue, eine positive Geschichte«, sagen diejenigen, denen es gelingt, sich Gehör zu verschaffen. Ich würde gern wissen, welche *alte* Geschichte allen Menschen so bekannt sein soll.

Ehrlich gesagt kenne ich kaum jemanden, der über die Nachhaltigkeitskrise, in der wir stecken, ausreichend informiert ist.

Kaum jemand, den wir getroffen haben, wusste etwas über *Forcings* und *Feedbacks* oder konnte erklären, inwiefern ein veränderter Verlauf der Meeresströmungen unter dem antarktischen Eisschild den Schmelzprozess beschleunigt. Jeder empört sich über die Amazonas-Abholzung, ohne sich Gedanken darüber zu machen, was um die Ecke im nordischen Waldgürtel vor sich geht. Niemand, mit dem wir uns unterhalten haben, hat vom »neuen Pangaea« gehört oder den zwei Unternehmen in Zürich und Vancouver, die die größten Fortschritte bei der Entwicklung einer Technik erzielt haben, mit der Kohlendioxid aus der Atmosphäre entfernt werden könnte. Und mit ziemlicher Wahrscheinlichkeit hat niemand, den wir kennen, sich ausführlicher mit den Geschäftsmodellen dieser Unternehmen beschäftigt, den Taschenrechner gezückt und festgestellt, dass die Zeit viel zu knapp ist.

Kurzum, die meisten Leute aus unserem Umfeld haben nicht den blassesten Schimmer von der Klimakrise. Was man ihnen im Übrigen kaum zum Vorwurf machen kann; schließlich haben wir uns mit zig Nachhaltigkeitsbeauftragten und Parteichefs unterhalten, die auch nicht gerade durch Wissen glänzten.

Fakt ist: Uns fehlt die nötige Grundkenntnis, um ein Bewusstsein für die existentiellen Veränderungen zu entwickeln, die unserem Lebensstil auf den Fersen folgen.

Vor drei, vier Jahren wusste ich selbst nichts über den Klimawandel. Ich war natürlich ein bisschen beunruhigt, dachte, dass unsere Gewohnheiten unglaublich an den Ressourcen der Erde zehren müssen. In der Zeitung las ich hin und wieder, dieses oder jenes schade der Umwelt, aber jedes Mal war prompt jemand zur Stelle, der das Gegenteil behauptete. Und natürlich war es ungemein beruhigend, dass die Nachrichtenredaktionen stets auf so professionelle Weise sämtliche ökologischen Sorgen in den Wind schossen.

Überall wurde dieselbe frohe Botschaft verkündet: Es gibt Lösungen für unsere Probleme! Mach einfach weiter wie bisher!

Irgendwann fing ich an, mich in das Thema Luftverkehr einzulesen. Fliegen war offensichtlich besonders schädlich, da Flugzeuge CO_2 in höheren Schichten der Atmosphäre ausstoßen. Aber darüber verloren weder die Staatliche Behörde für Luftverkehrskontrolle noch Swedavia, das staatliche Unternehmen für die schwedische Luftverkehrsinfrastruktur, auch nur ein Sterbenswörtchen.

Stattdessen waren ihre Websites mit Bildern von Kontrolltürmen inmitten blühender Tulpenmeere geziert und verkündeten in ebenso blumigen Worten die frohe Botschaft von einem »grünen Umdenken«.

Es war überall dasselbe. Sobald etwas Anlass zur Sorge gab, hieß es, die Technik regele das schon. Als wäre die globale Erwärmung die *Ursache*. Als wäre die Klimakrise nicht vielmehr das *Symptom* unseres Überkonsums, unserer fehlenden Nachhaltigkeit.

Aber ich blieb zuversichtlich.

Solange Medienvertreter und Politiker uns nicht warnten, etwas liege im Argen, war wohl alles in Ordnung.

Aber dann kam Gretas Krise, gefolgt von Beatas, und wir stolperten förmlich in einen Raum, von dessen Existenz wir bis dahin keine Ahnung gehabt hatten.

Der Gedanke, dass wir »eine neue Geschichte brauchen«, kommt mir immer befremdlicher vor. Als hätte jeder von uns *Before the Flood* gesehen und sich anschließend durch sämtliche Forschungsberichte und Klimablogs geklickt.

Als würde jeder von uns regelmäßig Vorträge zum Thema Klimawandel besuchen und den *Guardian* studieren. Als wüsste jeder von uns um die Auswirkungen der Nachhaltigkeitskrise.

»Wir verkraften die schlimmen Nachrichten nicht. Wir müssen positiv denken, sonst schalten wir ab«, sagen diejenigen, die das Geld haben, sich Gehör zu verschaffen. Aber das stimmt nicht. Was wir nicht wissen, können wir nicht verdrängen, und wir können keine Berichterstattung ignorieren, die nicht stattfindet.

Läuft dein Kind hinter die Sicherheitsabsperrung und rennt auf einen Abgrund zu, brauchst du keine »neue Geschichte«. Du verdrängst die Gefahr nicht, weil du den Anblick nicht verkraftest. Stattdessen entwickelst du Superkräfte und bist mit jeder Faser deines Körpers darauf konzentriert, dein Kind zu retten.

Wir nähern uns einer unsichtbaren Grenze. Sobald wir sie überschritten haben, gibt es keine Rückkehr. Was wir heute tun, lässt sich bald nicht mehr ungeschehen machen. Wer den Ernst der Lage begriffen hat, versucht, die anderen zu warnen.

Aber wir sind Rudeltiere, und solange unsere Leitwölfe uns nicht signalisieren, dass wir in einer Krise stecken, werden die wenigsten verstehen, dass genau dies der Fall ist. Wir warten darauf, dass die Leitwölfe Stopp sagen. Dass sie uns um die Gefahr herumführen und in Sicherheit bringen.

SZENE 76

Studienberatung

»Was machen wir nur mit dir? Du bist kein leichter Fall«, sagten meine Lehrer an der Opernhochschule kurz vor der Abschlussproduktion.

»Wir wissen nicht so recht, wo wir bei dir dran sind, wo du hingehörst«, pflichtete der Hochschulrektor ihnen bei.

In ihrem Tonfall schwang nichts Ironisches oder Aufmunterndes mit. Sie klangen, als hätte ich etwas falsch gemacht.

Als ob sie etwas an mir störte.

Zu der Zeit belegte ich zwei Studiengänge parallel: den Diplomstudiengang an der Musikhochschule und das Aufbaustudium an der Opernhochschule. Daneben sang ich Vollzeit im Radiochor unter der Leitung von Gustaf Sjökvist und war Tänzerin und Zweitbesetzung der weiblichen Hauptrolle in *Cyrano de Bergerac* am Oscarsteatern.

Mein Studienkredit war bereits ausgeschöpft, weshalb ich dringend Geld verdienen musste. Aber das war kein Problem, denn ich hatte einen Riesenspaß dabei. Von einem Job zum nächsten zu hechten passte perfekt zu meiner rastlosen Art, zumal ich eine Menge lernen konnte.

Ich sang und schlief und tanzte und brachte alles unter einen Hut. Das Einzige, wofür ich keine Zeit fand, war vielleicht, mit anderen Studierenden der Opernklasse abzuhängen und auf Partys zu gehen, auf denen ich mich ohnehin so verloren gefühlt hätte. Aber das war okay, schließlich hatte ich endlich einen Platz gefunden, wo ich mit meiner Art zurechtkam – sehr gut sogar.

Bis ich eines Tages zum Szenischen Grundunterricht an der Opernhochschule kam.

»Ah«, sagte Philippa, unsere Lehrerin, als ich den Raum betrat. »Also, auf meinem Mist ist das nicht gewachsen, aber die anderen Schüler verlangen ein Gespräch. Ein Krisengespräch.«

Ich wurde angewiesen, auf einem einzelnen Stuhl vor einem großen Halbkreis Platz zu nehmen. Es sei sehr bedauerlich, dass ich mich nicht mehr in die Gemeinschaft einbringen würde und so viele Schulfeste versäumt hätte.

Es war, als hätte ich mich eines Verbrechens schuldig gemacht. Des Verbrechens, nicht dazuzugehören. Ich würde mich wohl für etwas Besseres halten, wurde mir an den Kopf geworfen. Aber das war ich nicht. Ich war sogar ziemlich wertlos.

Als Strafe dafür, dass ich meinen eigenen Weg gegangen war, musste ich plötzlich Dinge lernen, von denen ich nie zuvor gehört hatte. Wie zum Beispiel, dass man nicht aus der Reihe tanzen durfte, weil einem das sonst zum Vorwurf gemacht wurde. Diese Erkenntnis löste eine tiefe Trauer in mir aus.

Ich zog mich immer mehr zurück, verschanzte mich in meiner Wohnung. Und dort, im vierten Stock in einem Haus an der Kungsklippan, fand ich meine ganz eigene Art, meine Ängste und Sorgen zu bekämpfen. Ich musste nur genug Essen in mich reinstopfen und mir den Finger in den Hals stecken, und schon fühlte ich mich wie neugeboren. Kaum dass ich mich übergeben hatte, löste sich der Knoten in meinem Magen, und manchmal blieb er tagelang fern.

Bulimie ist eine lebensgefährliche Krankheit, von einer Ideallösung konnte also nicht im Ansatz die Rede sein, aber damals fand ich keinen anderen Weg, um Frieden zu finden.

Es gab nur ein Problem: Nachdem man sich übergeben hat, kann man nicht singen.

Und dieses Problem wurde meine Rettung, denn ohne zu singen, kann ich nicht leben. Ich musste mich entscheiden.

Ich entschied mich für den Gesang.

Und der Gesang rettete mir das Leben.

SZENE 77

Svenny Kopp

»Die Grundproblematik bei ADHS besteht darin, dass Betroffene nach dem Lustprinzip entscheiden. Sie können ausschließlich Dinge tun, an denen sie maximales Interesse haben. Alles andere funktioniert nicht. Es hat mit dem Belohnungssystem des Gehirns zu tun. Mit dem Dopamin-Niveau.«
Svenny Kopp, Universität Göteborg

Anfang Mai 2017 besuche ich einen Vortrag der Oberärztin Svenny Kopp. Sie forscht auf den Gebieten Neurowissenschaften und Physiologie und gilt weltweit als Pionierin im Bereich Kinder- und Jugendpsychiatrie. Der Grund dafür ist, dass Kopp sich mit einer ungemein außergewöhnlichen Spezies befasst: mit Mädchen.

Im Hörsaal sitzen außer meiner Freundin Gabriella und mir ein paar hundert Mitarbeiter des Stockholmer Kinder- und Jugendgesundheitsdiensts sowie der BUP. Fachpublikum sozusagen.

Gabriella ist wie ich. Wahrscheinlich ist sie deshalb die Einzige, die ich im Moment an mich heranlasse. Gabriella hat eine kranke Tochter und bewegt sich ständig am Rande eines Zusammenbruchs.

Dass es nicht längst dazu gekommen ist, ist ein Wunder –

aber Gabriella ist stark und kämpft wie eine Löwin, wie so viele in ähnlichen Situationen. Nur die Allerstärksten brechen eines Tages zusammen, weil sie so lange an die Grenzen des Menschenmöglichen gehen, dass sie irgendwann völlig ausgebrannt und leer sind. Jene kräftezehrende Disziplin, in der wir Frauen den Herren der Schöpfung in jeder Hinsicht überlegen sind.

Im Rahmen ihrer Forschung und klinischen Praxis hat Svenny Kopp festgestellt, dass Mädchen meist ins Hintertreffen geraten, wenn wir verallgemeinernde Begriffe wie *Kinder* und *Jugendliche* verwenden:

»Leider – oder eher im Idealfall – müssen wir zwischen Mädchen und Jungen unterscheiden. Zwischen weiblichen und männlichen Teenagern. Sie leben unter verschiedenen Bedingungen. Sehen unterschiedlich aus. Wenn wir von Kindern und Jugendlichen sprechen, meinen wir in der Regel Jungs«, beginnt Kopp ihren Vortrag. Sie spricht mit breitem Göteborger Dialekt und ist ganz anders als die Experten, die wir bisher getroffen haben. Was sie sagt, kommt bei Gabriella und mir direkt an. Svenny Kopp trifft den Nagel auf den Kopf.

»Bei Mädchen werden Diagnosen wie ADHS und Autismus viel zu selten gestellt. Immer wieder werde ich mit Fällen konfrontiert, bei denen der Befund offensichtlich sein sollte, und frage mich dann: Wie ist das möglich? Wie können Fachleute von *Teenagerproblemen* oder *Bindungsstörungen* sprechen, wenn zweifellos ADHS vorliegt?«

Dass eine Wissenschaftlerin ein strukturelles Gleichstellungsdefizit innerhalb der Kinder- und Jugendpsychiatrie beleuchtet, scheint viele zu provozieren. Schon nach kurzer

Zeit stehen die Ersten auf und verlassen den Hörsaal. Andere stöhnen oder seufzen, und ich muss an einen Spruch denken, den ich auf dem Handy gelesen habe: »Bist du es gewohnt, privilegiert zu sein, kommt dir Gleichberechtigung wie Unterdrückung vor.«

Gabriella und ich hingegen fühlen uns, als wären wir auf dem Konzert unserer Lieblingsband.

»Ich glaub, ich bin Fan«, flüstert Gabriella, und ich kann ihr nur zustimmen. Svenny Kopp spricht offen aus, dass Mädchen oft das Nachsehen gegenüber Jungs haben. Letztere werden häufiger beachtet und erhalten die ohnehin schon knappen Mittel in Form von pädagogischer Betreuung und Förderschulplätzen.

»Jungen bekommen daher deutlich früher Unterstützung«, fährt Kopp fort. »Mädchen fallen oft erst viel später auf, im Jugendalter, und dann wollen sie keine Unterstützung mehr, sie wollen sein wie alle anderen. Darüber hinaus müssen sie dann um die wenigen zur Verfügung stehenden Mittel konkurrieren. An dieser Stelle brauchen auch die Eltern Hilfswerkzeuge.«

Kopp trinkt einen Schluck aus dem Glas, das auf dem Rednerpult steht.

»Was macht man mit einem Mädchen, das morgens nicht aufsteht? Kann man eine Vierzehnjährige aus dem Bett zerren und zur Schule tragen? Natürlich nicht. Was also tun? Wie reagiert man, wenn sie ihre Hausaufgaben nicht macht? Wie geht man mit Konflikten um? Mit der Reizbarkeit? Dem Ausweichen? Der Unordnung? Wie bewältigt man diese vermeintlich alltäglichen Situationen? Das ist wirklich kein Kinderspiel.«

In der Pause zeige ich Gabriella einen Artikel, den ich

kürzlich entdeckt habe. Darin geht es um eine Studie, die mit *Kindern* mit ADHS durchgeführt wurde. Mit vierundsechzig Kindern, um genau zu sein, allesamt Jungen. Dass im Jahr 2018 ein ausgeglichenes Geschlechterverhältnis in einer wissenschaftlichen Untersuchung mit *Kindern* keine Rolle zu spielen scheint, sagt wohl alles.

Mit einer neuropsychiatrischen Diagnose umzugehen ist nicht leicht. Egal, wie viel man darüber gehört und wie viele Artikel man gelesen hat.
    Es ist schwer. Vor allem für Mädchen. Wie soll ein Mädchen in Schablonen passen, die für Jungs entwickelt wurden? Vor nicht allzu langer Zeit schien es kaum vorstellbar, dass ein Mädchen am Asperger-Syndrom oder an ADHS leiden könne.
    Noch immer sind die meisten neuropsychiatrischen Diagnosen auf Jungs zugeschnitten. Kriterien, Medikation, Information.
    Von Jungs, für Jungs, an Jungs.

Jede Diagnose sieht anders aus, die Befunde sind von Mensch zu Mensch verschieden, und Krankheitsbilder äußern sich bei Mädchen eben manchmal anders als bei Jungs. Letztere sind häufig sehr extrovertiert, wenn sie ADHS haben, während bei Mädchen das Gegenteil der Fall ist.
    Die meisten gestellten Diagnosen resultieren aus einem Verhalten, das von anderen als störend wahrgenommen wird, und da Mädchen oft unterdrücken, was eigentlich herausmüsste, geraten sie automatisch ins Hintertreffen. Deshalb bekommen Mädchen, die außerhalb ihres Zuhauses nicht gesehen oder gehört werden, oft keine Hilfe.

Denn wie viele Eltern haben die Kraft, jedem Problem auf den Grund zu gehen? Wie viele Eltern fassen freiwillig den Entschluss, sich drei, vier Jahre mit der Kinder- und Jugendpsychiatrie rumzuschlagen, nur damit ihre Kinder bestenfalls mit einer Diagnose abgestempelt werden, die für viele nach wie vor als Behinderung gilt?

Heutzutage wissen die meisten engagierten Eltern über all diese Dinge Bescheid, da sie im Internet problemlos auf Studien zugreifen können. Dagegen sieht es innerhalb der Kinder- und Jugendpsychiatrie oft anders aus – die Forschung schreitet mit solcher Rasanz voran, dass die Praxis zuweilen hinterherhinkt. Dabei entsteht eine Kluft, die vielen Kindern zum Verhängnis wird. Vor allem Mädchen.

Mädchen, die manchmal in einer langwierigen unfreiwilligen Schulabwesenheit feststecken, was bisweilen ein lebenslanges Außenseiterdasein einläutet.

Mädchen, bei denen Beeinträchtigungen wie Asperger oder ADHS nicht erkannt wurden und die sich deshalb auf eine Risikozone zubewegen, die zuweilen von Ess- und Zwangsstörungen oder selbstverletzendem Verhalten geprägt ist.

Unzählige Studien aus aller Welt zeigen, dass ADHS mit einem erhöhten Risiko einhergeht, in die Drogensucht oder Kriminalität abzurutschen. Und auch wenn der Zusammenhang zwischen ADHS und Essstörungen ein noch recht junges Forschungsfeld ist, gibt es deutliche Anzeichen dafür, dass er besteht.

Als erstmals (endlich!) auch bei Mädchen neuropsychiatrische Störungen diagnostiziert wurden, schrien große Teile der Bevölkerung: *Was?? Sind denn plötzlich alle krank???* Eine Reaktion, die genauso absurd ist, wie sie klingt. Auf das Konto der Jungs geht diese Ignoranz natürlich nicht. Ihre Probleme sind nicht weniger wichtig, weil Mädchen ignoriert wurden. Auch Jungs brauchen jede Hilfe, die sie kriegen können. Zumal sie – wie auch ihre Eltern – mit den Schattenseiten des Rampenlichts leben müssen, zum Beispiel wenn ihr charakteristisches »Verhalten« öffentlich verhöhnt wird, sogar vom Schulpersonal und anderen Eltern. Oder wenn jeder Leser der ständig wiederkehrenden und beliebten Artikel mit Überschriften à la *Runter mit der Mütze und benimm dich gefälligst!* zu wissen glaubt, wie man dem Verhalten zu begegnen hat.

Auch wenn die Forschung etwas völlig anderes sagt.

Auf dem Podium rundet Svenny Kopp ihren Vortrag ab:

»Im Rahmen meiner Forschung habe ich sowohl Mädchen mit Diagnosen wie Autismus-Spektrum-Störung, ADHS und Tourette-Syndrom als auch *gesunde* Mädchen untersucht und festgestellt, dass ihre Familien auf verschiedenen Planeten leben. Man kann sich gar nicht vorstellen, wie groß der Unterschied ist und welchem Druck Familien mit Mädchen – und natürlich auch Jungen – mit einer dieser Beeinträchtigungen ausgesetzt sind. Der Stressfaktor ist enorm.«

Im Hörsaal ist es mucksmäuschenstill. Abgesehen von dem einen oder anderen zaghaften Räuspern und jemandem, der in seinem Notizblock blättert.

»Die Scheidungsrate liegt in diesen Familien deutlich höher. Vor allem die Mütter befinden sich in einer Stresssituation, die … ja, völlig unhaltbar ist … weil … weil wir es einfach nicht schaffen, diese Familienproblematik anzugehen. So ideal ist unser Wohlfahrts-Schweden wohl doch nicht. Über viele Jahre müssen die Mütter enormen Stress aushalten und sich obendrein mit ignoranten Behörden rumschlagen.«

Als wir den Hörsaal verlassen, erzählt Gabriella mir von zehnjährigen Kindern, die völlig ausgebrannt sind. Es klingt wie ein schlechter sozialdarwinistischer Scherz. Aber ich weiß, dass es diese Kinder gibt. Ich habe sie mit eigenen Augen gesehen. Gabriella erzählt von einem Mädchen mit Asperger-Syndrom, das zwei Jahre das Bett nicht verlassen hat und inzwischen nicht mehr gehen kann, weil ihre Achillessehnen verkürzt sind.

Wer erhebt für diese Menschen die Stimme?, denke ich.

Wer ruft so laut, dass alle innehalten und zuhören?

Aber ich weiß, dass niemand dazu in der Lage ist. Nicht ohne Hilfe.

SZENE 78

Volksheimkind de Luxe

Ich bin in einer kleinen Arbeitersiedlung in den Siebzigern großgeworden. Als Volksheimkind de Luxe. Wenn ich die Kinder sehe, die heute, fünfunddreißig Jahre später, aufwachsen, wenn ich meine eigenen Töchter sehe, denke ich, dass ich wahrscheinlich verloren wäre.

Die Geschwindigkeit, die Lautstärke, die Reize, die Fixierung auf Gewinn und Ergebnisse, von der die Gesellschaft durchdrungen ist. Die Schule mit musisch-künstlerischem Schwerpunkt, die den Einzelunterricht durch kostensparende Gruppenlektionen ersetzt und damit diejenigen Kinder ausgrenzt, die in der Gruppe untergehen.

Es gibt so viele, deren Andersartigkeit in Kreativität und Selbstvertrauen verwandelt werden könnte, doch stattdessen werden sie in eine Außenseiterrolle gedrängt.

Noch so ein lukratives Scheitern.

SZENE 79

Seinfeld zum Nachbar

In heruntergekommenen Büroräumen in Manhattan, über dem Diner, der später durch die Sitcom *Seinfeld* Kultstatus erlangte, richtete die NASA in den sechziger Jahren eine kleine Zweigstelle ein. Dort sollte unter anderem ein Phänomen namens Treibhauseffekt erforscht werden.

James E. Hansen trat vor rund dreißig Jahren vor den US-Kongress und erklärte, warum die globale Erwärmung kein Mythos ist.

»Mit neunundneunzigprozentiger Wahrscheinlichkeit wird die globale Erwärmung nicht durch natürliche Schwankungen, sondern durch vom Menschen freigesetztes Kohlendioxid und andere Treibhausgase verursacht«, erklärte Hansen am 23. Juni 1988.

Aber wer, von Klima- und Umweltaktivisten mal abgesehen, hat je von Hansen gehört? Wie viele von uns kennen die Forschungsergebnisse, die er und unzählige andere Wissenschaftler seither erzielt haben?

Würden wir die Klimafrage nicht auf die leichte Schulter nehmen, wäre Hansen längst weltberühmt, und so gut wie jeder Nobelpreis hätte auf die eine oder andere Weise mit der Nachhaltigkeitskrise zu tun.

Aber so ist es nicht.

Obwohl Hansens Prognosen sich auf unbehaglich exakte Weise bewahrheitet haben, gilt er nach wie vor als eine Art Ausgestoßener, von sämtlichen Präsidenten ignoriert und ausgebremst. Darüber hinaus ist Hansen ein vehementer Kritiker des in seinen Augen zum Scheitern verurteilten Pariser Klimaabkommens.

»Der wirkliche Bluff sind doch die Politiker, die behaupten, sie wollen etwas unternehmen«, heißt es bei dem emeritierten Professor der Columbia University.

Und er hat recht.

In den dreißig Jahren seit seiner Rede vor dem US-Kongress sind die CO_2-Emissionen kein Stück reduziert worden. Im Gegenteil. Sie sind um achtundsechzig Prozent gestiegen, und trotz erneuerbarer Energien – trotz neuinstallierter Solar- und Windkraftanlagen – werden heute mehr fossile Energieträger verwendet als 1988. Wir bewegen uns nach wie vor in die falsche Richtung.

SZENE 80

Superkräfte

Als die #MeToo-Bewegung auf die mediale Fläche einschlägt, die der Feminismus seit einer halben Ewigkeit freizukratzen versucht, entsteht eine Öffnung.
   Ein Riss in der Fassade.
   Stimmen, die sich seit Jahrzehnten zu Wort melden, finden plötzlich Gehör. Wenn man es am wenigsten ahnt, kommt es zu einem kleinen Wunder.
   Wobei das Wunder kein Wunder ist, sondern die Folge kollektiver redaktioneller Beschlüsse.
   Entscheiden die Medien sich dazu, ein Thema voranzutreiben, ändert sich alles. Die #MeToo-Bewegung ist der beste Beweis.

Deshalb hoffen Umweltaktivisten auf einen ähnlichen Effekt, was die Klimafrage betrifft.
   Ohne vorher etwas freikratzen und sich einhundertdreißig Jahre lang mit winzig kleinen Fortschritten begnügen zu müssen.
   Die Zeit haben wir nämlich nicht.
   Die Zeit drängt. Schon in zwei Jahren muss eine revolutionäre Umstellung in vollem Gange sein.

»Was uns fehlt, ist die Erkenntnis, dass radikale Veränderungen notwendig sind«, sagt der Resilienz-Forscher Johan Rockström.

Wir stecken in einer Krise, die nie als solche behandelt wurde.
Berichte gäbe es zur Genüge, aber die Berichterstattung fällt minimal aus.
Nach einer Umfrage des Meinungsforschungsinstituts SIFO gehörten Umweltfragen 2016 zu den politischen Themen mit der geringsten medialen Präsenz. Und das, obwohl der jährliche Bericht des Göteborger SOM-Instituts wiederholt gezeigt hat, dass kein Thema die schwedische Bevölkerung so sehr beunruhigt wie der Klimawandel.
Der mediale Umgang mit der Klima- und Nachhaltigkeitsfrage ist ein einziger Fehlschlag. Schicksalsfragen der Menschheit münden bestenfalls in eine Handvoll Artikel, Kolumnen und Reportagen, während die Zeitungen und Nachrichtenportale vor Reisereportagen, Shopping-Tipps und Motorsportmeldungen nur so strotzen.
Finden im Radio oder Fernsehen Debatten zum Thema statt, steht meist ein Wort gegen das andere.
Die wirklich großen Schlagzeilen bleiben aus. Genauso wie Sondersendungen. Krisensitzungen. Bildungskampagnen.

Ökonomie vor Ökologie lautet das Motto. Die Krise soll nicht als Krise betrachtet werden, sondern als Chance für die Etablierung einer »Green Economy«. *Das* ist der Plan, mit dem wir die Welt retten wollen; die Strategie, die verhindern soll, dass Warnmeldungen – die den Menschen die Augen öffnen könnten – sie auf dem falschen Fuß erwischen: *Was? Die Klimakrise gibt es wirklich?!?! Ich hatte ja keine Ahnung –*

na ja, wenn das so ist, dann ist doch eh alles für die Katz! Wenn das Pariser Klimaabkommen nur Einschränkungen für mich bedeutet, dann ist mir ein Venus-Syndrom im großen Stil mit um fünfundsechzig Meter erhöhtem Meeresspiegel, Massenaussterben, einem lilafarbenen, säuregesättigten Ozean und allem Drum und Dran doch lieber.

So sieht's aus.

Nachrichtenredaktionen dürfen nicht schockieren, beschuldigen oder harte Fakten aufs Tapet bringen, sonst hängen wir noch die Supidupi-Klimaarbeit an den Nagel, mit der wir begonnen haben. Na, ihr wisst schon, alles, was den Kohlendioxidgehalt in der Atmosphäre zehnmal schneller steigen lässt als während des größten Massenaussterbens in der Geschichte der Erde. Deshalb muss eine neue, eine *positive* Geschichte her. Denn die kann man bei Facebook liken.

Aber wisst ihr was?

Die neue Geschichte gibt es bereits! Und sie ist dermaßen positiv, dass droben am Himmel die Engel in Freudenchöre ausbrechen und Purzelbäume schlagen. Wir haben die Klimafrage längst gelöst!

Wir wissen sogar, dass die Lösungen funktionieren werden!!!

Und obendrein sind die Lösungen so brillant, dass sie auf einen Schlag ein paar weitere Probleme aus der Welt schaffen könnten; zum Beispiel wachsende Klassenunterschiede, psychische Krankheiten und Geschlechterdiskriminierung.

Aber es gibt auch einen Haken: Die Lösungen setzen ein paar grundlegende Veränderungen und das eine oder andere Opfer voraus.

Eine kräftig erhöhte CO_2-Steuer zum Beispiel.

Sie setzen voraus, dass wir der Verringerung der CO_2-Emissionen oberste Priorität einräumen.

Dass wir anfangen, einen Haufen Bäume zu pflanzen und den Großteil der vorhandenen Wälder, die bereits CO_2 gebunden haben, in Ruhe lassen. Der Wald ist unsere Rettung. Deshalb müssen wir ihm den Respekt erweisen, den er verdient hat.

Die Lösungen setzen voraus, dass wir unser Leben entschleunigen und damit beginnen, kleiner, kollektiver und lokaler zu denken. Von einer lokalen Demokratie bis hin zu einer gemeinschaftlichen Energie- und Nahrungsproduktion.

Dass wir zusammenarbeiten. Denn kollektive Probleme wollen kollektiv gelöst werden.

Dass die Welt die Milliarden, die jedes Jahr für Subventionen fossiler Energieträger draufgehen, für Wind- und Solaranlagen ausgibt. Eine Summe, die wir im Übrigen locker verdoppeln könnten.

Wir können, wenn wir nur wollen.

Aber dafür müssen wir auch etwas tun.

Wie zum Beispiel auf bereits existierende Technik setzen, statt auf Erfindungen zu warten, die mit größter Wahrscheinlichkeit ohnehin zu spät kommen werden.

Wir müssen unsere Gewohnheiten grundlegend ändern, und die meisten von uns müssen in ökologischer Hinsicht ein paar Schritte zurücktreten.

Die Unternehmen, die die Probleme verursacht haben, müssen dafür einstehen – Unternehmen, die um die Risiken wussten, aber lieber Profit daraus geschlagen haben, unser Klima- und Ökosystem zu zerstören.

Wir haben die Probleme nicht verursacht. Nicht jeder von uns trägt Mitschuld. Trotzdem ist es unsere gemeinsame

Pflicht, die Voraussetzungen für künftige Generationen zu sichern. Ihre Zukunft liegt in unseren Händen.

Gehörst du zu denen, die glauben, dass die Technik uns retten wird? Dann stell dich mal vor die Sprungschanze in Falun und schau nach oben! Dann siehst du, wie steil die CO_2-Kurve ist, die wir zügig auf Netto-Null bringen müssen und die jeden Tag jede Titelseite jeder Zeitung zieren sollte.

Unser Schicksal ruht in den Händen der Medien. Niemand sonst kann in der verschwindend kurzen Zeit, die uns noch bleibt, vergleichbar viele Menschen erreichen.

Eine Krise können wir nur dann lösen, wenn wir sie auch wie eine Krise behandeln.

Jeder, der schon mal einen Unfall erlebt hat, weiß, worauf ich hinauswill.

In einer Krise entwickeln wir Superkräfte. Wir heben Autos an, leisten Erste Hilfe und retten Menschen. Wenn auf dem Gehsteig jemand stürzt, eilen sofort Menschen herbei, die alles stehen und liegen lassen, um zu helfen.

Die Krise ist zugleich die Lösung der Krise.

Weil wir in Krisen unsere Gewohnheiten und unser Verhalten ändern.

In einer Krise sind wir zu fast allem imstande.

Den meisten von uns wird es bessergehen, wenn wir unser Leben entschleunigen und lokaler leben, wissend, dass wir unseren Kindern die Möglichkeit geben, Erfindungen und Lösungen zu entwickeln, auf die wir nicht gekommen sind.

Den meisten von uns wird es bessergehen, wenn anderswo auf der Welt Menschen überleben können, weil wir nicht mehr ständig auf dem Sprung in die nächste Metropole, in den nächsten Urlaub, zum nächsten Flughafen und zum nächsten was auch immer sind.

Je langsamer wir uns voranbewegen, desto größer wird die Welt.

Und *allen* wird es bessergehen, wenn wir in einer Gesellschaft leben, in der Nachhaltigkeit oberstes Gebot ist.

SZENE 81

Leere Worte

Der Wahlkampf hat begonnen.

Juli 2018. Mit einem Mal reden alle Politiker vom Klimawandel. Vermutlich lässt sich das Thema nicht mehr meiden. Nach monatelanger Hitze und Dürre trifft nämlich genau das ein, wovor Klimaexperten uns seit Jahrzehnten warnen. Ernten bleiben aus, das Grundwasser versiegt.

Schweden steht in Flammen, in den Wäldern und Mooren, von Gällivare und Jokkmokk im Norden bis runter zu den Äckern im Süden. In den Medien häufen sich die Krisenberichte, und schon nach wenigen Tagen dämmert uns allmählich, was es heißt, dass fast ein Sechstel des Landes nördlich des Polarkreises liegt, in der Arktis, wo der Klimawandel am stärksten spürbar sein wird. Erwärmt sich die Erde um nur ein Grad Celsius, ist die Krise hier, und wir stehen gleich hinter der Frontlinie.

Aber darüber wollen unsere Volksvertreter nicht sprechen. Kaum einer verliert ein Wort über Ursachen oder Konsequenzen. Politikern geht es in erster Linie darum, eine Wahl zu gewinnen. Und wer eine Wahl gewinnen will, sagt nicht, was Sache ist – wer eine Wahl gewinnen will, sagt, was die Leute hören wollen.

»Das Klima ist die Schicksalsfrage unserer Zeit«, heißt es en passant, aber die vorgebrachten Analysen haben die Tiefgründigkeit eines Klatschblatthoroskops. Handeln sollen die anderen Länder – alles andere gilt als politische Phrasendrescherei.

Mit keiner Silbe wird erwähnt, dass über die Hälfte unseres CO_2-Ausstoßes statistisch gar nicht erfasst wird. Weil es so bequemer ist.

Mit keiner Silbe wird erwähnt, dass Schwedens ökologischer Fußabdruck zu den zehn größten der Welt zählt. Oder dass eine Busfahrt von Sandviken nach Gävle auf dem Papier mehr Emissionen verursacht als ein Hin- und Rückflug nach Neuseeland, Businessclass, weil internationale Flugreisen in der Statistik gar nicht auftauchen. Gleiches gilt im Übrigen für Seefracht und Warenimport.

Wir haben die Produktion zahlreicher Waren in Niedriglohnländer verlegt, um uns davor zu drücken, angemessene Löhne zu bezahlen, und ganz nebenbei wurden wir einen beträchtlichen Anteil unseres CO_2-Ausstoßes los. Deshalb können wir jetzt mit dem Finger auf andere zeigen, schließlich haben wir unsere Statistik bereits aufpoliert, als wir unsere Fabriken nach China, Vietnam und Indien verpflanzt haben.

»Diese Länder brauchen unsere Industrie und unseren Handel, um ihren Lebensstandard zu erhöhen«, wird häufig propagiert. Erwärmt sich die Erde um nur anderthalb Grad, werden die Länder sich jedoch um ganz andere Dinge Sorgen machen. Bewohnbarkeit zum Beispiel.

»Schweden ist viel zu klein«, sagen die Politiker der größten Partei. »Deshalb sollten wir uns lieber darum bemühen, andere Länder zum Handeln zu bewegen.«

Und die Medien lassen diese Aussage so stehen. Kein Sterbenswörtchen darüber, dass wir nach dieser Logik auch keine Steuern mehr bezahlen bräuchten, schließlich ist *mein Beitrag aufs Ganze gerechnet so winzig, dass ich's auch lassen kann. Ich sollte mich lieber auf Dinge konzentrieren, die meiner Familie und mir tatsächlich nützen. Alles andere ist doch nur Heuchelei.*

Journalisten sind sich oft nicht bewusst, dass, wenn ein kleines Land wie Costa Rica Einwegplastik verbannt, Meldungen generiert werden, die in den sozialen Medien sofort viral gehen. Weil alle Welt nach positiven Beispielen lechzt. Nach Nachrichten, die Hoffnung spenden. Selbst wenn es um Verbote und Beschränkungen geht, solange sie dem Allgemeinwohl dienen. Nirgends wird erwähnt, dass das kleine Costa Rica einen Trend gestartet hat, dem andere Länder, zum Beispiel Indien, bereits folgen.

Natürlich gibt es in Schweden einige Politiker, die das Problem erkennen und angehen wollen. Aber sie werden nicht gehört. Sie bedienen nicht die öffentliche Meinung. Die Debatte hat nie richtig Fahrt aufgenommen, und die Kluft zwischen Einsichtigen und Uneinsichtigen ist schlicht zu groß. Die einen sind bereits bei Punkt 117 angelangt, während die anderen bei Punkt 2 verharren.

Wir lesen *Factfulness*, das in mehrerlei Hinsicht bemerkenswerte Buch des Rosling-Trios, aber selbst dort erscheint die Klima- und Nachhaltigkeitskrise nicht gerade akut:

»Doch diejenigen, denen der Klimawandel Sorgen macht, sollten aufhören, die Menschen mit unwahrscheinlichen Szenarien zu ängstigen. Die meisten Leute wissen um das Problem und erkennen es als solches. Darauf zu insistieren hieße, offene Türen einzurennen. Es ist an der Zeit, einen Schritt weiterzugehen und nicht nur immer und immer wieder darüber zu reden. Wir sollten stattdessen diese Energie dafür benutzen, das Problem dadurch zu lösen, dass man Maßnahmen ergreift – Maßnahmen, die nicht von Angst und Dringlichkeit getrieben sind, sondern auf Daten und nüchterner Analyse beruhen.«

So heißt es in dem Buch der drei bekanntesten – und rechtmäßig gefeierten – Volkspädagogen unserer Zeit. Aber der Gedanke findet sich nicht nur beim Rosling-Trio und der Gapminder Foundation.

Er könnte aus jeder beliebigen Nachrichtenredaktion, von Politikern, Entscheidungsträgern und Wirtschaftsvertretern stammen. Der Gedanke ist Mainstream. Er entspricht der öffentlichen Meinung.

Aber trifft er zu?

Verbreiten Umweltorganisationen und Klimaexperten irreführende Informationen? Sind Zehntausende Wissenschaftler darauf erpicht, uns das Fürchten zu lehren?

Und vor allem: Haben wir genug Zeit, um in aller Seelenruhe nüchterne Analyse zu betreiben?

Geschehen die Veränderungen nicht vielmehr so schnell, dass wir bei der Fülle an Informationen gar nicht mehr hinterherkommen? Und ständig ist von diesem klitzekleinen Detail namens Kohlendioxid in der Atmosphäre die Rede, das unser Leben auf den Kopf stellen soll.

Nirgends wird ausgesprochen, dass die Klimafrage einen Systemfehler indiziert. Der Klimawandel gilt als *Problem*, und Probleme, so heißt es, löst man mit Hilfe neuer Erfindungen, neuer technischer Errungenschaften. Behauptet die Forschung etwas anderes, werden kurzerhand neue Untersuchungen in Auftrag gegeben, die uns sagen, was wir hören wollen. Immer und immer wieder.

Die Entwicklung ist lebensbedrohlich, aber nichts bereitet mir mehr Unbehagen als die immer wiederkehrende Behauptung: »Die meisten Leute wissen um das Problem und erkennen es als solches«, wie es beim Rosling-Trio heißt. Und davon scheinen die meisten auszugehen.

»Wenn wir unseren Enkelkindern eines Tages in die Augen blicken, können wir ihnen sagen, dass wir die Gefahr gebannt haben, als wir sie sahen. Oder wir sagen, dass wir nichts unternommen haben, obwohl wir Bescheid wussten«, erklärte Schwedens Vizeministerpräsidentin im Sommer 2018 zum Abschluss der traditionellen Politikerwoche *Almedalen* auf Gotland.

Eine Aussage, die niemand zu hinterfragen scheint, obwohl sie auf einem ziemlich fragwürdigen Menschenbild gründet.

Wenn wir tatsächlich Bescheid wissen – wenn wir uns der Konsequenzen unseres Verhaltens bewusst sind, jedoch nichts daran ändern ... was sagt das über uns aus?

Und was sagt es über diejenigen aus, die dieses Menschenbild vertreten?

SZENE 82

Anderssein

Ich bin ein hoffnungsloser Fall. Wenn es um praktische Dinge geht, bin ich in der Regel völlig aufgeschmissen.
Ich habe keinen Führerschein.
Noch mit zwanzig habe ich Brot in der Plastikverpackung aufgewärmt, und ich habe keinen Schimmer, wie man sich ins Onlinebanking einloggt und Rechnungen bezahlt.
Über alles, was ich erledigen muss, führe ich lange Listen, sonst schaffe ich nichts. An manchen Dingen beiße ich mich fest und komme nicht weiter. Wäre ich nicht Sängerin geworden, wäre vermutlich überhaupt nichts aus mir geworden. Und vielleicht wäre ich in einen der tiefen Abgründe gestürzt, die sich auftun, wenn ADHS unerkannt bleibt.

Du sollst heute extrovertiert sein. Ein bisschen von allem können. Du kannst über Wissen auf Forscherniveau verfügen und trotzdem an den Anforderungen der gymnasialen Oberstufe scheitern, wenn du dich verbal nicht zu behaupten weißt.
Was wird aus denen, die in einer Sache brillieren, aber an den Dingen scheitern, an denen sie kein Interesse haben?
Was wird aus denen, die schüchtern sind? Denen es körperlich schlecht geht, wenn sie vor anderen Menschen spre-

chen müssen? Was wird aus dem großen Teil unserer Bevölkerung, der nicht über die Sozialkompetenzen verfügt, die wir heutzutage über alles andere stellen?

Hat jemand, der sich von der breiten Masse abhebt, überhaupt den Ansatz einer Chance, im gegenwärtigen schwedischen Schulwesen zu überleben? Vermutlich nicht. Am allerwenigsten diejenigen, die eines Tages in einem Job glänzen könnten, der mit Sensibilität, Empathie und Zuhören zu tun hat. Daran müssen wir etwas ändern.

Die Werte, die auf dem Spiel stehen, sind einfach zu kostbar.

Anderssein ist die Grundlage für Kunst. Und ohne Kunst zerbröselt früher oder später alles zu Staub.

SZENE 83

Hinter den Kulissen

Greta, Svante und ich sind mit Kevin Anderson und seinem Kollegen Isak Stoddard im Institut für Geowissenschaften CEMUS auf dem Campus der Universität Uppsala verabredet.

Wir haben nicht zum ersten Mal mit Kevin und Isak zu tun. Im Vorjahr haben wir gemeinsam mit ein paar anderen Leuten wie dem Olympiasieger Björn Ferry, der Armwrestlerin Heidi Andersson, dem Politologen Staffan Lindberg und dem Meteorologen Martin Hedberg einen vielbeachteten Artikel in *Dagens Nyheter* veröffentlicht, in dem es darum ging, warum wir in Zukunft aufs Fliegen verzichten wollen und lieber am Boden bleiben. Damit konnten wir einen Grundstein für die Flugdebatte legen, die wenige Monate später in den Medien hochkochte.

Seit Wochen hat es nicht mehr geregnet, die Rasenflächen in Uppsala sind von der Vorsommersonne verbrannt.

Kevin erzählt, in seiner Gästewohnung sei es sogar nachts so heiß, dass er bei weitgeöffnetem Fenster schlafe, »wie in Griechenland«.

Wir füllen unsere Tassen mit Filterkaffee und einem Schuss Hafermilch und ziehen uns in einen kleinen mit Sofas und Bücherregalen möblierten Konferenzraum zurück. Kevin trinkt Tee.

»Wenn es darum geht, in welchem Umfang Länder wie Schweden die CO_2-Emissionen verringern müssen, stößt man auf ziemlich unterschiedliche Zahlen«, beginnt Svante und schaltet die Sprachaufnahme des Handys ein. »Du und andere Wissenschaftler sprechen von zehn bis fünfzehn Prozent pro Jahr, Politiker und die Staatliche Behörde für Natur und Umweltschutz von fünf bis acht Prozent. Woher kommt der Unterschied?«

»Das hat verschiedene Gründe. In den fünf bis acht Prozent sind beispielsweise Luftverkehr, Seefahrt und Auslandsproduktion noch nicht berücksichtigt«, erklärt Kevin. Er redet schnell und deutlich, mit einer Überzeugungskraft wie kaum jemand sonst, den wir getroffen haben.

»Außerdem ist in den Berechnungen von Industrieländern wie Schweden nie das Mindestmaß an Unterstützung mit einkalkuliert, die wir ärmeren Ländern zugesichert haben. Das steht ausdrücklich im Pariser Klimaabkommen, im Kyoto-Protokoll und so weiter. Wir haben uns dazu verpflichtet, den CO_2-Ausstoß zu reduzieren, ignorieren aber den Rahmen, den wir uns selbst gesteckt haben.

Und das Wichtigste: Unsere Strategien zur Ausstoßminderung basieren auf negativen Emissionstechnologien. Aber die sind noch gar nicht erfunden, und es ist äußerst fraglich, ob die Ergebnisse dann auch nur ansatzweise den Berechnungen entsprechen können, die wir für gegenwärtige Klimamodelle heranziehen. Es klingt absurd, aber bis vor zwei Jahren wussten viele Klimaforscher überhaupt nichts davon. Etliche meiner Kollegen waren regelrecht schockiert, als sie erfuhren, dass sich nicht nur ein paar wenige Zukunftsberechnungen auf Technologien stützen, die noch gar nicht erfunden worden sind, sondern alle.«

Kevin hält kurz inne, dann schildert er die Reaktion seiner Kollegen ausführlicher. Ich sitze still da, während Svante mitschreibt und Zwischenfragen stellt. Wie immer, wenn wir uns mit Klimaexperten unterhalten, schweige ich lieber. Zum einen weil ich so am meisten lerne, zum anderen weil ich Angst habe, mich lächerlich zu machen, etwas Dummes zu sagen.

»Isak und ich haben ausgerechnet, dass reiche Länder wie Schweden den CO_2-Ausstoß um mindestens zehn bis fünfzehn Prozent pro Jahr verringern müssen, und zwar sofort, wenn wir die Emissionen bis 2025 um fünfundsiebzig Prozent reduzieren wollen. Das ist nämlich unsere einzige Chance, das Zwei-Grad-Ziel zu erreichen. Und zwischen 2035 und 2040 müssen wir bei der Netto-Null-Emission ankommen, was wiederum voraussetzt, dass Luftverkehr, Seefahrt und Transport auf null runtermüssen.«

Für einen kurzen Moment begegnen sich unsere Blicke. Was Kevin erzählt, ist meilenweit entfernt von allem, was man sonst über das sogenannte grüne Umdenken hört, über das sich Politiker und Wirtschaftsvertreter so gern ausbreiten.

»Nach unseren Berechnungen bleiben uns beim aktuellen Ausstoßniveau noch etwa sechs bis zwölf Jahre. Und da ist zum Beispiel Auslandsproduktion noch gar nicht mitgerechnet. Berücksichtigen wir diese Faktoren ebenfalls, bleibt uns noch weniger Zeit«, fährt Kevin fort. »Am Ende meiner Vorträge zitiere ich oft den amerikanischen Zukunftsforscher und Nachhaltigkeitsexperten Alex Steffen: *Langsam zu gewinnen ist dasselbe wie zu verlieren.* Ich gebe ihm da vollkommen recht. Wir haben keine Zeit mehr, das Umdenken muss *jetzt* geschehen.«

Schweden hat kürzlich ein neues Klimagesetz verabschiedet, auf das viele Entscheidungsträger fürchterlich stolz sind. Auch wenn das Gesetz an sich etwas Positives ist, scheinen weder Isak noch Kevin sonderlich beeindruckt davon zu sein.

»Wenn mit dem schwedischen Klimagesetz etwas bewirkt werden soll, muss es sofort noch einmal überarbeitet werden«, erklärt Kevin. »Es muss ein CO_2-Budget enthalten und entsprechend dem Pariser Klimaabkommen denjenigen Ländern Unterstützung zusichern, die noch nicht die finanziellen Mittel und die Infrastruktur haben, die uns zur Verfügung stehen. Auch so eine Gerechtigkeitsperspektive muss künftig in unseren Kalkulationen und Klimagesetzen berücksichtigt werden. Genauso Faktoren wie Seefahrt und internationaler Luftverkehr, damit unsere Berechnungen endlich die Realität abbilden.«

Im vergangenen Winter hat Kevin einen Vortrag in der Königlichen Wissenschaftsakademie gehalten, bei dem auch Kronprinzessin Viktoria anwesend war. Einleitend sprach er eine Gesundheitswarnung ans Publikum aus, um so den komplexen Gegenstand seiner Forschung etwas greifbarer zu gestalten. Noch vor ein paar Jahren hätten wir vor dem Gespräch mit Kevin und Isak eine ähnliche Einleitung gebraucht, aber inzwischen ist das Thema fest in unserem Alltag verankert.

»Seit fast dreißig Jahren wissen wir alles, was wir über Klimawandel wissen müssen. Trotzdem haben wir in der ganzen Zeit nichts unternommen. Nicht mal so progressive Länder wie Schweden sind aktiv geworden: Wenn wir Luftverkehr, Seefahrt und Auslandsproduktion mitrechnen, liegt der schwedische CO_2-Ausstoß auf dem gleichen Niveau wie 1992, zum Zeitpunkt der ersten UN-Klimakonferenz in Rio. Wir haben zugelassen, dass Ökonomen unsere Entscheidungen steuern. Wir machen alle glauben, dass wir tun, was wir tun müssen, aber in Wahrheit leitet kein einziger Industriestaat auch nur ansatzweise die Schritte ein, die notwendig wären. Im Schwedischen gibt es ein prima Wort dafür: swindlee.«

»Svindleri«, korrigiert Isak. *Schwindlerei.*

»That's right! Svindleri!!!«, lacht Kevin. »Hätten wir unseren Worten Taten folgen lassen, hätte der Klimawandel sich nicht zu dem Problem entwickelt, das er heute ist. Mit neuer Technik und anderen ökonomischen Richtlinien hätten wir das Problem vielleicht bewältigt. Aber stattdessen haben wir dreißig Jahre darauf verschwendet, zu diskutieren, zu lügen und Zeit zu schinden, und jetzt brauchen wir einen totalen Systemwandel, weil das gegenwärtige ökonomische Modell die Klimakrise nicht lösen kann. Und die Nachhaltigkeitskrise schon gar nicht. Das Modell muss ausgetauscht werden«, sagt Kevin und wechselt die Position auf dem Sofa, das passenderweise so aussieht, als stamme es vom Flohmarkt, genau wie der Rest des abgenutzten, zusammengewürfelten Mobiliars.

»Aber es gibt auch Grund zur Hoffnung. Einiges deutet darauf hin, dass so ein Systemwandel möglich ist, und auch wenn die Resultate der bereits erfolgten Veränderungen nicht durch die Bank weg positiv sind, bleiben sie Anzeichen dafür, dass sich etwas tut. Die Bankenkrise, der Arabische Frühling, Corbyn, Trump-Gegner, Bernie Sanders, der Preis für erneuerbare Energien, die Diskussion über die Auswirkungen von Diesel und Benzin auf unsere Gesundheit ...«

»Die #MeToo-Bewegung«, ergänze ich.

»Genau«, stimmt Kevin zu. »Alles deutet auf einen großen gesellschaftlichen Wandel hin. Das ist ein Hoffnungsschimmer.«

Ich beuge mich zu Greta vor und frage, ob ich erzählen darf, was sie vorhat. Sie nickt.

»Wenn im August die Schule wieder losgeht, will Greta streiken. Bis zur Wahl will sie sich jeden Tag vors Reichstagsgebäude setzen.«

Kevin und Isak halten inne. Dann lächeln sie, als hätten sie eben etwas überraschend Positives erfahren.

»Und wie lange genau wird der Streik dauern?«, fragt Kevin.

»Drei Wochen«, antwortet Greta so leise, dass sie kaum zu hören ist.

»Was? Drei Wochen?«, hakt Isak nach.

Greta blickt ihn zustimmend an.

»Na, das sollte doch den einen oder anderen Politiker dazu bringen, dir zuzuhören«, sagt Kevin vergnügt.

»Greta hatte die Idee, als sie bei einer Telefonkonferenz dabei war, in der es darum ging, eine schwedische Variante der Zero Hour zu initiieren. Das ist eine neue Bewegung in den USA. Kinder und Jugendliche verlangen von Politikern Antworten, warum nichts unternommen wird«, erklärt Svante. »Aber Greta findet, dass protestieren allein nicht mehr reicht. Es braucht eine Art zivilen Ungehorsam. Stimmt's, Greta?«

Svante stellt die Frage immer, wenn er für Greta das Wort ergreift, weil ihr Mutismus sie blockiert. Sie nickt.

»Aber in dem Fall muss sie alles selber machen. Wir können uns nicht hinter sie stellen und ihr helfen«, fährt Svante fort.

»Greta kennt sich ohnehin besser aus als Svante und ich

zusammen«, schalte ich mich ein. »Unsere Töchter haben uns überhaupt erst die Augen für die Klimakrise geöffnet. Dass wir uns engagieren, ist allein ihr Verdienst.«

»Gut gemacht, Greta«, sagen Kevin und Isak unisono. In Gretas Augen tritt ein Leuchten, und ich habe das Gefühl, genau in diesem Moment entsteht etwas in ihr. Ausgelöst durch das Gefühl, gesehen und gehört zu werden, in einem Zusammenhang, der ihr etwas bedeutet.

Einen Augenblick lang ist es still. Gedanken schwirren durch den Raum – Gedanken daran, dass das fast unsichtbare Mädchen auf dem Stuhl am Fenster sich dazu entschieden hat, ins Rampenlicht zu treten, ganz allein, mit eigenen Worten und Gedanken, um die Grundfesten der gegenwärtigen Weltordnung zu hinterfragen ...

Einen Ausweg aus der Nachhaltigkeitskrise zu finden scheint ein Ding der Unmöglichkeit, und ich liebe alle, die verrückt genug sind, das Unmögliche zu wagen. Aber wenn es um mein eigenes Kind geht, bin ich weniger enthusiastisch. Läge die Entscheidung allein bei mir, würde ich Greta den Streik vermutlich verbieten. Aber zum Glück ist es bis August noch eine Weile hin. Und zwischen einer Idee und deren Umsetzung liegen Welten, wenn man noch nicht mal die achte Klasse besucht hat.

Vor ein paar Jahren sorgte Kevin für Aufsehen, als er sich weigerte, eine Klimakonferenz in London zu besuchen, nachdem von allen Teilnehmern eine Klimakompensationsgebühr verlangt wurde. Er war der Meinung, dass die Klimakompensation mehr Schaden als Nutzen anrichte. Sie suggeriere die Möglichkeit, den CO_2-Ausstoß wiedergutmachen zu können, so als wären die Treibhausgase nie ausgestoßen worden.

»Aber wenn die Idee der Klimakompensation irreführend ist«, hakt Svante nach, »gibt es dann irgendeinen anderen Weg, unser Verhalten zu kompensieren, als es schlicht und ergreifend zu ändern?«

»Nein. Wenn du fliegst, signalisierst du den Fluggesellschaften, dass sie weitermachen sollen wie bisher. Mehr Flugzeuge kaufen, Flugplätze ausbauen … Genau das passiert ja auf der ganzen Welt. Die Fluggesellschaften lassen lauter neue Flugzeuge bauen, und die Flughäfen expandieren. Solange du weiter fliegst, geraten Politiker nicht in Zugzwang, stattdessen auf den Bahnverkehr zu setzen. Was dringend nötig wäre. Außerdem schickst du Unmengen CO_2 in die Atmosphäre, die das Klima noch Jahrtausende beeinträchtigen werden. Die ausgestoßenen Gase verschwinden nicht, nur weil wir armen indischen Dörfern Solaranlagen spendieren. Was natürlich nicht heißt, wir sollten keine Solaranlagen in armen indischen Dörfern installieren oder Bäume anpflanzen, wo sie von ökologischem Nutzen sind. Was im Übrigen nicht überall im gleichen Ausmaß der Fall ist. Bodenbeschaffenheit, Aufforstung und Emissionen sind komplexe Themen, über die wir immer noch viel zu wenig wissen. Und daran ändert sich auch nichts, wenn wir fliegen und Fastfood essen. Klimakompensation ist wie arme Menschen dafür zu bezahlen, dass sie für uns hungern.«

SZENE 84

Solange das Mikro aus ist

Nach ein paar Stunden auf dem Campus machen wir uns auf den Weg in einen nahe gelegenen Park. Neben dem Tropenhaus suchen wir uns ein schattiges Plätzchen, um zu Mittag zu essen. Roxy bekommt eine große Schale mit Wasser, das sie in der Hitze rasch in sich hineinschlürft, ehe sie sich unter den Tisch verkriecht. Wir bestellen veganes Essen. Greta beschließt, ihr Einmachglas mit Bohnenpasta für den Heimweg aufzuheben.

»Ich esse auch fast jeden Tag das Gleiche«, sagt Kevin an Greta gewandt. »Fast nur Broccoli und Brot. Die meisten denken, ich mache Witze, wenn ich das sage, aber es ist eine einfache und praktische Mahlzeit. Außerdem schmecken mir Brot und Broccoli einfach gut.«

Greta reagiert mit einem schwachen Nicken. Ich nehme an, dass Kevin das halb im Scherz gesagt hat und eher Verständnis als Exzentrizität signalisieren möchte.

Wir unterhalten uns über die Sommer in England, als Greta klein war, und natürlich erzähle ich von meiner Kindheit im Kloster in Whitby. Wir schlüpfen in unsere Rollen als englischsprechende Schweden, und wie immer, wenn man eine Fremdsprache spricht, verändern sich unsere Persönlichkeiten ein bisschen.

»Du musst uns unbedingt in Dalhalla besuchen kommen«, schlagen wir vor.

Kevin fragt, wie weit es von Uppsala dorthin ist. »Dreißig, vierzig Kilometer?«

»Das schaffst du doch locker mit dem Rad«, sagt Isak, und seinem Tonfall nach zu urteilen, ist Kevin ein versierter Radler.

Er ist ein freundlicher und geselliger Brite wie aus dem Bilderbuch. Witzig, offen und empathisch.

Wir unterhalten uns darüber, ob der Entschluss, die Klimakrise das eigene Leben beeinflussen und verändern zu lassen, Freundschaften gefährden kann. Kevin meint, damit habe er noch nie Probleme gehabt.

»Ich verurteile Klimaleugner und Skeptiker nicht. Nicht mal Politiker und andere Entscheidungsträger. Wirklich irritierend finde ich nur Forscherkollegen, die mehr oder weniger bewusst Fakten verdrehen, um nicht als Alarmisten dazustehen, auch wenn sie das innerlich sind. So was bringt mich auf die Palme.«

Erlebt man Kevin auf der Bühne, ist ihm anzumerken, dass es in ihm brodelt, auch wenn er nie einen zornigen Eindruck macht. Er wirkt eher leidenschaftlich, besonnen, von seiner Sache überzeugt. In seiner Stimme schwingt durchaus eine latente Wut mit, aber aufgebracht klingt er deshalb nie.

»Manche Wissenschaftler meinen, wir dürften das Kind nicht beim Namen nennen, weil wir sonst zu politisch werden«, fährt Kevin fort. »In meinen Augen ist es genau umgekehrt. Die Wissenschaftler, die sich bewusst zum Schweigen entschließen, werden wirklich politisch, weil sie suggerieren, alles sei okay. Und mit dieser Botschaft zementieren sie eine Art Status quo. *Business as usual.* Viele Wissenschaftler sind der Meinung, in unserem gegenwärtigen politischen und wirtschaftlichen System würde man mit unserer wahren Botschaft nicht umgehen können, dass wir sie deshalb an die gesellschaftliche Wirklichkeit anpassen müssen. Auch das bezweifle ich. Wir, die wir uns mit Klimaforschung auseinandersetzen, sind *Klima*forscher. Unsere Aufgabe besteht darin, Fakten über das Klima aufs Tapet zu bringen. Wir sind keine Experten für Politik oder Gesellschaftsfragen, und deshalb sollten wir unsere Arbeit auch nicht von Politikern – oder der Angst, wie unsere Forschungsergebnisse aufgefasst werden – steuern lassen. Wir sind dafür da, zu forschen und Fakten vorzulegen.«

Wir beenden unser Mittagessen und bringen die Tabletts zurück. Roxy stößt vor lauter Aufregung ihren Napf um, als wir ihr ein paar übriggebliebene Brotstücke zu fressen geben. Als Kevin uns erklären will, warum viele seiner Kollegen sich dagegen sträuben, Tacheles zu reden, kommt er abermals auf die ersten Jahre nach James Hansens Vortrag vor dem US-Kongress und der ersten UN-Klimakonferenz in Rio zurück.

»Nach Rio 1992, als wir uns zum ersten Mal ernsthaft mit der Klimafrage beschäftigt haben, waren wir fest überzeugt, dass wir die Probleme in den Griff bekommen werden. Und ich glaube, dieser positive Geist hat bis heute angehalten. Damals war der Optimismus auch durchaus gerechtfertigt. Aber seitdem ist so viel Zeit ins Land gegangen, ohne dass etwas passiert ist, dass sich die Probleme stetig akkumuliert und zugespitzt haben. Trotzdem herrscht fast dieselbe Zuversicht wie damals. Die meisten Wissenschaftler haben sich verhalten wie der Frosch im Kochtopf. Sie wussten nicht, wann sie spätestens rausspringen müssen, wenn sie sich nicht verbrühen wollen.«

»Hat sich denn inzwischen etwas verändert?«, hakt Svante nach.

»Doch, doch. Die Klimaveränderungen passieren so viel schneller als erwartet, dass sich immer mehr Wissenschaftler dazu entschließen, den Mund aufzumachen. Aber es ist ein langer Weg, und die meisten packen ihre Fakten immer noch in Watte, wenn sie öffentlich über den Klimawandel sprechen. Wenn du mit Wissenschaftlern oder gutinformierten Politikern ein Bier trinken gehst, sagen sie dir unter Garantie, wie ernst die Lage ist. Aber sobald du ihnen ein Mikro unter die Nase hältst, schwafeln sie euphemistischen Nonsens.«

Wir verlassen unser schattiges Plätzchen unter den Apfelbäumen und treten in die brütend heiße Sonne über Uppsala. Auf dem Weg Richtung Campus fragen wir Kevin und Isak, wie oft sie für Fernsehauftritte angefragt werden.

Aus eigener Erfahrung wissen wir nur zu gut, dass sich das schwedische Fernsehen kaum für Programme über den Klimawandel begeistern lässt, aber wir fragen trotzdem – nicht zuletzt für eine Art Bestandsaufnahme der Lage im Jahr 2018. Mehrmals haben wir der öffentlich-rechtlichen Fernsehgesellschaft SVT verschiedene Programmideen vorgeschlagen, aber nicht mal mit Unterstützung eines der renommiertesten und erfolgreichsten schwedischen Fernsehproduzenten stießen wir auf Gehör.

»Wir haben uns das Sommerprogramm mit Johan Rockström angehört. Das klang doch alles sehr zuversichtlich. Als würden wir die Herausforderungen schon meistern«, lautete die Antwort des Fernsehsenders, als unsere Idee für eine sechsteilige Doku zum Thema Klima und Nachhaltigkeit abgeschmettert wurde.

Aber jetzt forscht seit geraumer Zeit einer der weltweit führenden Klimaexperten mehrere Monate im Jahr in Uppsala. Da haben SVT oder TV4 doch bestimmt die Gelegenheit für ein Interview am Schopfe gepackt, oder nicht? Immerhin bereitet kein Thema der schwedischen Bevölkerung so ein Unbehagen wie der Klimawandel …

Aber nein. Keine Anfragen vom Fernsehen. »Wobei man sagen muss, dass das Medieninteresse kontinuierlich wächst, seit Kevin hier ist«, erklärt Isak. »Wir bekommen regelmäßig Anfragen und haben etliche Interviews in Zeitungen, im Radio und im Regionalfernsehen gegeben.«

»Okay. Aber wie oft war Kevin in quotenstarken Sendungen wie *Rapport*, *Aktuellt* oder in den TV4-Nachrichten?«

»Noch nie«, antwortet Isak.

»Und wie oft ist er angefragt worden?«, bohren wir weiter.

»Noch nie«, wiederholt Isak.

»Was ist mit einem ausführlichen Porträt in Zeitungen wie *Svenska Dagbladet* oder in *Dagens Nyheter*?«

Isak verzieht leicht das Gesicht und schüttelt den Kopf, ehe er zum dritten Mal antwortet: »Noch nie.«

Als wir mit dem Elektroauto zurück nach Stockholm fahren, schwirren uns all die Fragen durch den Kopf, die wir zu stellen versäumt haben.

Aber das ist jetzt egal. Wir mussten sie gar nicht stellen.

In Kevins Nähe gibt es so etwas wie Resignation, Verzweiflung oder Trübsinn nämlich nicht.

Nur entschlossene, optimistische und konkrete Tatkraft.

SZENE 85

»*Es ist nie zu spät, so viel zu tun wie möglich*«

Pär Holmgren, schwedischer Meteorologe und Politiker

Überträgt man die Geschichte der Erde auf ein Jahr, trifft die industrielle Revolution ungefähr anderthalb Sekunden vor Mitternacht ein. Am Silvesterabend.

Im Lauf dieser historisch betrachtet verschwindend geringen Zeitspanne haben wir so viel Zerstörung angerichtet, dass der Vormarsch der Menschheit es problemlos mit den fünf sogenannten Massenaussterben aufnimmt. Mit einem kleinen Unterschied: Wir waren schneller.

Katastrophen, die ohne menschliches Zutun Hunderttausende, wenn nicht gar Millionen Jahre beanspruchen, bringen wir binnen weniger Wochen über die Bühne. Durch die Art, wie wir leben.

Wir befinden uns in einer Zeit, die immer wieder als das sechste Massenaussterben bezeichnet wird. Ein Aussterben, das im Übrigen nicht erst gegen Ende des achtzehnten Jahrhunderts eingesetzt hat – sondern schon vor einigen Jahrtausenden, seit es die ersten Menschen gibt.

Viele glauben, es hätte eine Zeit gegeben, in der die Menschen im Einklang mit der Natur gelebt haben. Aber so eine Zeit hat es nie gegeben.

Gut, die *Menschen* mögen im Einklang mit der Natur gelebt haben, aber die Menschheit mit Sicherheit nicht.

Egal, wo wir auf der Welt aufgetaucht sind, das Aussterben war nie weit. Der Zusammenhang zwischen dem geographischen Auftritt der Menschheit und dem Aussterben bestimmter Tierarten – insbesondere sehr großer Tiere, der sogenannten Megafauna – spricht eine unmissverständliche Sprache.

Eine Sprache, die wir hinter uns lassen können. Wenn wir das wollen.

SZENE 86

Testament eines historischen Überflusses

Es kommt die Zeit, in der wir nicht mehr hier sind.

Es kommt die Zeit, in der unsere Kinder, Kindeskinder und Kindeskindeskinder nicht mehr sind.

Die Zeit, in der wir bestenfalls in einem Stammbaum weiterleben, auf einer Festplatte oder einer verstaubten Fotografie, mit der niemand mehr etwas anfangen kann.

Wir werden eines Tages vergessen sein, egal wie wichtig, gehasst oder geliebt wir waren.

Eine unbehagliche Vorstellung. Und sie wird nicht angenehmer, wenn wir uns klarmachen, dass am Ende nicht nur unsere guten Taten und unser Mitgefühl zählen werden. Die gesunde humanistische Grunderziehung, die die meisten von uns genießen, lässt nämlich ein klitzekleines Detail außer Acht: unseren ökologischen Fußabdruck.

Es kommt die Zeit, da wir alle fort und vergessen sind, und das Einzige, was dann von uns übrig ist, sind die Treibhausgase, die wir mehr oder weniger unwissentlich in die Atmosphäre gepustet haben.

Auf dem Weg zur Arbeit.

Im Supermarkt.

Bei H&M.

Auf dem Weg zu Dreharbeiten in Tokio.

Manche Gase werden noch einige Jahrtausende dort oben herumschweben.

Manche Gase werden von Bäumen und Pflanzen gebunden sein.

Und manche Gase werden womöglich eines Tages aus der Atmosphäre gefiltert und irgendwo tief unten im Gebirgsgrund gespeichert werden, mit Hilfe einer cleveren Erfindung und eines Logistiksystems, die wir erst noch erfinden müssen.

Vielleicht haben wir bis dahin auch eine Art Ozeanstaubsauger ausgetüftelt; eine Zaubermaschine, die unsere Meere vom absorbierten CO_2 befreit. Was dringend nötig wäre, schließlich nimmt der Ozean rund vierzig Prozent unseres ausgestoßenen Kohlendioxids auf, und die daraus resultierende Versauerung stellt nach Expertenmeinung eine weit größere Bedrohung dar als der Treibhauseffekt, der über dem Meeresspiegel stattfindet.

Auf gewisse Weise werden wir also doch weiterleben – nur nicht so, wie wir uns das ausgemalt haben.

Bis auf ein paar wenige Ausnahmen werden die Erinnerungen an uns nämlich deutlich kurzlebiger sein als unsere ökologischen Fußabdrücke.

Das mag jetzt alles sehr düster und entmutigend klingen, aber vergesst nicht, dass womöglich ein einziger Star oder Influencer ausreichen könnte, um die Karten neu zu mischen. Sicher, über die Macht von Prominenten lässt sich streiten, aber so sieht die Wirklichkeit, in der wir leben, nun mal aus, und wir haben keine Zeit, das zu ändern. Und das Gute daran ist doch, dass in unserer vernetzten Welt nur ein einziger

König, Superstar oder Papst den persönlichen Null-Ausstoß anstreben müsste – vegane Ernährung, Flugverzicht und Solarzellen auf dem Dach inklusive –, und schon würde vielen so eine Umstellung gleich viel machbarer erscheinen.

Niemand von uns kann den Systemwandel allein herbeiführen. Aber schon eine einzige Stimme könnte die dafür notwendige Kettenreaktion auslösen – wenn die Stimme stark genug ist.

4

*Stell dir vor, das Leben ist echt,
und alles, was wir tun, bedeutet etwas*

Aber der Mensch ist ein Teil der Natur, und sein Kampf gegen die Natur ist zwangsläufig ein Kampf gegen sich selbst.

Rachel Carson, Biologin und Autorin

SZENE 87

Weiter nordwärts, Juli 2018

In Luleå ist es warm. Sehr warm. Svante trocknet sich den Schweiß von der Stirn, fächelt sich Luft zu und keucht demonstrativ laut. Doch die Frau an der Rezeption ist für diese Art des wortlosen Kommentars nicht empfänglich.

»Jetzt, wo wir es endlich auch mal hier oben schön warm haben, will ich keine Klagen hören«, sagt sie, als ob es um etwas weitaus Wichtigeres ginge als nur das Wetter.

»Natürlich«, entgegnet Svante und tippt seinen Pin in das Kartenlesegerät. Man soll seine Kämpfe mit Bedacht wählen.

Greta wartet mit Roxy draußen in der Fußgängerzone vorm Hotel. Sie schleppen das Gepäck zum Auto, und Svante hievt den Koffer mit der Mikrowelle, der Induktionskochplatte und all den Lebensmitteln, die Greta in den nächsten zwei Wochen möglicherweise brauchen wird, in den Kofferraum. Zuletzt springt Roxy in den Wagen und macht es sich gemütlich, während Greta das Ziel in den Navi eingibt. Dann rollen sie aus der Parklücke.

»Es ist 20 Kilometer weiter, als die Reichweite der Batterie«, sagt Greta, als sie langsam und beinahe lautlos auf die E4 zufahren.

»Heute fahren wir nur auf Batterie«, sagt Svante. »Langsam. Wir minimieren den Stromverbrauch und gucken, wie weit wir kommen.«

Sie erreichen die E4 Richtung Kalix und biegen nach Norden in Richtung Gällivare ab.

Vor den Autofenstern zieht die Sommerlandschaft mit 80 Kilometern die Stunde vorbei. Der Wald sieht jetzt in ihren Augen anders aus. Vor ein paar Jahren sahen sie einfach nur Bäume und Natur und unberührtes Land. Jetzt sehen sie Kahlschlag, Plantagen und Monokulturen, die dem Boden seine Vielfalt und Widerstandskraft geraubt haben. Greta wäre natürlich lieber Zug gefahren, da kein Privatwagen der Welt letztlich nachhaltig ist, so elektrisch er auch sein mag. Doch das ist aufgrund ihrer Essstörung und ihrer Zwangsstörung nach wie vor ein Ding der Unmöglichkeit. Die Tatsache, dass Greta und Svante stattdessen auf diese Weise reisen, ist schon ein enormer Erfolg, der selbst vor wenigen Monaten schlicht undenkbar gewesen wäre. Greta hat seit dem Frühling jeden Tag etwas mehr Energie bekommen. Seit dem Schreibwettbewerb vom *Svenska Dagbladet*. Seit sie begonnen hat, ihren Schulstreik zu planen.

Höfe liegen umschlungen von der 27 Grad warmen Sommerluft. Verlassene Höfe wie lebendige Höfe, Höfe mit Tieren und Menschen.

Höfe mit ganzen Fuhrparks ausgedienter Maschinen. Autos, Traktoren, Wohnmobilen, Schneemobilen, Schneefräsen, Mopeds und Motorrädern. Jede Auffahrt wirkt wie eine Art Motorenmuseum.

Aber weiter von der Straße entfernt lässt sich trotzdem der Traum eines anderen, einfacheren und vielleicht besseren

Lebens erahnen. Kleine rote Häuser erheben sich aus dem mageren Boden und bilden die Silhouette einer Zeit, von der es beinahe scheint, als hätte sie vollkommen stillgestanden.

Sie hören *This Changes Everything* von Naomi Klein. Hin und wieder halten sie das Hörbuch an und sprechen darüber. Anschließend springen sie ein Stück zurück und hören die letzte Stelle erneut.

Abspielen, zuhören, anhalten.

Sträucher, Wildwuchs, das Grün des Kiefernwalds scheinen sich unendlich bis zum Polarkreis zu erstrecken. Das exotische weiße Straßenschild, das verkündet, dass hier die Grenze zum Land der Sami überquert wird. Die Straße scheint schnurgerade durch die Einsamkeit zu führen. Kilometer um Kilometer dieselbe Aussicht. Viele Bäume, die immer niedriger werden, je weiter sie sich von der Bottenwiek entfernen.

Von den Kiefern hängen schwarze Stangen, und Svante und Greta haben beide keine Ahnung, wofür die gut sind. Greta macht ein paar Bilder, um am nächsten Tag jemanden danach fragen zu können.

Es herrschen perfekte Fahrtbedingungen für das Elektroauto, und die Reichweite der Batterie nähert sich allmählich der Entfernung zum Reiseziel an.

»Aber in Kiruna halten wir trotzdem an und laden. Wir müssen ja auch Brot und Gemüse einkaufen, nicht wahr?«

»Mhm«, antwortet Greta.

Der Coop-Supermarkt in Kiruna schmückt sich mit den Worten *Klimafortschritt in Norrbotten*, wobei dieser Fortschritt bis jetzt aus zwei Ladestationen in einer der Ecken des gigantischen Parkplatzes des Einkaufscenters besteht.

Die erste der beiden ist kaputt, wie ein traurig rotleuchtendes Licht verrät. Die zweite funktioniert, und nachdem Svante den SUV-Besitzer, der dort im Leerlauf seinen Wagen geparkt hat, freundlich gebeten hat, ob er einen der anderen freien Parkplätze aufsuchen kann, steigen sie aus dem Auto und schließen den Stecker an. Das Auto lädt mit 50 Kilometern pro Stunde, und so schlendern sie über den Parkplatz auf ein Waldstück zu, wo Roxy Auslauf kriegt und die Umgebung beschnuppern kann. Die Erinnerung an County Cork und den Hinterhof, wo sie aufgewachsen ist, ist weit entfernt.

Auch in Kiruna ist es sehr warm. Genauso warm wie in Luleå. Es riecht nach Abgasen, Braten und frisch gemähtem Gras. Ein Mann kommt mit einem Rasentrimmer unter dem Arm aus einem Geschäft. Er trägt abgeschnittene Jeans, ein weißes T-Shirt, und unter dem anderen Arm hat er den leeren Karton, den er direkt vor der Ladentür abstellt. Er ist bereit, hinaus in die Nachbarschaft zu gehen und dem arktischen Grün zu verpassen, was es verdient hat.

Sie gehen bei Burger King auf die Toilette und schieben sich an vollbeladenen Tabletts, an Stühlen und Tischen vorbei, die sich unter der Last der Whoppers, Coca-Cola-Becher und Pommes biegen. Der Fußboden klebt von Ketchup und verschütteter Limonade.

Ein paar Männer in Wanderkluft stehen vor dem Systembolaget, vor sich auf dem Gehweg Bierkartons, Angelruten und Rucksäcke verstreut. Sie sind so voller Erwartung der Wildnis, dass sie die kleine Ecke des Einkaufscenters in eine Art Umkleidekabine für Jungen verwandelt haben, in der sie nach Lust und Laune fluchen, spucken und johlen. Seht her, hier wird geangelt. Hier geht es raus in die Natur. Und hier wird Alkohol getrunken.

Greta und Svante machen ihre Besorgungen und fahren weiter. Im Radio läuft Beatas Lieblingslied, *Whatever It Takes* von *Imagine Dragons*, und Svante vermisst sie so, dass es weh tut.

Er wünscht sich, dass sie mit dabei wäre.

Er wünscht sich, dass sie alles zusammen machen könnten.

Hinter der Grube schimmern die Berge und all das Unberührte, das längst nicht mehr so unberührt ist. Svante versucht herauszufinden, wo das neue Zentrum von Kiruna liegen soll, aber es ist sehr schwer auszumachen. Einzig eine große Grasfläche ist dort oben rechts zu erkennen und ein paar Hochhäuser, entworfen vom Architekten Ralph Erskine.

»Ich glaube, die Stadt soll irgendwie da hinter dem Hügel liegen, aber genau weiß ich es nicht«, sagt Svante. »Ein Großteil der Stadt wird umziehen, weil es hier offenbar nicht mehr sicher ist. Alles, die Kirche, das Rathaus, die Würstchenbude. Die Grube ist so sehr gewachsen, und sie haben hier so unglaublich riesige Mengen Erz herausgeholt, dass alles langsam zusammenzufallen droht. Und jetzt geben diese Idioten vom Eisenerzunternehmen auch noch damit an, dass sie doch tatsächlich die Kosten für den gesamten Umzug übernehmen.«

»Das ist ja wohl das Mindeste«, sagt Greta.

»Tja, die Arbeit in einer Eisenerzmine ist nicht unbedingt eine idealistische Tätigkeit«, sagt Svante und schaltet Naomi Klein wieder ein, während sie entlang der Eisenbahnlinie der Malmbana nach Nordwesten fahren.

Etwas später kommen sie inmitten einer Rentierherde zum Stehen. Greta fotografiert sie mit ihrem alten Handy, das einen Sprung im Display hat. Ein ganzes Jahr lang diente es der asylsuchenden Familie, die in unserem Sommerhaus auf Ingarö gewohnt hat, als WiFi-Router.

Greta und Svante befinden sich schon in einer vollständig anderen Welt – einer Welt, in welcher der Autoverkehr sich an die Tiere anpassen muss. Die Rentiere umringen die zum Halt gekommenen Lastwagen, die warten, bis sie sich ihren Weg gemächlich durch die Horde bahnen und ihn dann über das Flachland in Richtung des Torneträsk-Sees fortsetzen können.

SZENE 88

Eine Zeitmaschine

Svante denkt so angestrengt nach, dass er am ganzen Körper zittert. So gerne würde er eine Antwort auf die Frage geben können. Er möchte zeigen, dass er ausreichend über das Thema Bescheid weiß, um seine Anwesenheit unter den rund zwanzig Universitätspraktikanten aus ganz Europa legitimieren zu können, die im Klassenzimmer des schwedischen Sekretariats für Polarforschung in Abisko versammelt sind. Aber die Frage ist schwer.

»Was ist der Wirkungsgrad von Solarzellen?«

Niemand kann eine Antwort geben, obwohl die Frage von erneuerbarer Energie handelt und fast alle Anwesenden Nachhaltigkeit, Ökologie, Biologie oder Klimawissenschaften studieren. Svante erwägt, es drauf ankommen zu lassen. Irgendetwas mit Neigungswinkeln und Gradzahlen denkt er, als Keith Larson, Evolutionsökologe der Universität Umeå überraschend zu Svantes und Gretas Tisch hindeutet.

Roxy liegt schlafend unter Gretas Stuhl, und Svante spürt gerade eine leichte Stresswelle über sich hereinbrechen, als er aus dem Augenwinkel sieht, wie Greta die Hand hebt.

Er schafft es nicht, zu reagieren.

»Sechzehn Prozent«, antwortet sie laut und deutlich auf Englisch. Es ist das erste Mal seit vielen Jahren, dass Svante sie aus eigenem Antrieb heraus mit jemandem sprechen hört, der nicht zur Familie gehört, außer ihrer Lehrerin Anita.

Was den Ausschlag dazu gegeben hat, versteht er nicht. Noch weniger versteht er den Ursprung der Antwort, die *sechzehn Prozent*.

»Genau!«, antwortet Keith Larson vorne an der Tafel erfreut und wiederholt die Antwort noch einmal. »Sechzehn Prozent!«

Die Studenten, die aus ganz Europa kommen, gucken ein wenig beunruhigt und erstaunt auf Greta, während die Vorlesung vorne an der Beamer-Leinwand weitergeht.

Hinterher stehen sie auf dem Dach der Messstation, und Keith Larson erklärt, dass die großen Veränderungen gegen Ende der achtziger Jahre stattgefunden haben. Danach ging es schnell. Sehr schnell.

»Der Schnee, das Eis und die Gletscher hatten einen verzögernden Effekt hier oben in der Arktis. Aber dann, als es ausreichend zu schmelzen begann, ging es nur umso schneller.«

Keith ist Amerikaner, aber lebt jetzt das ganze Jahr über in der Forschungsanlage, welche die älteste noch funktionstüchtige der Welt ist. Sie entstand parallel zum Bau der Eisenbahnlinie, und momentan läuft hier ein universelles Wetterdaten-Projekt, bei welchem exakt die gleichen Untersuchungen durchgeführt werden wie vor hundert Jahren. An exakt derselben Stelle wie damals wird heute die Vegetation entlang des Gefälles vom Berg Nuolja gemessen.

Und auch wenn die Untersuchungen noch lange nicht abgeschlossen sind, kann man dennoch schon extreme Unterschiede erkennen. Einige mit bloßem Auge.

»Das, was hier vor sich geht, folgt natürlich dem gleichen

Trend wie überall auf der Welt. Die Temperatur steigt, und so nah an den Polen sind die Unterschiede am gravierendsten. Die Baumgrenze wandert weiter hinauf in die Bergregionen, die Strauchzone folgt, und das alpine Milieu schrumpft. Denn wenn die Temperaturen steigen, können Bäume und Büsche weiter oben wachsen, wo es vorher zu kalt für sie war.«

Noch ein kilometerlanger Zug donnert durch die Landschaft zwischen Forschungsstation und Bergspitzen.

»Hier in Abisko ist das Ergebnis des Klimawandels auf eine Weise sichtbar, die sich von den meisten anderen Orten unterscheidet. Auch wenn man keine Erfahrung im Studium solcher Veränderungen mitbringt, kann man die Zeichen des Wandels hier deutlich erkennen. Seht nur die Buschzone an, die heute viermal größer ist, als sie vor hundert Jahren war.«

Keith Larson erklärt, dass möglicherweise das Schrumpfen der alpinen Zonen das größte Problem ist. Das bedeutet, dass die Arten, die dort leben, von anderen Tieren verdrängt werden, von Insekten und Pflanzen, die mit dem Vormarsch der Bäume in den Bergregionen einhergehen. Jene Arten müssen an andere Orte ausweichen, bis es keine Zuflucht mehr für sie gibt. Das Gleichgewicht gerät aus den Fugen. Die Bedingungen verändern sich.

»Wenn man sich die Baumgrenze des Nuolja ansieht, dann zeigt sich deutlich, dass sie sich mit den Jahren den Berghang hinauf verlagert hat. Das ist hier wie an unzähligen anderen Orten auf der Welt geschehen. Nun ist gerade dort auch noch ein Skilift gebaut worden, was bewirkt, dass an Ort und Stelle keine Rentiere mehr weiden, aber trotzdem, die Ergebnisse entsprechen genau denen anderer Orte, wo die Rentiere das durchaus noch tun«, sagt er und deutet zum Berg.

Es wird ziemlich heiß da oben auf dem schwarzen Dach der Forschungsstation, und so begeben sie sich nach unten in den Schatten, um weiterzusprechen. Aber bevor sie hinabsteigen und die Aussicht hinter sich lassen, weist Keith sie noch auf die vermutlich auffälligste Veränderung hin.

»Vor fünfzig Jahren befand sich die Baumgrenze genau da, wo Friis vor hundert Jahren seine Untersuchungen gemacht hat. Aber jetzt bewegt sie sich, schneller und schneller. Heute verläuft sie 230 Meter höher am Berghang.«

»230 Meter?«, fragt Svante.

»Ja, 230 Meter«, antwortet Keith. »Das hier ist die Frontlinie zur Arktis. Hier treten die Veränderungen wie gesagt besonders schnell ein. Und ich bin überrascht, dass nicht mehr Forscher hierher nach Schweden und Abisko kommen. Das Umfeld hier oben ist einzigartig, und es passiert so unglaublich viel.«

Am nächsten Morgen begleiten Greta, Svante und Roxy vier deutsche Studenten, die ihre Daten auf derselben Strecke erheben wie Friis in den Jahren 1916–1919. Yrsa, die Tochter des Verlegers, der unser Buch herausgibt, ist ebenfalls dabei. Sie arbeitet den Sommer über als PR-Managerin für Keith und sein Team.

»Es ist einzigartig, dass diese detaillierten Studien bis heute bewahrt sind und für unsere heutigen Forschungszwecke genutzt werden können, hundert Jahre später. Das ist wie in eine Zeitmaschine zu steigen«, erklären die Studenten.

Sie starten die Untersuchung fast direkt auf der Bergspitze, stellen Stative längs des Pfads auf und machen Notizen auf ihren iPads.

Greta und Svante folgen ihnen mit ein bisschen Abstand.

Die Aussicht ist so hinreißend wie nur irgend möglich, es scheint, als könne man unendlich weit sehen. Der Torneträsk. Die Berge. Und die Eisenbahnstrecke Malmbana natürlich, die niemals ruht. Weit unten erkennen sie den Zug, der sich vorwärts nach Narvik und Norwegen kämpft. Zum Hafen, den Schiffen, dem Meer und all den auf der Welt wartenden Industriebetrieben.

Hoch oben auf dem Berg herrscht Spätwinter. Weiter abwärts ist Frühling mit Blumen und sprudelnden Bächen. An der Strauchzone ist plötzlich wieder Sommer. Die Zeit für die Mittagspause ist gekommen. Fliegen summen, und es duftet nach Blumen und Moos. Es ist ganz windstill, und alle ziehen ihre Strickjacken und Fleecepullover aus.

»Ich nehme an, so ist es jeden Tag hier oben, was?«, scherzt Svante.

»Nicht ganz«, entgegnen die Studenten lachend.

Greta sucht sich einen Platz, ein paar Meter entfernt von den anderen. Sie holt ihre Glasschale mit der Bohnenpasta und ihre Gabel heraus und holt unmerklich, aber tief Luft. Dann beginnt sie zu essen.

Es ist das erste Mal seit fast vier Jahren, dass sie in Gegenwart von fremden Menschen isst.

Sie versetzt sich selbst in die Zeit vor den Zwängen und der Essstörung.

Oder vielmehr.

In die Zeit danach.

SZENE 89

Tropische Nächte

»Ich lebe hier seit über 30 Jahren«, sagt die Frau von der Rezeption, die neuen Haferbrei zum Frühstücksbuffet stellt. »Und so etwas habe ich wirklich noch nie erlebt. Dass es die ganze Nacht über 20 Grad warm ist. Das muss einzigartig sein.«

»Ich glaube, das nennt man tropische Nächte, wenn die Temperatur nachts über 20 Grad warm ist«, antwortet Svante. »Das kann nördlich des Polarzirkels nicht häufig der Fall sein.« Er lacht, um den Fehler vom letzten Hotel nicht zu wiederholen.

Doch hier wird die Wärme nicht mit derselben ungeteilten Begeisterung aufgenommen wie unten in Luleå. Hier schwingt eher eine vorsichtige Beunruhigung über die extrem sommerlichen Temperaturen mit, und das Hotelpersonal weiß keine rechte Antwort auf Fragen wie: »Wo kann man hier im Schatten wandern?« und »Wie warm wird es draußen auf den Berggipfeln wohl heute?« oder »Kann man bei dieser Wärme überhaupt das Lapporten-Tal durchwandern?«

Svante füllt seinen Teller mit dem hausgemachten Haferbrei und verkneift sich, nach Hafermilch zu fragen, denn die Wahrscheinlichkeit, dass sie welche haben, scheint ihm nicht besonders hoch, im Gegensatz zu der, als jemand Schwieriges abgestempelt zu werden, der sich für besser als alle anderen hält.

Ein Stockholmer, mit anderen Worten.

Als ob das nicht schon aus dem Verbindungskabel hervorginge, das von den Wärmestrahlern an der Veranda zum Elektroauto führt, das zwischen dem Parkplatz und der kleinen Holzveranda des Hotels eingeklemmt dasteht.

Greta frühstückt im winzigen Hotelzimmer, zusammen mit Roxy. Geschnittenes Mischbrot und Preiselbeerbrot, wie immer. Ohne Belag.

Auf der Frühstücksveranda ist es warm. Die Butter zerläuft, und Svante könnte genauso gut irgendwo in Italien oder in Barcelona sitzen. Er füllt sich seine vierte Kaffeetasse, während die letzten Gäste gehen und das Hotelpersonal sich am Tisch neben ihm niederlässt und eine Pause in der Morgensonne einlegt.

Das Personal unterhält sich natürlich über das Wetter. Und darüber, wer im Dorf dies und jenes gesagt und getan hat. Es sind vier Frauen, eine von ihnen kommt aus dem um einiges südlicher gelegenen Hälsingland. Sie scheint mit der Temperatur am meisten Schwierigkeiten zu haben, worüber die anderen sich natürlich amüsieren. Sie müsste es doch gewohnt sein.

Sie ist es auch, die den Gästen Auskunft gibt, wo sie draußen in der Wärme am besten im Schatten wandern können.

»Es ist fast am besten, drinnen zu bleiben«, sagt sie ohne das geringste Anzeichen von Ironie.

Hin und wieder wird das Gespräch vom Donnern eines startenden oder landenden Hubschraubers am nahe gelegenen Landeplatz übertönt. Es riecht nach Petroleum, Filterkaffee und Holzschutzmittel.

Nach einer Weile kommt ein Mann und lässt sich neben den Frauen nieder. Man scheint sich gut zu kennen. Offenbar ist er Hubschrauberpilot, und das Gespräch wechselt dahin, wie die Lage in den anderen Hotels und den umliegenden Berghütten aussieht.

»Auf dem Kebnekaise waren es gestern 25 Grad«, und »habt ihr gehört, dass der Sydtoppen nicht länger der höchste Punkt ist, weil die Gletscher so stark geschmolzen sind?«

Das ist keine Neuigkeit.

Die Geschäfte laufen gut im Hubschrauberbusiness, aber der Mann ist nicht unbedingt zufrieden. Er denkt laut darüber nach, wie man den Gewinn für alle Beteiligten steigern könnte. Zum Beispiel die Preise so extrem zu senken, dass man im Prinzip zunächst in Sachen Brennstoff Verlust machen würde, man aber letztlich doch, wenn alle gemeinsam an den Kosten arbeiten würden, viel mehr Leute zu den Hütten bekommen würde. Und mehr Menschen in der Gegend würden schließlich für alle mehr Einnahmen bedeuten.

Das ist eine richtig gute Idee, finden sie alle.

Svante hat natürlich eine andere Meinung dazu, aber die behält er für sich.

Das hier ist ein Teil von Schweden, der für beinahe alles bezahlt hat. Man hat den Boden ausgegraben. Man hat die Flüsse und den Wald abgeholzt. Und immer ist das Geld dafür in irgendwelchen Brieftaschen viel weiter südlich im Land gelandet, die ohnehin schon reichlich gefüllt waren.

Sehr reichlich.

Greta und Svante packen ihren Proviant zusammen und machen sich für die heute anstehende Wanderung bereit. Sie gehen über den Kiesweg des Hotels, und Roxy rennt voraus und hält alle zwanzig Meter inne und nimmt Blickkontakt zu ihnen auf. Das Hotelpersonal hat seine Frühstückspause beendet, drei Angestellte haben sich vor der Luftwärmepumpe vor dem Hotel versammelt, und eine Gebrauchsanweisung macht die Runde. Sie lesen laut daraus vor und drücken vorsichtig die Knöpfe auf dem leuchtenden Display.

»Sie soll doch auch kalte Luft ausblasen können«, sagt die Frau von der Rezeption. »Wie eine Klimaanlage.«

Das Thermometer vor dem Lebensmittelladen zeigt 31,7 Grad an, und Greta und Svante wissen nicht so recht, welchen Weg sie einschlagen sollen. Fast werden sie ein bisschen panisch – oben auf dem Berg ist es sicher etwas kühler, aber dort gibt es keinen Schatten. Der Schnee auf den Bergspitzen um sie herum ist innerhalb von drei Tagen fast ganz verschwunden.

Aber sie vermuten, dass der Weg am Fluss entlang kühler ist, was sich als richtig erweist. Die niedrig wachsenden Bäume spenden sogar ein bisschen Schatten. Hin und wieder halten sie an und erfrischen sich im kühlen Wasser. Die Bäume, die Erde, das Gras, die übrigen Pflanzen und das Moor riechen wie nichts, was sie je gerochen haben. Nach mehreren Tagen Hitze ist hier ein ganz neues Milieu entstanden. Eine vollkommen neue Welt mit neuen Gerüchen, neuen Farben und neuen Voraussetzungen. Manchmal halten sie an und knien sich hin, stecken die Nase in Richtung Boden und ins Moor und atmen seinen Duft ein.

Unterhalb ein paar weißer Felsen machen sie Rast. Das Wasser ist grün und hat weiße Schaumkronen in der Flussmitte und nahe des gegenüberliegenden Ufers, wo die Strömung besonders stark ist. Roxy hätte keine Chance, wenn sie von diesen Fluten mitgerissen würde. Sie würde dann fünf

Kilometer tief in den Torneträsk stürzen. Daher bleiben sie lieber in einer kleinen Bucht am Ufer.

Der Fluss ist kalt, aber nicht zu kalt. Sie nehmen ein kurzes Bad und trinken von dem Gebirgswasser, in dem sie schwimmen, schütten es geradezu in sich hinein. Anschließend lassen sie sich auf den Steinen von der Sonne trocknen, bis ihnen zu warm wird. Dann springen sie erneut in den Fluss.

Greta findet einen schwarzen Stein am Strand, der genau wie ein Herz geformt ist. Ein vollkommen perfektes, pechschwarzes Herz.

»Wie bei Ritter Kato«, sagt sie. »Ein Herz aus Stein. Wir sollten es ins Wasser werfen, genau wie bei *Mio, mein Mio*.«

»Mach das«, sagt Svante.

Aber Greta zögert.

»Allerdings, es hat vielleicht Millionen von Jahren gedauert, bis genau dieser Stein hier am Ufer gelandet ist. Und vielleicht kommt ja auch jemand anderes vorbei und findet ihn und freut sich?«

»Ach«, sagt Svante blitzschnell. »Wir Menschen haben doch so verdammt furchtbar viel, über das wir uns freuen und für das wir dankbar sein können. Wir verdienen nicht noch mehr.«

Greta nimmt den Stein und wirft ihn mit aller Kraft in den Fluss. Roxy zuckt zusammen und will ihm hinterhersetzen, doch sie hält inne, bleibt am Flussufer stehen und beobachtet die Ringe in den Fluten, dort, wo der Stein versunken ist.

SZENE 90

Etwas sehr Großes und Unerwartetes muss passieren

Am nächsten Morgen ist es deutlich kühler. Es nieselt leicht, und über den Bergen ist ein völlig anderes Wetter aufgezogen. Greta und Svante steigen den Pfad hinauf zum See Trollsjön, und Roxy springt im Zickzack die Hänge hinauf und hinunter. Die Landschaft erinnert an eine Mischung aus *Sound of Music* und *Der Herr der Ringe*, mit riesigen Felsblöcken, die im grünen Gras zwischen den Bergwänden ruhen, die sich auf beiden Seiten des langen Tals wie Wolkenkratzer in den Himmel erheben. Überall wachsen gelbe Blumen.

Gretas Energie nimmt jeden Tag weiter zu. Sie spricht vom Schulstreik und fragt wieder und wieder, wie sie es genau machen soll.

»Was auch immer passiert, du musst es selbst machen«, sagt Svante jedes Mal. »Du musst auf alle Fragen antworten können, alle Argumente parat haben und Antworten kennen. Journalisten werden alles Mögliche wissen wollen.«

»Was werden sie fragen?«

»Das, was ich bereits gesagt habe.«

»Aber sag noch was. Was können sie fragen? Frag mich was, als ob du einer von ihnen wärst.«

»Waren es deine Eltern, die dich zu dem hier angetrieben haben? Diese Frage wird ständig kommen.«

»Dann werde ich einfach sagen, wie es ist. Dass ich euch beeinflusst habe und nicht umgekehrt.«

»Genau«, antwortet Svante.

Greta redet weiter: »Sie müssen sich doch nur meinen Twitter-Account ansehen und lesen, was ich da geschrieben habe. Und nur, weil ich schüchtern und nicht so bin wie die meisten anderen, bedeutet das ja nicht, dass ich in einem Vakuum gelebt habe. Ich bin unter die Besten im Schreibwettbewerb gekommen. Habe einen Schulbuchverlag dazu gebracht, sein Buch umzuschreiben. Das kann man ja alles im Internet nachlesen.«

»Nur, dass sie das nicht tun werden. Leider. Nur die, die hassen, graben vergangene Sachen aus. Den anderen ist das egal. Und was nicht in ihre Geschichte passt, werden sie garantiert nicht aufgreifen. Aber die Leute werden es schon verstehen. Dein Klimakampf ist ja kein Geheimnis. Es gibt ja sogar einen Entwurf für eine Fernsehsendung, die davon handelt, wie du Mama dazu gebracht hast, zum *unfreiwilligen Umweltkämpfer* zu werden, und da das von einem Produzenten und einer Produktionsfirma kam, die eigentlich tun können, was sie wollen, haben bestimmt alle Verantwortlichen beim Fernsehsender SVT es gelesen.«

Greta denkt über das, was ihr Vater sagt, nach.

»Aus der Sendung ist nie etwas geworden, oder?«

»Nein, das kann man vergessen. Das ist jetzt eineinhalb Jahre her und die öffentlichen Medien fassen das Thema Klima ja nicht mal mit der Kneifzange an.«

»Aber was können sie denn noch fragen?«, überlegt Greta weiter.

»Alles Mögliche. Das einzig Wichtige ist, dass du immer sagst, wie es ist und immer Fakten in den Vordergrund stellst.

Du musst die Tatsachen kennen und immer wissen, worüber du sprichst. Sie werden vermutlich ständig Fragen stellen wie *Aber was sollen wir da machen?* oder *Was ist das Wichtigste?*, denn wir Erwachsenen haben gelernt, dass es immer konkrete Antworten geben muss, selbst wenn wir sie nicht kennen. Es ist wichtiger, wie man etwas sagt, als was wir sagen. Dessen musst du dir bewusst sein.«

»Okay«, sagt Greta langsam. »Aber es gibt doch keine Lösungen mit unserem heutigen System. Das Einzige, was wir tun können, ist, die Krise auch wie eine Krise zu behandeln.«

»Genau«, sagt Svante. »Aber das wird niemand verstehen. Du musst es also wiederholen, wann immer es geht. Die ganze Zeit, wieder und wieder.«

Svante möchte am liebsten, dass Greta den Gedanken an den Schulstreik fallenlässt, genau wie ich. Das wäre ganz klar das Bequemste. Aber er sieht auch, wie viel Energie es ihr verleiht, darüber zu sprechen und darüber nachzudenken. Und er versucht immer, auf alle Fragen zu antworten, die sie stellt. Wie anstrengend sie auch sein mögen.

Sie verlassen den Pfad und setzen ihren Weg zwischen den riesigen Felsblöcken fort. Sie klettern zu einem wundervollen Picknickplatz hinauf, über dem sich ein flacher Felsen wie ein Dach erstreckt, das gegen die gelegentlichen Regenschauer schützt.

Svante schickt Beata und mir ein Foto mit dem Handy. Es ist für uns immer noch so überwältigend, dass Greta an neuen Orten essen kann. Auch noch unter freiem Himmel. Bohnenpasta mit ein bisschen Salz und ein paar Scheiben Preiselbeerbrot lassen sich so gut wie überall hin mitnehmen, und das eröffnet schwindelerregende Möglichkeiten.

Wie zum Beispiel im Gebirge wandern gehen.

Die Wolkendecke reißt auf, und die Sonne guckt wieder hervor. An den Felswänden strömt das Wasser mehrere Kilometer in die Tiefe. Die gesamte Bergwand sieht aus wie ein riesiger, sich spontan gebildeter Wasserfall. Auf dem sattgrünen Boden unter ihnen breitet sich ein kleines Flussdelta aus, und Hunderte von Rentieren bewegen sich wie Ameisen. Vielleicht Tausende.

Plötzlich rennen am Rand der Herde einige Tiere unvermittelt los, und ein paar andere tun es ihnen nach. Nach einer Weile werden sie langsamer und bleiben stehen. Dann grasen sie weiter.

»Dass man einen Schulstreik für das Klima macht, wird total unverständlich für alle sein, die keine Ahnung haben, wie ernst die Situation ist«, sagt Greta fröhlich. Beinahe euphorisch. »Und da so gut wie niemand Ahnung davon hat, wird es so gut wie niemand verstehen. Sie werden mich so unglaublich hassen«, lacht sie.

»Die Kinder werden es vielleicht verstehen«, sagt Svante.

»Nein. Die Kinder verhalten sich wie ihre Eltern«, antwortet sie. »Mir ist noch kein einziges Kind begegnet, das sich um das Klima kümmert. Alle sagen, dass es die Kinder sein werden, die uns alle retten, aber das glaube ich nicht.«

Svante sitzt da und schweigt. Er hofft, dass Greta sich irrt.

Greta fährt fort: »Wenn nur zwei Jahre Zeit sind, bis die Emissionsgrenze gesunken sein muss, dann muss man jetzt damit anfangen, etwas zu unternehmen, und im nächsten Frühling muss es bereits geschehen sein. Und zwar etwas sehr Großes und Unerwartetes.«

Unten im Tal ziehen die Rentiere langsam um das Flussdelta herum. Es ist jetzt wärmer.

Svante und Greta packen ihre Sachen zusammen und setzen ihre Wanderung fort, bis sie nur noch einen Hang hinaufsteigen müssen, um den Trollsjön zu erreichen. Man soll dreißig, vierzig Meter tief bis zum Grund des Sees gucken können, weil das Wasser so klar ist. Rund um den See rinnen Regen- und Schmelzwasser von den Bergwänden. Alles ist in konstanter Bewegung. Der Wind bläst es mal hierhin, mal dorthin.

Man kann den Schnee oberhalb des Pfades erahnen.

Aber Greta sieht müde aus.

»Schaffst du es?«, fragt Svante. »Es sind nur noch ein paar hundert Meter, wir sind so gut wie da.«

»Weiß nicht«, sagt Greta.

Sie bleiben einen Moment stehen. Machen ein Foto mit dem Handy. Warten.

»Als ich klein war, wurde mir immer gesagt, dass man nicht aufgeben darf. Dass man es immer weiter versuchen soll.« Svante setzt zu einem kleinen Monolog an.

»Mein erster Sommerjob war in einer Wäscherei in Bromma. Es hat bestimmt eine halbe Stunde gedauert, dort morgens hinzukommen. Meine Aufgabe war es, vollgekackte Laken und Decken aus Pflegeheimen zu waschen. Ich wollte sofort alles hinwerfen, aber Großmutter zwang mich, weiterzumachen. Ich habe immer wieder gedacht, dass das sehr, sehr gut war. Dass ich nicht aufgegeben habe. Aber … jetzt bin ich mir da nicht mehr so sicher. Manchmal denke ich, dass wir Menschen ein bisschen öfter aufgeben sollten. Oder zumindest manchmal ein paar Schritte zurückgehen.«

Es fängt wieder leicht an zu nieseln, und bis hinunter zum Weg sind es gut vier Kilometer. Seit zehn Tagen sind sie nun unterwegs, und bald ist es Zeit, nach Stockholm zurückzukehren. Sie haben vor, am nächsten Tag nach Kvikkjokk zu fahren, als erste Station der Heimreise.

»Weißt du was?«, fragt Svante. »Wir drehen hier um. Man muss nicht alles sehen. Man muss nicht überall gewesen sein.«

SZENE 91

Alle Dinosaurier hatten ADHS

Ich bin unsere Geschichte so schrecklich leid.

Trotzdem sind wir wieder einmal hier und erzählen alles von vorn.

Svante erzählt. Ich erzähle. Wir beantworten alle Fragen höflich, weil die Mädchen ebenfalls im Sprechzimmer sitzen.

Greta inspiziert einen Würfel und Dreiecke aus einem Formenpuzzle, die vor ihr auf dem Tisch liegen. Beata rutscht unruhig auf ihrem Stuhl hin und her und verdreht die Augen. Sie will nach Hause und tanzen. Sie ist die BUP genauso leid wie ich. Nach der Sitzung, als die Mädchen schon mal vorgehen, seufzt der Arzt und schüttelt den Kopf.

»Herrje«, sagt er, »Sie brauchen doch Hilfe!«

Wir lächeln. Er, Svante, ich. Wir wollen alle nur das Beste. Jeder gibt sein Bestes. Manchmal auch ein bisschen mehr.

So, wie die meisten Menschen; Menschen, die aus ihrer jeweiligen Situation heraus Gutes tun wollen.

Auf dem Heimweg gehen wir die Fleminggatan entlang.

Es ist Sommer. In den Bäumen singen die Vögel, am Himmel treiben ein paar Hochsommerwolken und bilden eine Art auf den Kopf gestellten Schärengarten.

Ein Flugzeug hat einen weißen Streifen über den Horizont gezogen.

Einen Streifen, den wir nicht mehr gebrauchen können.

Svante hat Greta versprochen, mit ihr in den Baumarkt zu fahren, um ein Stück übriggebliebenes Sperrholz zu besorgen, das sie weiß anmalen und in ein Schild verwandeln kann. *Schulstreik für das Klima* soll draufstehen, das hat sie bereits entschieden. Obwohl Svante und ich wissen, welchen Risiken sie sich aussetzt – und obwohl es uns am liebsten wäre, sie würde die Schulstreikidee einfach über den Haufen werfen –, unterstützen wir sie, mit einem gesunden Maß an Enthusiasmus. Der Schulbeginn rückt immer näher, aber Greta scheint gar nicht daran zu denken, ihre Idee aufzugeben. Im Gegenteil. Und wir sehen, wie gut es ihr geht, wenn sie Pläne schmiedet – so gut wie seit Jahren nicht mehr. Vielleicht sogar besser denn je.

Im Schaufenster eines Spielzeuggeschäfts in der Västermalmsgallerian thront ein großer grüner Stoffsaurier. Als wir daran vorbeihetzen, sehen wir uns einen Moment lang in der Scheibe. Da sind Beata, Greta, Svante, der Dinosaurier und ich.

Wenn wir nicht unsere Diagnosen hätten, unsere Zwangs- und Essstörungen, und wenn Svante nicht wie immer ganz dringend zur Toilette müsste, könnten wir vielleicht kurz stehen bleiben und ein Foto knipsen.

Es wäre das perfekte Sinnbild für eine erweiterte geologische Perspektive.

Aber es ist, wie es ist.

»Ob Dinosaurier auch ADHS hatten?«, fragt Svante.

»Japp«, erwidert Beata. »Die hatten Asperger, Zwangsstörungen, oppositionelles Trotzverhalten und ADHS, so wie ich. Deshalb sind sie ausgestorben. Sie hatten zu viele Gedanken im Kopf und konnten sich nicht konzentrieren und waren total abgefuckt von allen verdammten Störgeräuschen.«

SZENE 92

Unbegrenzter Zuwachs auf einem begrenzten Planeten

Die Dinosaurier haben zweihundert Millionen Jahre auf diesem Planeten überlebt, eine vergleichsweise kurze Zeitspanne auf die 4,6 Milliarden Jahre lange Erdgeschichte gerechnet.

Uns Menschen gibt es erst seit zweihunderttausend Jahren. Dennoch ist uns bereits das Kunststück gelungen, Kuscheltiere herzustellen, die aussehen wie die vor sechzig Millionen Jahren ausgestorbenen Reptilien; Kuscheltiere, die wir in Massen in China produzieren lassen und von dort aus in die ganze Welt verschiffen und an alle verkaufen, die genug Geld haben.

Natürlich haben nicht alle genug Geld.

Aber viele, und es werden von Tag zu Tag mehr, was wiederum an den natürlichen Ressourcen zehrt.

Die Ressourcen vermehren sich nämlich nicht.

Die Erde wird jedes Jahr mehr in Mitleidenschaft gezogen, und bald stößt sie an ihre Grenzen.

Eine Ressource droht in rasanter Geschwindigkeit zu versiegen, woran der Dinosaurier im Spielwarenladen nicht ganz unschuldig ist.

Wir alle tragen einen Teil der Schuld.

Wenn auch in unterschiedlichem Maße.

Die reichsten zehn Prozent der Weltbevölkerung stehen für die Hälfte der ausgestoßenen Treibhausgase, die eine der wichtigsten natürlichen Ressourcen gefährden, nämlich eine für uns intakte Erdatmosphäre.

Bleibt das aktuelle Ausstoßniveau weiterhin bestehen, ist diese natürliche Ressource schon bald erschöpft. Dass das nur so wenige von uns wissen, ist wahrscheinlich einer der größten Misserfolge in der Geschichte des Homo sapiens.

Aber woher sollen wir von der Krise wissen?

Wenn sie doch nie als solche behandelt wurde.

Die ärmere Hälfte der Weltbevölkerung steht für nur zehn Prozent der weltweiten CO_2-Emissionen, und auf der Suche nach Vorbildern werden wir dort wohl viel schneller fündig als bei Promis wie mir. Oder bei Hollywoodstars und amerikanischen Expolitikern mit weit mehr jährlichen Flugmeilen auf dem Konto als ein durchschnittlicher Kampfpilot.

Kevin Anderson sagt, wenn die reichsten zehn Prozent der Weltbevölkerung ihr Emissionsniveau dem EU-Durchschnitt anpassen würde, könnte der weltweite Ausstoß um dreißig Prozent reduziert werden. Mit dieser – und ähnlichen Schnellmaßnahmen – könnten wir uns etwas Zeit verschaffen.

SZENE 93

Die große Bühne

Wir dachten – ehrlich gesagt –, dass sie vor dem Mittagessen wieder zu Hause sein würde. Wenn sie denn überhaupt loskommen würde.

Aber es kam anders.

Am Morgen des 20. August 2018 steht Greta eine Stunde früher auf als gewöhnlich unter der Woche und an einem normalen Schultag.

Sie frühstückt, packt einen Rucksack mit Schulbüchern, einer Lunchbox, Besteck, einer Wasserflasche, einer Sitzunterlage und einer Extra-Jacke.

Sie hatte 100 Flugblätter ausgedruckt, die Fakten und Quellenhinweise zur Klima- und Nachhaltigkeitskrise aufführen. Der Text war 5303 Zeichen lang, inklusive Leerzeichen. Und auf der Vorderseite stand mit großen schwarzen Buchstaben:

Wir Kinder machen meistens nicht das,
was ihr von uns verlangt.
Wir tun, was ihr tut.
Und da euch Erwachsenen
meine Zukunft scheißegal ist,
ist sie es mir auch.

Ich heiße Greta, und ich gehe in die 9. Klasse.
Und ich mache einen Schulstreik für das Klima
bis zum Wahltag.

Sie holt ihr weißes Fahrrad aus der Garage. Es ist so gut wie unbenutzt. In den letzten vier Jahren hat sie weder Lust noch Energie gehabt, eigenständig an andere Orte zu kommen. Und schon gar nicht, Rad zu fahren um des Radfahrens willen.

Sie steigt auf, wirft einen kurzen Blick auf den Bürgersteig hinter sich und fährt dann den Kungsholms strand entlang, vorbei am Stadshuset und auf die Drottninggatan zu.

Am Tegelbacken stehen ein paar Touristen und rauchen, während die Dampfschiffe ihre pechschwarzen Dampfwolken in den klarblauen Sommerhimmel pusten, der sich über dem morgendlichen Gewusel auf der Centralbron und dem Söderleden erstreckt. Svante radelt ein paar Meter hinter ihr, das Schild unter dem rechten Arm.

Am Donnerstag zuvor – vor vier Tagen – hat sie sich angesehen, wie die Straßen rings um das Reichstagsgebäude aussehen und entschieden, wo sie sitzen will.

»An der Wand vor den Säulen ist gut«, sagte sie.

Svante nickte.

Dann bat sie ihn, ein Foto zu machen, wie sie vor der Brücke am Geländer steht.

Sie trug ein schwarzes T-Shirt, ein durchgestrichenes Flugzeug auf der Brust. Wie ein Verkehrsschild.

Bevor sie wieder aufbrach, hielt sie einen Moment an der Statue vom bettelnden Fuchs mit der Decke inne.

Sie blickte die Drottninggatan entlang, zur Brücke hinüber. Sie betrachtete den Reichstag.

»Stimmt es wirklich, dass niemand anderes das hier vorher gemacht hat?«, fragte sie.

»Nein, das glaube ich nicht«, antwortete Svante.

»Es ist doch so einfach«, sagte sie.

Und so fuhr sie auf dem Fahrrad nach Hause und malte das weiße Schild aus einer Hartfaserplatte fertig. Das Holz hat sie als Reststück im Baumarkt in Mölnvik für 20 Kronen gekauft.

An diesem Montagmorgen ist richtig schönes Wetter. Die Sonne geht hinter Gamla Stan auf, und es herrscht geringe bis mäßige Niederschlagswahrscheinlichkeit. Die Fahrradwege und Bürgersteige sind voller Menschen auf dem Weg zur Arbeit.

Wie die Fahrradwege und Bürgersteige es immer sind, an einem ganz normalen Wochentag Ende August.

Ein ganz normaler erster Schultag nach den Sommerferien.

Vor Rosenbad bremst Greta und steigt vom Fahrrad. Svante hilft ihr, ein Foto mit dem Handy zu machen, bevor sie die Räder am Zaun abschließen, die Fahrradhelme am Lenker. Dann nickt sie ihrem Vater ein fast unmerkliches Tschüss zu, und mit dem unhandlichen Schild im Arm biegt sie um die Ecke, wo der Fahrradweg nach links um das Regierungsviertel führt.

»Und jetzt ab in die Schule, okay?«, ruft Svante. Eigentlich aus Spaß, aber auch nicht ganz.

Sie reagiert nicht. Geht weiter geradeaus.

Und dort, irgendwo auf dem Weg hinauf zur Drottninggatan, passiert sie die unsichtbare Grenze, die es unmöglich macht, umzukehren und die Dinge ungeschehen zu machen.

Sie geht über die Brücke und unter dem Säulengang hin-

durch, macht ein paar Schritte weiter auf der Riksgatan, bis sie stehen bleibt und das Schild an die graurote Granitwand lehnt.
Ihre Flugblätter auslegt. Sich hinsetzt.

Sie bittet einen Passanten noch, mit ihrem Handy ein Foto von ihr zu machen, und postet es in den sozialen Netzwerken, bevor sie das Telefon in den kleinen lilafarbenen Björn-Borg-Rucksack steckt, den sie vor vier Jahren von ihrer Oma zu Weihnachten bekommen hat.

Svante bleibt bei den Fahrrädern stehen, bis sie außer Sichtweite ist. Ein großer Lachs springt aus dem Wasser und bleibt einen Augenblick schwerelos in der Luft hängen und landet dann mit einem Platscher wieder im Wasser.
Ein paar hundert Meter weiter zieht über der Helgeandsholmen ein Raubvogel seine Kreise in der Luft.
Vielleicht ein Adler.
Möglicherweise ein Fischadler?
Er geht rüber zur Fredsgatan, hinauf zum Espresso House am Schulministerium. Er kauft einen großen Café Latte mit Hafermilch, setzt sich damit ans Fenster und versucht zu arbeiten.
Aber das ist schwer.

Nach ein paar Minuten wird der Link zum ersten Mal auf Twitter geteilt. Der Politikwissenschaftler Staffan Lindberg ist der Erste, der ihn retweetet.
Dann folgen zwei weitere Retweets.
Und bald noch ein paar.
Der Meteorologe Pär Holmgren. Rockmusiker Stefan Sundström.

Danach geht es schnell. Sie hat weniger als 20 Follower auf Instagram und nicht nennenswert mehr auf Twitter.

Aber jetzt ändert sich alles.

Nun führt kein Weg mehr zurück.

Ein Dokumentarfilmteam taucht auf.

Es handelt sich um den Regisseur Peter Modestij, der vorige Woche durch Zufall erfahren hat, was los ist, als er mich anrief und ein Filmmanuskript besprechen wollte, an dem er gerade arbeitet.

Die ganze Familie hat den Winter über sein Manuskript gelesen, und unser Input bedeutete ihm sehr viel, da er durch verschiedene Zeitungsartikel erfahren hat, dass Greta seinem Hauptcharakter im Film sehr ähnelt.

Jetzt hat er eine Filmfirma dafür gewonnen, und er filmt auf gut Glück zwei Tage lang Gretas Schulstreik.

Peters Freund, der Regisseur Nathan Grossman, der zusammen mit dem Comedian Henrik Schyffert einen Dokumentarfilm über Schweine gedreht hat, der im öffentlich-rechtlichen Fernsehen gesendet wurde, ist auch dabei.

Er begrüßt Greta und fragt sie, ob sie einverstanden ist, dass sie hier sind und filmen.

Greta hat nichts dagegen, und sie helfen ihr dabei, ein Mikrophon anzustecken.

Die Kamera läuft. Von nun an ist alles, was gesagt und getan wird, in Bild und Ton dokumentiert.

Aber Greta scheint völlig unbeeindruckt von der Anwesenheit des Filmteams. Sie denkt nur, dass sie dort sitzen bleiben und abwarten wird, was passiert.

Und das tut sie. Sie sitzt da, angelehnt an die Wand. Ganz allein.

Niemand bleibt stehen.

Jemand wirft ihr einen betretenen Blick zu, aber die meisten Passanten kehren den Blick von ihr ab.

Sie haben wichtigere Dinge zu tun.

Und das Ganze ist auch eher etwas peinlich. Zwei ältere Frauen bleiben stehen und erklären ihr, dass Schulpflicht herrscht und Greta sich auf die Schule konzentrieren sollte. Sie drücken ihre Unruhe über ihre Zukunft und ihr weiteres Lernen aus.

Ein Mann mittleren Alters mit Namen Ingmar Rentzhog kommt vorbei und stellt sich vor. Er filmt Greta und fragt, ob er das Video auf Facebook hochladen darf.

Sie nickt.

Gleichzeitig fangen Gretas Tweet und ihre Posts auf Instagram an, viral zu gehen.

Svante ruft an und erzählt, dass die linksliberale Zeitschrift *Dagens ETC* sich bei ihm gemeldet hat und sie auf dem Weg zu Greta sind. Kurz darauf kommen Reporter vom *Aftonbladet* dazu, und Greta ist sehr überrascht, dass alles so schnell geht. Froh und überrascht.

Das hat sie nicht erwartet.

Der Fotograf Anders Hellberg von der Umweltzeitung *Effekt* kommt an und beginnt, Fotos zu machen. Er geht umher und testet unterschiedliche Perspektiven. Aber die meiste Zeit steht er mitten auf der Straße, wo die Menschen vorübergehen.

Er hält seine Kamera in der einen Hand und kommt aus dem Lächeln nicht heraus. Stunde um Stunde.

»Das hier«, sagt er, als noch ein paar Passanten stehen geblieben sind und über Greta zu sprechen beginnen. Er deutet mit dem Kopf und seiner Kamera auf die Szene mit Greta und all den Passanten, die sich vor ihm aufbauen.

»Das hier!«, wiederholt er wieder und wieder. Und dann entschlüpft ihm das glücklichste Lachen, das man sich vorstellen kann.

Menschen wie er finden sich viele ein. Menschen, die sich seit Jahrzehnten abgemüht und gekämpft haben, um die Klimakrise sichtbar zu machen.

Ivan und Franny von Greenpeace tauchen auf und fragen Greta, ob alles okay sei.

»Können wir dir mit irgendetwas helfen?«, fragen sie.
»Hast du eine polizeiliche Genehmigung?«, fragt Ivan.

Das hat Greta nicht. Sie hält ja schließlich einen *Schulstreik* ab und wäre nicht auf die Idee gekommen, dass man für so was eine Genehmigung brauchen könnte.

Aber anscheinend ist es so.

»Ich kann dir helfen«, sagt Ivan und erläutert ihr kurz die demokratischen Rechte und Möglichkeiten.

Aber die Leute von Greenpeace sind bei weitem nicht die Einzigen, die ihre Unterstützung anbieten.

Alle stellen sich hinter Greta.

Alle wollen ihr Möglichstes geben, um zu helfen.

Doch Greta benötigt keine Hilfe.

Sie kommt ganz alleine zurecht. Und wird von einer Zeitung nach der anderen interviewt.

Allein die Tatsache, dass sie mit fremden Menschen spricht, ohne dass es ihr schlechtgeht, ist ein so unglaublicher Erfolg für uns als Eltern.

Alles andere ist ein Bonus.

Svante bekommt einen Link zum ersten Interview geschickt, und er liest es sich auf *Dagens ETC* durch.

Und dann gleich noch einmal.

Ihm ist unbegreiflich, wie das alles möglich sein kann, aber es ist das beste Interview zum Thema Klima, das er seit langem gelesen hat.

Gretas Antworten sind glasklar und stechen hervor. Als hätte seine Tochter nie etwas anderes getan, als Zeitungen Interviews zu geben.

Sie isst allerdings nichts zu Mittag an diesem Tag.

Sie hat es nicht geschafft. Und es war schwierig mit all den Menschen, die zuschauen.

Das ist ein großes Problem, aber sie wird essen, wenn sie am Nachmittag wieder zu Hause angekommen ist.

Bevor Greta endlich wieder auf ihr Fahrrad steigt, stellt sich ihr noch ein Rundfunkredakteur von den P3-Nachrichten vor. Er berichtet, dass Greta und ihr Streik heute unglaublich oft in den sozialen Medien geteilt wurden.

»Schön«, sagt Greta.

»Ich meine *wirklich* unglaublich oft«, verdeutlicht der Journalist. »Ist es okay, wenn wir dir ein paar Fragen stellen?«

Es ist weit nach drei Uhr nachmittags, und der Schultag ist seit langem vorüber.

»Tut mir leid. Aber ich glaube, sie ist jetzt ziemlich kaputt«, sagt Svante.

»Das ist in Ordnung«, unterbricht Greta ihn.

Und so gibt sie ein weiteres Interview, bevor sie nach Hause fährt.

Sie ist froh. Man sieht es ihrem ganzen Körper an. Fast hopst sie auf ihren Fahrradsattel, bevor sie losfährt.

SZENE 94

Eine Bewegung

In dem Moment, in dem sich einer Person, die etwas auf eigene Faust tut, eine weitere Person anschließt, entsteht eine Bewegung, sagt man.

Wenn dem so ist, dann entstand die Bewegung des globalen Schulstreiks für das Klima ungefähr um 9 Uhr morgens an Tag 2 von Gretas Schulstreik.

Denn ungefähr zu diesem Zeitpunkt fragt Mayson aus der achten Klasse der Adolf-Fredriks-Musikschule Greta, ob es in Ordnung ist, wenn sie sich dazusetzt und ihr Gesellschaft leistet. Greta nickt.

Und von diesem Moment an sitzt sie nie wieder allein da.

Zwei weitere Schülerinnen kommen vorbei und lassen sich auf den kalten Pflastersteinen nieder.

Eine Studentin der Stockholmer Universität.

Ein etwa dreißigjähriger Mann, der seine Arbeit als Französischlehrer in Göteborg zurückgelassen und den ganzen Weg nach Stockholm auf sich genommen hat.

»Ich werde wohl gefeuert«, sagt er. »Aber das ist egal, denn etwas muss passieren. Irgendjemand muss ja wohl etwas machen.«

Dann ist die Zeitung *Dagens Nyheter* da und der Fernsehsender *TV4*. Im Anschluss daran ist Gretas Lehrerin zu sehen, die für die Nachrichtensendung interviewt wird.

»Als Lehrerin kann ich das natürlich nicht gutheißen«, sagt sie. »Aber als Gretas Mitmensch verstehe ich natürlich, warum sie es macht.«

Der Beitrag wird so geschnitten, dass ihre eigentlich neutrale Haltung nicht richtig zur Geltung kommt, und in den kommenden Wochen wird sie so heftig gemobbt und ausgegrenzt, dass sie gezwungen ist, sich krankschreiben zu lassen.

Die ersten Hasstiraden ergießen sich über Greta, und in den sozialen Medien wird sie verhöhnt. Der Spott stammt von Fakekonten, von Rechtsextremen. Und sie wird von Mitgliedern des Reichstags verhöhnt, die Parteien angehören, die von ihren engsten Verwandten und einer großen Mehrheit ihrer Nachbarn gewählt werden.

Man sieht es in den Augen vieler, denen wir auf der Straße oder in Geschäften begegnen.

Die abfälligen und verspottenden Kommentare der Politiker sind der Samen, der in den sozialen Medien auf fruchtbare Erde fällt und sich zu regelrechtem Hass und Verachtung auswächst.

Aber das kommt alles andere als überraschend.

Doch Greta hat nicht damit gerechnet, dass Hass und Hohn sogar von Personen ausgehen, die sich in unserem unmittelbaren Umkreis befinden. Sogar in der eigenen Familie.

»Wenn man kein richtiges Verständnis von der Klimakrise hat, dann scheint ein Schulstreik fürs Klima natürlich unbegreiflich, und mir ist schon klar, dass eigentlich niemand eine Ahnung davon hat«, wiederholt sie wieder und wieder.

Sie wiederholt viele Dinge immer wieder.

Wie ein Mantra.

»Der Schulstreik ist unabhängig von allen Parteien, und alle sind willkommen«, sagt sie zum hundertsten Mal, als ein Passant sich erkundigt, ob das Ganze etwas Politisches sei.

Svante kommt vorbei, um zu sehen, ob alles in Ordnung ist.

Das tut er mehrmals am Tag.

Greta steht an der einen Wand und um die zehn Menschen um sie herum. Sie sieht gestresst aus. Ein Journalist von *Dagens Nyheter* fragt sie, ob sie ein Interview mit ihr filmen dürfen, und Svante sieht aus dem Augenwinkel, dass etwas nicht stimmt.

»Einen Moment«, sagt er und führt Greta mit zu einer Säule unter dem Gewölbe. Ihr ganzer Körper ist angespannt. Sie atmet heftig, und Svante beruhigt sie.

»Wir gehen jetzt nach Hause«, sagt er. »Okay?«

Greta schüttelt den Kopf. Sie weint.

»Du musst dich nicht darum kümmern, was hier passiert. Du hast schon mehr als alle anderen getan. Wir lassen es hiermit jetzt gut sein und gehen.«

Aber Greta will nicht nach Hause. Sie steht ein paar Sekunden vollkommen still da. Atmet. Dann geht sie ein paar Schritte im Kreis, und es scheint, als würde sie alle Panik und Angst wegdrücken, die sie in sich begraben hat, solange sie sich erinnern kann.

Sie atmet immer noch heftig, und Tränen laufen ihre Wangen herab.

»Nein«, sagt sie. Gleichzeitig entfährt ihr ein lautes Wimmern. Ein fremder Laut, wie der eines Tiers. Alles ist in der Schwebe. Wackelt.

»Nein«, sagt sie noch einmal.

»Du möchtest bleiben?«, fragt Svante vorsichtig. »Bist du dir wirklich sicher?«

Greta trocknet ihre Tränen und verzieht das Gesicht.

»Ich werde das hier machen«, sagt sie.

Und dann dreht sie sich um. Ihr Körper ist ruhig, und sie wirft den Journalisten, die gegenüber auf dem Bürgersteig warten, ein schon viel entspannteres Lächeln zu.

Greta geht zurück zu ihrem Streik, und Svante verfolgt jede ihrer Bewegungen. Über eine halbe Stunde bleibt er hinter der Säule stehen und beobachtet seine Tochter. Er rechnet damit, dass sie jeden Moment davonlaufen wird. Jeden Moment Stress und Angst überhandnehmen.

Aber so kommt es nicht.

Sie steht einfach nur da und spricht in aller Ruhe mit den Journalisten. Einem nach dem anderen.

Svante denkt, dass sie sich bestimmt furchtbar fühlt und sich einfach umdrehen und gehen sollte. Aber Greta geht nicht.

Sie bleibt inmitten der Menschenansammlung stehen.

Hin und wieder wandert ihr Blick die Fassade des Reichstagsgebäudes hinauf. Sie sieht ruhiger aus als am ersten Tag, und wer sie wirklich aufmerksam beobachtet, stellt fest, dass sie lächelt, ein beinahe unsichtbares Lächeln. So als würde sie etwas wissen, von dem wir anderen keine Kenntnis haben.

Später, als die Journalisten gegangen sind, nimmt sie wieder auf ihrer blauen Sitzunterlage Platz und holt ein Schulbuch heraus, damit sie mit dem Schulstoff nicht zurückbleibt.

Sie liest für schwedische Literaturgeschichte *Mutter heiratet* von Moa Martinson. Sie liest in ihrem Gesellschaftskundebuch darüber, wie die Reichstagswahl abläuft und wie die Regierung, der Reichstag, die Ausschüsse und Ministerien funktionieren.

Sie liest in ihrem Biologiebuch von Genen und Erbanlagen.

Das Telefon benutzt sie nur, um ein tägliches Foto des Streiks auf Twitter und Instagram hochzuladen, denn es ist Unterrichtszeit, und *während der Unterrichtszeit soll man das Handy nicht benutzen.*

Und um drei Uhr, wenn normalerweise der Unterricht endet, packt sie ihre Sachen zusammen und fährt mit dem Fahrrad nach Hause.

SZENE 95

Der dritte Tag

Wir verfolgen Gretas Zustand so akribisch, wie es nur geht. Aber wie wir es auch drehen und wenden, wir können keine Anzeichen dafür entdecken, dass sie sich anders als einfach nur gut fühlt. Sogar besser als gut.

Sie stellt den Wecker auf 6.15 Uhr, und sie ist fröhlich, wenn sie aus dem Bett steigt. Sie ist fröhlich, wenn sie mit dem Fahrrad zum Reichstag fährt, und sie ist fröhlich, wenn sie am Nachmittag nach Hause kommt.

An den Nachmittagen holt sie den Unterrichtsstoff nach und verfolgt, was sich in den sozialen Netzwerken tut.

Sie geht zeitig ins Bett, schläft direkt ein, und ihr Schlaf ist die ganze Nacht über ruhig.

Doch mit dem Essen klappt es während des Streiks immer noch nicht.

»Es sind zu viele Leute da, ich schaffe das nicht. Und alle wollen die ganze Zeit reden.«

Sie hat ihre Pasta aus Bohnen immer dabei, aber damit will es nicht funktionieren.

So muss sie stattdessen eine zusätzliche Zwischenmahlzeit zu sich nehmen, wenn sie am Nachmittag nach Hause kommt.

»Du musst essen«, sagt Svante. »Das Ganze klappt nicht, wenn du nicht essen kannst.«

Greta sagt nichts.

Essen ist heikel. Das Schwierigste von allem. So ist es viele Jahre lang gewesen, und eine richtige Lösung ist nicht in Sicht.

Aber am dritten Tag passiert etwas.

Ivan von Greenpeace kommt wieder vorbei. Er hat eine weiße Plastiktüte in der Hand.

»Möchtest du etwas zu essen, Greta? Das sind Nudeln. Thailändisch«, sagt er. »Alles vegan. Willst du?«

Er hält ihr die Tüte hin, und Greta beugt sich vor und greift nach der Schachtel mit dem Essen.

Sie nimmt den Deckel ab und riecht daran.

Scannt das Essen mit der Nase ab.

Dann nimmt sie einen kleinen Bissen. Und noch einen. Niemand um sie herum reagiert darauf, natürlich nicht. Warum sollten sie? Was soll daran merkwürdig sein, dass ein Kind auf dem Boden sitzt, zwischen einer Menge anderer Menschen, und veganes Pad Thai isst?

Greta isst weiter. Nicht nur ein paar Bissen, sondern fast die gesamte Portion, und die Szene die sich dort auf den Pflastersteinen vor dem Schulstreik-Schild ereignet, ändert alles. Der bisherige Leitfaden wandert in den Mülleimer, und die Karte wird neu gezeichnet.

Einen Moment später steuert ein Mann auf sie zu, der mit Tüten einer großen Hamburgerkette bepackt ist. Er verteilt Hamburger, Pommes, Eis und Limo an alle, die möchten.

»Es sind vegane und vegetarische Hamburger«, sagt er stolz und stellt sechs oder sieben Papiertüten mit dem Logo der Kette vor die Kinder.

»Ich glaube nicht, dass das hier eine gute Idee ist«, sagt Greta und versucht den anderen zu erklären, warum. Aber Greta spricht zu leise, die Kinder sind zu hungrig, und ihre Botschaft kommt nicht durch.

Es wird alles aufgegessen.

Als Svante vorbeikommt und nachsieht, ob alles in Ordnung ist, ist kein Essen mehr übrig, und der Mann steht noch immer da und spricht mit allen, die dort versammelt sind. Svante stellt sich vor, tritt ein Stück zur Seite und erklärt:

»Greta hat ausdrücklich gesagt, dass sie kein Sponsoring haben möchte, es wäre also gut, wenn Sie die Tüten da wegnähmen und den Kindern kein Essen mehr anbieten würden, wenn sie streiken.«

»Aber was sollen sie dann essen?«, fragt er.

»Das wird sich schon lösen«, sagt Svante. »Aber da es hier eine Menge Kameras gibt, möchte Greta nicht, dass irgendjemand vorbeikommt und seine Produkte hier abstellt, denn das kommt uns nicht richtig vor. Das hat Greta vorher erklärt.«

Svante wiederholt, welche Richtlinien Greta aufgestellt hat. *Kein Sponsoring*, *keine Werbung* und *keine Logos von politischen Parteien*. Der Mann fühlt sich provoziert und beginnt zu argumentieren, wie viel sein Unternehmen unternommen hat, um vegetarisches Essen anbieten zu können, und dass ihre Hamburger klimaneutral seien, da sie zum Ausgleich darin investieren, dass Bäume in Ostafrika gepflanzt werden. Er erzählt, dass er sich seit über zwanzig Jahren mit Nachhaltigkeitsfragen beschäftigt.

»Ja, aber trotzdem stehen Sie während Ihrer Arbeitszeit hier und repräsentieren ein Unternehmen, dessen Haupteinnahmequelle das Schlachten von Kühen und der Verkauf des

Fleischs in einer schnell wachsenden Hamburgerkette ist – und immer war. Und das hat nichts mit den Kindern zu tun, die für das Klima streiken.«

»Natürlich«, sagt der Mann. »Aber wir Menschen müssen nun mal essen, und wir sind doch alle Teil desselben Systems.«

Er zeigt auf Svantes Schuhe.

»Sie tragen Sportschuhe. Das ist nicht nachhaltig«, sagt er.

»Nein, aber Sie können wohl kaum das Tragen meiner Laufschuhe mit dem Sponsoring durch eine expansive Fast-Food-Kette vergleichen, die Hunderte von Millionen mit dem Verkauf von Fast Food verdient?«

Der Mann sammelt seine Essenstüten und Becher ein und geht davon.

Nach dieser Szene mit den Hamburgern verbietet Greta Svante, in die Nähe des Streiks zu kommen. Sie will dort allein sein und möchte nicht, dass jemand an ihrer Stelle mit den Leuten spricht.

Greta blättert das Kapitel über Schwedens Verfassung in ihrem Gesellschaftskundebuch auf und setzt sich neben ihr schwarzweißes Streikschild.

Einige wehrpflichtige Soldaten der königlichen Ehrenwache kommen langsamen Schrittes vorbei. Junge Männer und Frauen in Uniform mit Camouflagemuster – alle mit der aufgestickten kleinen schwedischen Flagge ganz oben auf dem Jackenärmel. Sie sehen Greta, aber gucken demonstrativ in eine andere Richtung. Als müssten sie verdeutlichen, dass in ihrer Welt weiterhin nicht der geringste Zweifel darüber besteht, wer wen verteidigt.

Am Nachmittag fragt der Mann mit den Hamburgern Greta auf Instagram, ob es wirklich wahr ist, dass sie nicht möchte, dass er den Kindern, die mit ihr streiken, Essen ausgibt.

Sie dürfen uns sehr gerne Essen ausgeben, antwortet sie. *Aber nur Essen, das nicht von irgendeinem Unternehmen stammt, für das Sie arbeiten.*

Woraufhin der Mann antwortet, dass das für ihn wohl kaum zu schaffen sei.

SZENE 96

Stärker und stärker

Ich verspreche es. Alle Eltern, deren Kind seit Jahren nicht mehr mit anderen Menschen gesprochen hat und das jeden Tag nur ein paar wenige ausgewählte Sachen essen konnte – an wenigen festgelegten Orten –, werden sich unfassbar freuen, wenn diese Komplikationen mit einem Mal verschwinden. Ich verspreche, dass man als Elternteil diese Wandlung als etwas ungeheuer Positives erlebt. Fast wie ein Märchen. Wie Zauberei.

Ganz egal, was manche ältere, konservative Männer und Frauen in den sozialen Medien oder in ihren Kolumnen schreiben.

Manche meinen, dass es *jemanden* gibt, der *hinter all dem steckt*. Eine PR-Agentur.

Aber so ist es natürlich nicht.

Gretas vergangener Sommer bestand nicht aus einer Reihe heimlicher Treffen hinter dicken Vorhängen in dunklen Werbeagenturen und Marketingbüros, wo sie dazu gedrillt wurde, ihren Hintergrund, ihre Werte und ihre Ansichten ausreichend zu verfälschen. Natürlich alles unter dem Einfluss von Globalisierungsbefürwortern, gerissenen linken Ökonomen und George Soros. So in etwa.

Alles, um den Einfluss des Staates zu verstärken und unsere gemeinsame steuerliche Belastung nach oben zu treiben; alles für die Erschaffung eines öko-faschistischen globalen Superstaats.

Eine Verschwörungstheorie ist schlimmer als die andere.

Greta hat keineswegs vier bis fünf höllische Jahre dafür geopfert, verschiedene lebensbedrohliche Schwierigkeiten zu simulieren, um nun die Welt mit der cleversten Verschwörung aller Zeiten hinters Licht zu führen.

Andererseits gibt es auch unendlich viele Menschen, die hinter ihr stehen. All diejenigen, die jahrzehntelang gekämpft und sich abgerackert haben, um die Klimafrage ins Zentrum zu rücken.

Die Fernsehsender sind vom ersten Tag an mit dabei. Und aus irgendeinem Grund scheint es für Greta besser zu funktionieren, als für die meisten, die vor ihr das Gleiche versucht haben.

Alle stehen hinter Greta.

Genau wie Greta hinter ihnen steht.

Alle unterstützen sich gegenseitig.

»Der Grund dafür, dass das hier groß geworden ist, liegt darin, dass es die wichtigste Frage ist, vor der die Menschheit je stand, und dass sie trotzdem in den letzten dreißig Jahren vollkommen ignoriert wurde«, sagt Greta.

Aber keiner der Zweifler achtet auf das, was sie tatsächlich sagt. Sie stehen der Nachhaltigkeitsfrage ganz und gar gleichgültig gegenüber.

SZENE 97

Im Scheinwerferlicht

Gretas Energie wächst nicht mit jedem Tag.
    Sie explodiert geradezu.
    Es scheint keine Obergrenze zu geben, und auch wenn wir versuchen, sie zurückzuhalten, so macht sie einfach weiter. Aus eigenem Antrieb.

Nach einem kompletten Tag vor dem Reichstagsgebäude voller Interviews besteht sie darauf, in einer Paneldiskussion im Kulturhuset mit dabei zu sein. Sie fährt nach Hause, isst, fährt mit dem Fahrrad hinunter zum Sergels Torg und eilt die Rolltreppe hinauf zu der Veranstaltung.
    Der Seminarraum ist zum Brechen voll. Greta bekommt ein Mikrophon und steigt auf die Bühne. Sie wird wie ein Rockstar empfangen und stellt sich weltgewandt neben den Meteorologen Pär Holmgren, den emeritierten Professor Staffan Laestadius und die fachpolitischen Sprecher der zwei größten Parteien Schwedens.
    Greta bekommt das Wort, und sie sagt ohne Umschweife, wie es ist.
    Wir befinden uns in einer akuten Krise, und es wird nichts unternommen, um die Krise zu stoppen.
    Staffan Laestadius sagt genau dasselbe.

Die Worte, die vom Podium kommen, sind unerbittlich. Schonungslos.

Die Stimmung im Saal ist gleichzeitig hoffnungsvoll und schicksalhaft.

Eine neue Geschichte wird erzählt – obwohl die Worte und die Inhalte die gleichen sind wie zuvor.

»Genauso ernst ist die Lage tatsächlich«, ergänzt Pär Holmgren. »Das wiederhole ich seit zwanzig Jahren, und wenn ich ehrlich bin, weiß ich nicht, ob wir es wirklich noch schaffen, die Krise zu lösen. Aber, wie ich zu sagen pflege, es ist nie zu spät, so viel wie möglich zu tun.«

Der Politiker reagiert instinktiv mit Wut. Er ist verärgert und fühlt sich durch das, was bereits gesagt wurde, provoziert.

»Wir müssen uns darauf konzentrieren, bei den Menschen Hoffnung zu wecken«, sagt er und nimmt deutlich Abstand von dem, was er an diesem Abend zu hören bekommen hat.

Die Reaktion der Politikerin ist eine vollkommen andere: Sie fängt an zu weinen und schnieft hilflos in ein Taschentuch. Sie findet keine Worte.

All das kommt sehr unerwartet.

Schließlich holt sie ein Papiertuch heraus, und für einen kurzen Moment steht sie völlig ratlos da. Im Publikum kommt Svante der Gedanke, dass hier endlich eine echte und ganz und gar menschliche Reaktion zu sehen ist.

Das eingeübte Handlungsmuster wird unterbrochen, und das fühlt sich irgendwie hoffnungsvoll an.

Er möchte, dass sie in diesem Augenblick verweilt.

Er möchte sehen, was passiert, wenn sie letztlich nachgeben wird und in den Abgrund zu starren wagt, ohne den Blick abzuwenden.

Er möchte sehen, was passiert, wenn sie sich selbst die Zeit dafür geben wird. Wenn wir uns alle doch nur trauten, uns unsere jeweiligen Misserfolge einzugestehen. Alles ins Stocken geraten zu lassen.

Aber schließlich fängt sie sich natürlich. Sie steckt das Taschentuch ein und beginnt stattdessen über unsere gemeinsamen Herausforderungen zu sprechen; über Möglichkeiten, Arbeitsplätze und grünes Wachstum.

Grünes, ewiges Wachstum.

Auf dem Nachhauseweg dreht Greta sich auf der Rolltreppe zu Pär Holmgren um und sagt: »Meine Güte, das war schlimmer, als ich dachte. Die haben wirklich keine Ahnung. Die Politiker wissen gar nichts.«

»Nein«, sagt Pär und denkt ein paar Augenblicke nach. »Ich glaube, sie sind es einfach gewohnt, mit Vertretern der Wirtschaft und den Lobbyisten zu tun zu haben. Leuten, die auf Fragen immer eine Antwort haben. Die immerzu behaupten, es gebe für alles eine Lösung.«

»Das ist so, als müssten Politiker auf alles eine Antwort haben und als dürften sie nie zugeben, dass sie etwas nicht wissen. Auch wenn sie gar keine Ahnung haben.«

»So ist es wohl«, lacht Pär auf seine ruhige Art.

»Das ist ganz schön bescheuert«, sagt sie.

Womit sie recht hat.

Svante und Greta schieben ihre Fahrräder am Kaufhaus Åhléns vorbei und rüber zum Klarabergsviadukt.

»Alle scheinen von Hoffnung besessen zu sein. Wie ängstliche Kinder. Aber was machen wir, wenn es nun mal keine Hoffnung gibt?«, fragt Greta. »Sollen wir dann lügen? Eine

Hoffnung, aus der keine Handlungen folgen, stirbt ja wohl früher oder später. Und was machen wir dann? Wenn diese Hoffnung, von der alle reden, nicht mehr existiert? Wenn noch ein paar weitere Jahre verstrichen sind und wir immer noch nicht mit der riesigen Umstellung begonnen haben, die notwendig ist, und die Hoffnung, ohne die niemand klarzukommen scheint, plötzlich weg ist? Sollen wir dann einfach aufgeben? Alles hinwerfen und sterben?«

Ein paar Autos überholen uns. Ein leerer Stadtbus donnert die Kungsholmsgatan in Richtung Bolinders Plan entlang.

»Und von wessen *Hoffnung* wird eigentlich die ganze Zeit gesprochen?«, spricht Greta weiter. »Das, was wir *Hoffnung* nennen, ist so weit von etwas Hoffnungsvollem entfernt, wie ich es mir nur denken kann. Hoffnung würde für mich bedeuten, dass die Politiker außerplanmäßige Krisentreffen einberufen und die Klimakrise überall auf der Welt auf den Titelseiten genannt wird.«

Sie führen die Fahrräder die Treppe hinunter zum Kungsbro Strand. Ab da fahren sie. Greta setzt sich sofort mit Moses und Roxy aufs Sofa und guckt sich auf ihrem Handy Tiervideos an.

Ein paar Hunde führen auf YouTube einen Tanz zu einem monotonen House-Beat auf. Greta lacht so sehr, dass ihr die Tränen kommen.

SZENE 98
Jay Z

»Tanzen ist wie Atmen«, sagt Beata. Und sie tanzt die ganze Zeit. Manchmal über zehn Stunden am Tag.
Wenn sie nicht tanzt, dann singt sie. Oder spielt Theater.
Ihr Wille und ihre Antriebskraft sind enorm, wenn sie das machen darf, worin sie gut ist.
Kurz vor den Reichstagswahlen sollen sie in der Schule als Gruppenarbeit ein Video mit dem Handy aufnehmen. Wir dürfen es später ansehen, es handelt sich um einen Werbeclip für eine erfundene Partei, in dem sie rappt und direkt in die Kamera spricht. Das Ergebnis ist absolut verblüffend. Ihrer natürlichen Begabung für Schauspielerei zuzusehen ist wie frische Luft atmen.
Alles fügt sich.

Mit der Schule wird es schlimmer. Jedes Halbjahr gibt es neue Lehrer, jeden Monat neue Vertretungslehrer. Und neue Klassenzimmer.
Und jede Woche bekommen sie einen neuen Stundenplan, der sich auf der Webseite der Stadt Stockholm herunterladen lässt. Für eine computererfahrene Person, die im Besitz eines mobilen Zugangskontos ist, dauert dieser Vorgang vielleicht fünf bis zehn Minuten. Für mich ist es nicht schaffbar.

Und für Beata auch nicht.

Man bekommt den Eindruck, dass die Schule extra Hindernisse errichtet und damit ganz bewusst alle benachteiligt, die feste Routinen schätzen.

Alle, die ständige Veränderung verabscheuen.

Alles und alle sollen sich die ganze Zeit in einem ständigen Zustand der Bewegung befinden.

Jede Woche werden neue Dinge eingeplant, die alle auf kleine Expeditionen überall in der Stadt hinauslaufen.

Ausflüge. Besuche. Abwechslung.

Es finden permanent Vorbereitungen für mögliche Reisen und Austausche statt, und *es ist doch phantastisch, dass die Kinder die Chance bekommen, neue Orte zu sehen und vielleicht andere Kinder aus anderen Ländern zu treffen.*

Als ob man diese Chance nicht sowieso fast überall im näheren europäischen Umfeld hätte.

Aber es muss natürlich die richtige Art von Treffen sein. Die richtigen Orte. Und die richtige Sorte Kinder.

Das Schlimmste ist aber gar nicht die Tatsache, dass es so ist.

Das Schlimmste ist auch nicht, dass an den Schulen die Problematik bekannt ist, dass sehr viele Schüler durch die übergeordnete Bedeutung sozialer Kompetenz benachteiligt werden – wenn die Vorstellung von schulischem Erfolg tatsächlich durch eine Norm geprägt ist, die vor allem auf Flexibilität und Extrovertiertheit setzt.

Das Schlimmste ist, dass so viele Schüler wissen, dass es vollkommen bewusst geschieht.

Besonders die Schüler, die es am härtesten trifft.

Sie wissen es.

Sie erkennen die Falle.

Sie erkennen, dass ihre jeweiligen Misserfolge zugunsten der extrovertierten Gewinner und ihrer Alltagstriumphe herhalten müssen.

Einmal setzt sich Beata mit Greta vor den Reichstag.

Doch das ist Gretas Ding. Nicht ihres.

Es ist alles andere als einfach, mit dem ganzen Aufsehen, das ihre große Schwester plötzlich verursacht, umzugehen.

Beata sieht, dass Greta schlagartig zehntausend Follower auf Instagram hat und dass das einfach nur absolut verrückt ist, finden wir alle gemeinsam.

Aber Beata geht gut damit um. Sehr gut.

Auch wenn ihr eigener Account nur noch aus Kommentaren über Greta besteht und *kannst du sie grüßen* und so weiter. Alles dreht sich mit einem Mal um Greta, Greta, Greta.

»Das ist total krank«, sagt Beata eines Nachmittags nach der Schule. »Das ist genau wie bei Beyoncé und Jay Z«, stellt sie mit säuerlicher Miene fest.

»Greta ist Beyoncé. Und ich bin Jay Z.«

SZENE 99

Verbrechen gegen die Menschlichkeit

Die Menschheit droht zu scheitern. Jede Woche erreichen uns neue Zahlen und Berichte, die einstimmig bestätigen, dass wir uns in die falsche Richtung bewegen.
 Und zwar mit der denkbar höchsten Geschwindigkeit.
 Mit jeder Woche wird die Botschaft der Wissenschaft deutlicher.
 Alles wird mehr und mehr schwarzweiß.
 Wir fragen uns, wer die größte Schuld daran trägt.
 Sind es die Ölfirmen und die Energieversorger? Die Textilunternehmen? Die Fast-Food-Ketten? Die Forstbetriebe oder die industrielle Tierzucht? Unternehmen, die alle an ihr Äußerstes gehen, solange das Recht es zulässt, um so viel wie möglich zu verkaufen? Damit sie Ertrag und Gewinn für ihre Aktionäre maximieren können?
 Sind es die Politiker, die alles daransetzen, um im nächsten Jahr wiedergewählt zu werden?
 Sind es die Zeitungen, die Gewinn erzielen müssen, um zu überleben? Die gezwungen sind, das zu schreiben, was alle lesen wollen?
 Sind es die gewöhnlichen Menschen? Die jeden Tag ein bisschen mehr konsumieren, damit unsere immer sinnentleerteren Leben weiter funktionieren?

Bin ich es? Ich, die die Möglichkeit hatte, sich mit der Situation vertraut zu machen, aber es stattdessen lieber den Politikern überlassen wollte, der Wirtschaft und den Berichten der Massenmedien?

Sind es die Wissenschaftler, denen es häufig an finanziellen Möglichkeiten mangelt, ihre Erkenntnisse ideal zu vermitteln? Und deren Kenntnisse in Verhaltensforschung höchstens dazu genutzt werden, um zu vermitteln, dass wir in 20 oder 30 Jahren vor einer Krise stehen werden – nicht aber, dass die Krise hier und jetzt vor uns steht? Viel früher als erwartet? Viel früher, als in großen Teilen der Forschung der letzten Jahrzehnte geschätzt?

Oder ist der öffentliche Dienst schuld, der wirtschaftlich unabhängig ist und alle Aspekte unserer Gesellschaft und deren Konsequenzen für nachfolgende Generationen untersuchen sollte? Deren Angestellte allerdings im Hass ertrinken, der ihnen von ideologischen Gegnern bis hin zu unabhängigen Medien entgegengebracht wird? Die zur Jagd nach Klicks und Zuschauerzahlen gezwungen werden?

SZENE 100

Gehört zu werden kostet Hass

Obwohl Greta immer wieder sagt, dass die Klimakrise nur durch Demokratie gelöst werden kann, wird ihr doch ständig vorgehalten, sie sei Fürsprecherin einer *Klimadiktatur*.
Obwohl sie jedes Mal sagt, dass es innerhalb unserer vorherrschenden politischen und wirtschaftlichen Systeme keine Lösungen gibt, wird ihr vorgeworfen, sie kenne keine Antworten. Natürlich ist das eine bewusste Strategie.
Denn es geht ihnen dabei nicht darum, zuzuhören und mögliche Lösungen zu finden. So war es nie.
Denn wer will schon eine Lösung für eine Krise haben, die es in den Augen der anderen gar nicht gibt? Die es nicht geben kann.
Denn wenn es sie gäbe, würde das schließlich heißen, dass sich alles ändern muss.
Wenn die Klimakrise nun tatsächlich die existentielle Krise wäre, die die Wissenschaftler geeinigt in ihr sehen, würde das dann nicht bedeuten, dass die geltende Weltordnung ein Scheitern gigantischen Ausmaßes zu verantworten hat? Und dafür, dass die Menschheit einer noch größeren Bedrohung gegenübersteht als je zuvor?
Nein, für jemanden, der übergreifende Veränderungen ablehnt, ist dieser Gedanke undenkbar.

Besser ist es da, über Recht und Ordnung zu sprechen.
Oder Sicherheit.
Kriminalität, Flüchtlinge, Arbeit und Geld.
Immerzu Geld.

Denn nichts kann schließlich falsch sein, wenn alles einfach immer besser, größer, stärker, schneller wird. Oder?
Zumindest nicht ernsthaft falsch.
Höchstens die Kinder natürlich.

Denn gemäß der Kritiker können ja Fünfzehnjährige nicht mehr selbst denken, auch wenn sie dank Internet heute Zugang zu unbegrenzter Datenkapazität haben und auf alle gesammelten digitalen Wissensquellen der Welt zugreifen können.

Die Kinder folgen nämlich der Entwicklung der Wachstumsgesellschaft nicht. Stattdessen entwickeln sie sich in die entgegengesetzte Richtung, zumindest laut den Kritikern des Schulstreiks.

Auch wenn sie früher in dem Alter bereits Mütter, Arbeiter, Soldaten und selbständige Individuen waren, heute bringen die Fünfzehnjährigen nichts mehr zustande.

Und es gibt auch keinerlei Ausnahmen – zumindest solange sie nicht so denken, wie gewisse Erwachsene es von ihnen fordern, und außerdem sollten die Jugendlichen ja wohl auch in die Schule gehen und sich was schämen.

Wenn sie schon unbedingt die Welt retten wollen, sollten sie sich erst mal um einen ordentlichen Abschluss kümmern, damit auch alles rechtens zugeht. Anschließend können sie immer noch studieren und Ingenieure oder Wissenschaftler werden und sich in zehn bis fünfzehn Jahren aus dem Arbeitsleben ausklinken und richtig etwas bewirken. Dass dann alles zu spät ist, davon wollen die Kritiker nichts wissen.

Denn eine solche Klimakrise – die sofortiges Handeln und Veränderung erfordert – existiert ja wie gesagt nicht. Und hier irgendwo steckt vermutlich das wirklich Geniale in der Natur des Schulstreiks.

Er ist ebenso einfach und provokant wie nötig.

Die Uhr tickt. Die Zeit läuft uns davon, und woran lässt sich das deutlicher erkennen als an der Ausbildung unserer eigenen Kinder?

Wozu sollen sie lernen und studieren?

Wofür?

Die Zeit, die uns noch bleibt, um zu handeln und die Gesellschaft von Grund auf zu verändern, ist plötzlich kürzer als die Dauer einer durchschnittlichen Schullaufbahn.

Und wenn keine übergeordnete Veränderung am Horizont sichtbar wird ...

Was sollen die Kinder dann machen?

Wenn ihnen ihre grundsätzlichsten Voraussetzungen genommen werden?

Sie können ja trotz allem noch nicht wählen.

Noch weniger können sie die Wirtschaft beeinflussen, die Forschung, die Massenmedien oder politische Beschlüsse.

Diejenigen, die am meisten betroffen sind, haben keine Möglichkeit, Einfluss zu nehmen.

Unsere Bequemlichkeit wird plötzlich ihrer Zukunft gegenübergestellt.

Alles, was wir doch tun können, *müssen* wir tun.

Unsere Freizeitinteressen gegen ihre Überlebensbedingungen.

Unser Wachstum auf Kosten ihrer Welt.

Unsere Hobbys gegen ihre grundlegenden Menschenrechte.

Dass wir uns schon seit langer Zeit exakt genauso gegenüber den Menschen verhalten, die in ärmeren Teilen der Welt leben, ist bodenlos tragisch.

Aber dieses Argument zählt offensichtlich nicht.

Sie sind uns scheißegal.

Doch die eigenen Kinder und Enkel können die meisten von uns nicht genauso leicht ignorieren.

Der Schulstreik scheint zu funktionieren.

Der Kontrast zwischen unserem Überfluss und dem Erbe, das wir nachfolgenden Generationen hinterlassen, schafft ebenso viel Reibung und ruft ebenso viel Widerstand hervor, wie notwendig ist, um ständig eine neue Debatte und neue starke Gefühle zu erzeugen.

Neue Perspektiven.

Ganz unabsichtlich natürlich.

Denn so etwas kann man ja nicht planen.

So etwas passiert einfach.

Ein Versuch von Millionen.

Oder möglicherweise Milliarden.

Die streikenden Kinder sagen, dass die Lösung der Krise darin besteht, die Krise als Krise zu behandeln. Dieser Gedanke ist nicht ganz neu.

Aber darum geht es eben nicht. Es ging nie darum, alternative Gedankengänge zu präsentieren, eine Systemveränderung oder neue Lösungen.

Es geht nur um den Wunsch der großen Mehrheit, genauso weitermachen zu können wie bisher.

Unsere menschliche Angst vor Veränderung.

Und dass dieser Impetus mit dem Bewahren der gegenwärtigen Machtbalance zusammenfällt, zum Vorteil derer, die am privilegiertesten sind, ist zufällig besonders günstig für alle, die dieser exklusiven kleinen Gruppe von Menschen angehören.

Dass es ihnen außerdem geglückt ist, so viele böse, verbitterte, weiße, unterbezahlte, und ausgenutzte Männer dazu zu bringen, sich auf ihre Seite zu schlagen, ist und bleibt ein faszinierendes Phänomen.

Eine Art Dilemma der Menschlichkeit, das aber vielleicht nicht so geheimnisvoll ist, wie man gerne glauben möchte?

Denn wenn die herrschende Weltordnung dich zu einem Gewinner macht, dann wirst du selbstverständlich weit gehen, um das Erreichte zu verteidigen. Und was ist besser, als sogar die *Verlierer* in derselben vorherrschenden Machtordnung dazu zu bringen, für dieselbe Sache zu kämpfen?

Die Definition eines Verlierers ist schließlich relativ, und wir sind alle mehr oder weniger Verlierer, je nachdem wie man es sieht.

Die Rekrutierungsbasis ist beinahe unendlich, und das Geheimnis ist so lächerlich einfach. Alles, was notwendig war, ist, so viele Menschen wie möglich dazu zu bringen, ihren kleinen Teil des Universums zu verteidigen.

Ihre Arbeit. Ihre Wohnung. Ihre Urlaubsreisen. Ihre Liebe zum Auto. Ihr Geld.

Es ging darum, ein möglichst gewaltiges Schreckensbild von Veränderung und Verschlechterung zu schaffen, das möglichst viele Menschen erreicht. Und das in einem Maß, dass diese im Prinzip bereit sind, alles Erdenkliche zu tun, um ihren mikroskopisch kleinen Teil der Welt zu verteidigen und ebenso alle vorherrschenden Nahrungsketten, und zwar gegen alles, was als Bedrohung der Stabilität in Erscheinung tritt.

Einwanderer, Flüchtlinge, Liberale, Sozialisten, Feministen und Aktivisten.

Die Methode ist so einfach wie wirksam.

Ebenso brillant wie vollkommen idiotisch.

Greta provoziert. In manchen Fällen so sehr, dass viele normalerweise respektvolle Menschen die Fassung verlieren. Nicht nur, dass sie sagt, alles müsse sich verändern. Sie ist auch Autistin. Und hat zusätzlich noch die Dreistigkeit, damit anzugeben.

Es stimmt nicht mit dem überein, was man erwarten würde.

Das ist völlig unvereinbar mit der – bewussten oder unbewussten – Verachtung von Schwäche, die in gewissen menschlichen Ideologien verankert ist.

Es ist inkompatibel mit dem ungeschriebenen Manifest der Wettbewerbsgesellschaft, in der der Stärkste immer gewinnt.

Denn der Stärkste ist derjenige, auf den man hören sollte.

Der Stärkste ist derjenige, der den Ton angibt.

So sind die Gesetze des Markts.

Aber auf den Pflastersteinen vor dem Reichstagsgebäude herrschen mit einem Mal ganz andere Regeln.

Das unsichtbare Mädchen, das nie etwas sagt, ist plötzlich diejenige, die am meisten gehört und gesehen wird, und das ist natürlich zu verstörend, als dass alle es einfach hinnehmen würden.

Der Hass wächst mit jeder Minute.

Die Geschichten, die Lügen und die Angriffe.

Aber die stärkste Waffe ist selbstverständlich das *bewusste Auslassen von Fakten.*

Gretas Hintergrund und ihre Geschichte sind im Internet Allgemeingut. Man muss nur ein bisschen googeln, um alle relevanten vorliegenden Informationen zu finden. Aber was spielt das für eine Rolle, wenn sich die Lektüre von Lügen als so viel unterhaltsamer entpuppt? Wenn das bewusste Auslassen von Fakten zu mehr Lesern führt?

SZENE 101

Der erste Auftritt

Die Tage vergehen, und plötzlich ist Gretas erster Streiktag schon zwei Wochen her.

Jeden Morgen fährt sie mit dem Fahrrad zum Reichstagsgebäude und stellt das Rad dann am Eisengeländer vor Rosenbad ab.

Jeden Morgen trifft sie Menschen, die den Kopf voll mit anderen Sachen haben.

Die in ihren Autos sitzen und ihren Radiosender hören.

Die mit ihren Handys in der U-Bahn stehen.

Die im Bus sitzen und sich von allem hier wegträumen.

Die von den Mahlzeiten reden, die sie gegessen haben, und von dem Fußballspiel, das sie angesehen haben.

Die ihre Häuser und Wohnungen saubermachen.

Die ihre Fenster putzen, Kissen arrangieren und Bücherregale sortieren.

Die davon ausgehen, dass alles so ungefähr seine Richtigkeit hat.

Menschen wie wir.

Der *Guardian* sucht Greta auf und veröffentlicht das erste große ausländische Interview. Ein paar norwegische und dänische Medien waren vorher schon da und haben Artikel geschrieben, aber was nun passiert, geschieht auf einem anderen Niveau.

Greta erzählt exakt allen, die danach fragen, ihre Geschichte. Sie beantwortet alle Fragen, und in der verbleibenden Zeit widmet sie sich ihren Büchern.

Alle denken natürlich, dass Gretas ungeheuerliche öffentliche Reise hier auf diesen Pflastersteinen vor dem schwedischen Parlament begann, an jenem 20. August 2018.

Aber so ist es nicht. Sie begann viel früher.

Ich lese einen Post von mir auf Facebook. Er hat über elftausend Likes bekommen, und Greta wird in Hunderten von Kommentaren gefeiert. Sie gibt den Menschen Hoffnung, und alle scheinen ihre Worte und Gedanken anzunehmen. Der Beitrag ist nicht neu. Und er hat nichts mit ihrem Schulstreik zu tun.

Er wurde früh am Morgen am 9. November 2016 verfasst und niemals korrigiert.

An jenem Morgen war Stockholm von mehr als einem halben Meter Neuschnee bedeckt. Svante war ein paar Stunden zuvor vom Sofa gestiegen, um auf dem warmen Fußboden Schutz zu suchen, da er das Gefühl hatte, dass »ein eiskalter Wind durch die Wohnung fuhr.« Es war der Moment, als das Wahlbarometer plötzlich von Hillary Clinton zu Donald Trump umschlug.

Noch bevor sich jener Tag dem Ende zuneigte, hatte die USA einen neuen Präsidenten bekommen. Sein Name war Donald Trump.

Ich schrieb damals:

Viele spüren eine große Angst an diesem frühen Morgen. Auch ich. Aber wir dürfen dieser Angst nicht nachgeben. Wir müssen zusammenhalten. Rechts und links. Über die Blockgrenzen hinweg. Wir müssen eine Gegenbewegung starten, hier und jetzt. Wir müssen uns gegen das Dunkle mobilisieren und gegen den Hass, der entstanden ist, seit die Welt sich immer stärker spaltet. Aber wir dürfen dem Hass, dem Rassismus und dem Mobbing niemals mit demselben Hass und Mobbing begegnen. Wir dürfen uns niemals zu Hass herablassen. Stattdessen müssen wir die Kluft verringern. Wir müssen geeint für die Menschlichkeit und die Gleichberechtigung aller Menschen einstehen. When they go low. We go high.

Jetzt ist nicht der Zeitpunkt, zu trauern oder Angst zu haben. Jetzt ist der Zeitpunkt, dass wir uns organisieren.

PS: Meine älteste Tochter brennt für die Umwelt. Sie ist viel belesener und weiß viel mehr darüber als ich. Die ganze Zeit über hat sie gesagt: »Wenn die Lage vom Klima so akut ist wie jetzt, dann ist wohl die einzige Rettung, dass Donald Trump die Wahl gewinnt – denn erst dann werden die Menschen vielleicht kapieren, wie schlimm es ist. Wenn ein Klimaleugner und Verrückter wie Trump gewinnt und zum mächtigsten Mann der Welt wird – dann wachen die Leute vielleicht auf und werden ausreichend alarmiert, um die gigantische Gegenbewegung zu starten, die nötig ist, um wirklich eine Veränderung zu erreichen in der Zeit, die noch bleibt.« Ihre Worte erscheinen einem heute so unglaublich hoffnungsfroh und wertvoll. Ich werde bald hinaufgehen und sie wecken. Mit all der Hoffnung, die ich habe. Es ist Zeit, dass wir anfangen zu kämpfen. Für sie, für alle unsere Kinder.

Greta wachte an diesem Morgen mit einem Lächeln auf. Sie rieb sich die Augen und sah zu ihrem Poster mit dem Periodensystem an der Wand auf. Aber bevor sie anfing, die Elemente herunterzurattern, wie sie es sonst direkt nach dem Aufwachen zu tun pflegt, sagte sie:

»Das ist natürlich schrecklich. Aber es ist der einzige Weg. Mit Clinton oder Obama wäre alles nur so weitergegangen wie vorher. Trump ist die Alarmglocke.«

Ich denke, dass ich den Beitrag jetzt während des Schulstreiks noch einmal teilen sollte, aber dann zögere ich.
Jede Sache hat ihre Zeit, denke ich.
Lassen wir sie ihren verdammten Hass ausleben, jetzt, damit alle sehen, was für Menschen das sind.
Wir in der Familie wissen das schließlich schon seit langem.
In den sozialen Netzwerken wird uns mit dem Tod gedroht, wir bekommen Exkremente mit der Post geschickt, und das Jugendamt teilt uns mit, dass bei ihnen vermehrt Verdachtsmeldungen auf Kindeswohlgefährdung gegen uns als Gretas Eltern eingegangen sind. Das Jugendamt teilt uns gleichzeitig mit, dass sie NICHT vorhaben, *diesbezüglich Maßnahmen zu ergreifen.*
Wir überlegen uns, dass die Versalien eine kleine Liebesbotschaft irgendeines anonymen Beamten in der Stadtbezirksverwaltung Kungsholmen ist. Und das wärmt.
Doch vollkommen kann ich mich nicht gegen den Hass wehren. Kann ihn nicht von mir weisen. Von irgendwoher kommt die Einsicht, dass der Hass mir mein Kind wegnehmen wird. Vielleicht wird sie nicht hier wohnen bleiben können.
Gehört zu werden muss mit Hass bezahlt werden.
Gesehen zu werden muss mit Hass bezahlt werden.
So furchtbar viel Hass.
Der Hass kennt keine Grenzen.
Und die Hassenden werden niemals aufhören zu hassen.

SZENE 102

Schritt zurück

Es werden immer mehr, die Greta vor dem Reichstag Gesellschaft leisten. Kinder, Erwachsene, Lehrer, Pensionäre.

Der Fotograf Anders Hellberg ist jeden Tag dort. Er fotografiert und gibt die Bilder frei, so dass jeder sie nutzen kann. Nicht einen Öre will er dafür haben.

»Die Bilder können von allen verwendet werden. Das ist mein Versuch, zu helfen.«

Eines Tages kommt eine ganze Schulklasse mit Grundschülern dazu, die mit Greta reden wollen, und sie muss sich für einen Moment davonstehlen.

Sie tritt an die Seite und fängt an zu weinen.

Sie kann nichts dagegen tun.

Aber nach einer Weile beruhigt sie sich und geht zurück und begrüßt die Kinder.

Hinterher erklärt sie, dass es ihr manchmal schwerfällt, mit Kindern umzugehen, weil sie selbst so schlechte Erfahrungen gemacht hat.

»Ich habe noch keine Kindergruppe getroffen, die nicht gemein war. Und wo immer ich mich auch befand, ich bin immer und überall gemobbt worden, weil ich anders bin.«

Es strengt an, drei Wochen lang sieben Stunden am Tag vor dem Reichstagsgebäude zu sitzen.

Viele Menschen kommen vorbei und wollen mit Greta reden. Meistens sind es nette Leute, die ihr Unterstützung zusprechen wollen und die ihr zugehört haben. Mehrmals täglich treten Menschen an sie heran und teilen mit, dass sie beschlossen haben, nicht mehr zu fliegen, das Autofahren einzustellen oder ihretwegen Veganer geworden sind.

So viel Einfluss in so kurzer Zeit ausüben zu können ist auf unglaublich positive Weise schwindelerregend.

Aber natürlich gibt es auch ein paar kritische Stimmen.

Viele wollen diskutieren.

»Was ist am anstrengendsten?«, frage ich.

Es ist Sonntag, wir haben frei und sitzen im Wohnzimmer auf dem Fußboden.

»Vieles Verschiedenes«, antwortet Greta. »Die Leute zum Beispiel, die sagen, dass wir *zu viele Menschen auf der Welt sind*. Wenn wir wirklich zu viele wären, würde ja nichts daran vorbeiführen, dass wir welche loswerden müssten. Und dann müsste man annehmen, dass entweder wir Kinder oder die Menschen in den Entwicklungsländern das Problem sind, weil es oft heißt, dass wir nicht mehr Kinder bekommen sollten, oder Sätze fallen wie *Die da in Indien, Afrika oder China sind doch so viele*. Aber Fakt ist, dass die allermeisten Menschen auf der Welt nicht über ihre Verhältnisse leben. Das tun nur Menschen in Ländern wie Schweden. Wir sind diejenigen, die leben, als würden uns vier Erdkugeln zur Verfügung stehen, wir denken, es würde *zu viele Menschen* geben. Wenn alle so leben würden wie wir, dann hätte man das Zwei-Grad-Ziel schon vor langer Zeit begraben können. Dann würde es überhaupt keine Zukunft mehr geben.«

Greta sitzt da mit Moses vor sich auf dem Boden. Er schläft ausgestreckt auf dem rotgemusterten Teppich, den wir vor knapp zehn Jahren auf einer Onlineauktion ersteigert haben. Wie viel Schmutz und Hundehaare er auch angesammelt hat im Laufe der Zeit, er sieht immer noch tadellos aus.

»Und dann gibt es die Leute, die über Atomenergie sprechen«, fährt sie fort. »Die reden von nichts anderem. Für die ist es, als würde gar keine Klimakrise existieren. Sie wollen nur über Atomenergie reden. Sie kennen die Tatsachen nicht, haben noch nicht einmal von den grundlegendsten Sachen gehört. Sie wollen mich ausschließlich fragen, was ich von Atomenergie halte. Und dann lächeln sie, als hätten sie eigenhändig alle zukünftigen Probleme der Welt gelöst. Denn sie wissen ja, dass Atomenergie keine Lösung mehr ist. Und trotzdem wiederholen sie die gleichen Punkte wieder und wieder.«

»Was sagen die Wissenschaftler dazu?«, frage ich.

»Der IPCC sagt, dass Atomenergie ein kleiner Teil einer großen einheitlichen Lösung sein kann«, antwortet Svante. »Aber sie weisen auch darauf hin, dass sich die Energiefrage nur mit erneuerbarer Energie beantworten lässt. Es ist ja nicht die Aufgabe der Wissenschaft, Stellung zu beziehen. In diesem Fall sprechen die Wissenschaftler nur davon, was physisch möglich ist. Die Klimaforschung nimmt oft keinerlei Rücksicht auf politische oder praktische Voraussetzungen. Dass es in der Praxis heute zehn bis fünfzehn Jahre dauert, ein neues Atomkraftwerk zu bauen – und dass wir schon morgen Tausende fertiger Anlagen bräuchten –, ist nichts, worüber man unbedingt länger nachdenken müsste.«

Roxy lässt sich auf den Teppich neben Greta und Moses nieder. Sie leckt sich ihre Pfoten sauber und streckt sich so aus, als wäre sie Moses' Spiegelbild.

In der nächsten Sekunde ist sie eingeschlafen.

»Okay, wir brauchen richtig viel neue, nachhaltige Energie. Und zwar sofort«, sagt Greta. »Dann müssen wir ja wohl in die besten, billigsten und schnellsten Alternativen investieren. Warum sich also auf etwas konzentrieren, das über zehn Jahre für den Ausbau beansprucht, wenn Wind- und Sonnenenergie schon innerhalb weniger Monate genutzt werden kann? Warum sollte man auf etwas setzen, das so teuer ist, dass kein Unternehmen sich bereit erklären würde, etwas hineinzustecken, wenn doch Wind und Sonne so viel billiger sind – und die Preise hier auch noch jede Minute fallen? Warum in etwas investieren, das extrem risikoreich ist, wenn man gleichzeitig auf etwas setzen kann, das vollkommen risikolos ist? Wir haben ja noch nicht einmal eine Lösung für die Aufbewahrung des radioaktiven Abfalls gefunden. Und würden wir sämtliche fossile Energie durch Atomenergie ersetzen, bräuchten wir quasi ab sofort täglich ein fertiggebautes Kernkraftwerk. Aber allein die Ausbildung der Ingenieure, die die Werke bauen, würde Jahrzehnte dauern. Atomenergie kommt als Alternative also überhaupt nicht in Frage. Und das wissen alle. Warum reden sie also weiter davon?«, fragt Greta wieder. »Das erschreckt mich richtig. Denn entweder sind die Politiker so dumm, dass sie es nicht kapieren. Oder aber sie wollen nur Zeit schinden. Ich weiß nicht, was von beidem schlimmer wäre.«

»Ich glaube, die Kernkraftfrage ist für viele Menschen extrem symbolisch«, sagt Svante. Er hat sich auf den Barhocker an der Kücheninsel gesetzt, die ins Wohnzimmer ragt. »Wenn man nicht über das Klima sprechen möchte, dann kann man immer über Atomkraft reden, denn man kann sich sicher sein, dass das Gespräch davon nicht mehr wegkommt. Atomenergie ist der beste Freund der Klimaschutz-Verzögerer. Ich muss es wissen, denn ich war früher genauso. Ich fand, dass es eine gute Lösung war, weiter Atomenergie zu nutzen, und dass von allen Umweltleuten nur besonders langweilige und rückwärtsgewandte ständig damit anfangen konnten, dass Atomenergie abgeschafft werden sollte. Ich glaube, dass das etwas mit Zukunft und Optimismus zu tun hat. Ich wollte glauben, dass die Menschen alles regeln können. Dass es uns möglich wäre, für alles eine Lösung zu finden. Denn wenn es uns gelänge, dann müssten wir uns auch nicht ändern. Und dann gäbe es auch keine Notwendigkeit, die geltende Weltordnung zu ändern, die es mir erlaubte, an nahezu jeden Ort zu nahezu jeder Zeit zu reisen, die mir vorschwebte. Dann konnte ich schließlich einfach diesen Range Rover kaufen, von dem ich heimlich träumte. Und ich konnte das essen, was ich wollte, denn den Menschen wäre es gelungen, die Natur zu bändigen, und für all das bräuchten wir keine Veränderung. Außer vielleicht ein bisschen mehr Ordnung.«

Svante kratzt sich am Kopf, richtet sich auf und macht eine halbe Drehung auf dem Hocker. Dann fährt er fort:

»Ich glaube, man sollte es ganz vermeiden, über Atomenergie zu sprechen. Denn solange man keine Gesamtlösungen bespricht, ist das vollkommen uninteressant. Vor fünf oder zehn Jahren war das vielleicht noch anders. Da bestand ja noch die Chance, dass eine deutliche Ausweitung der Atomenergie einen Teil der Lösung ausmachen konnte. Aber wir haben jetzt eine andere Krise als selbst vor zwei oder drei Jahren.«

»Warum sind manche Politiker gegen Wind- und Sonnenenergie?«, frage ich. »Weil es billig ist? Und einfach? Weil alle ihre eigene Energie gewinnen könnten und Länder dadurch tatsächlich selbständig werden könnten?«

Roxy wird wieder wach. Sie steht auf und schnüffelt um Greta und Moses herum, bevor sie sich wieder hinlegt. Dieses Mal den Kopf an Moses' Hinterbein gelehnt.

Eine Weile sagt niemand etwas. Man kann erkennen, wie das kleine Labradorherz unter dem Brustkorb schlägt. Greta streichelt Roxys schwarzes Fell und sagt:

»Aber am alleranstrengendsten sind die Leute, die kommen und irgendwas verkaufen wollen. Dieses ganze ›Hallo, ich habe ein Unternehmen und frage mich, ob du dir nicht vorstellen könntest, mit uns zusammenzuarbeiten?‹. Oder diejenigen, die mich zu irgendwelchen Konferenzen einladen wollen oder ein Buch schreiben, einen Dokumentarfilm drehen oder was auch immer. Alle, die die Chance nutzen wollen. Im Schulstreik sagen wir, dass alle einen Schritt zurücktreten müssen, weil das die einzige Möglichkeit ist, wie sich das Klima retten lässt. Und dabei begegnen wir ständig den Leuten, die bloß immer weiter nach vorne drängen. All diejenigen, die ihre Ziele verfolgen. Die nur auf sich selbst gucken und jemand werden wollen, der sie noch nicht sind.«

Sieben Milliarden Menschen, die sich alle selbst verwirklichen wollen, denke ich. Aber so ist es doch nicht.

Nur eine kleine Minderheit führt ein Leben außerhalb der Grenzen, die unser Planet dem nachhaltigen Leben setzt.

Das Problem besteht darin, dass wir dieser Minderheit angehören.

Das Problem besteht darin, dass wir zwar in allen Bereichen genug haben, aber immer dazu aufgefordert werden, noch schlimmer zu werden.

Kauf mehr.
Reise mehr.
Iss mehr.
Tu mehr.

Manchmal denken wir daran, wie es früher war.
Wie war es möglich, dass wir nicht bemerkten, was wir heute so deutlich sehen?
Und wie hätten unsere Lebensverläufe ausgesehen, wenn es unsere Töchter nicht geben würde?
Wäre unser Leben in den letzten drei, vier Jahren wie gewöhnlich weiter verlaufen, wenn sie nicht da wären?
Wie würde unser Alltag jetzt aussehen, wenn wir unsere eigenen Fehlschläge nicht in dem Moment erkannt hätten, in dem uns unsere eigenen Argumente ausgingen?
Ich hoffe inständig, dass wir trotzdem etwas unternommen, unsere Lebensweise trotzdem verändert hätten.
Aber ich habe meine Zweifel.

Manchmal stellen wir uns vor, wie unsere Reaktion ausgesehen hätte, wenn plötzlich ein 15-jähriges Mädchen vor dem Reichstagsgebäude gesessen hätte, das einen »Schulstreik für das Klima« abhält?
Hätten wir uns entschieden, ihr kein Gehör zu schenken?
Hätten wir den Blick abgewandt?
Hätten wir vielleicht entschieden, irgendeiner Konspirationstheorie Glauben zu schenken, denn *irgendwas muss daran ja faul sein*?
Hätten wir China die Schuld zugewiesen?
Hätten wir uns von dem streikenden Mädchen irritieren lassen?

Sie richtiggehend gehasst?

Hätten wir entschieden den Blick abzuwenden, um uns die Möglichkeit zu bewahren, so weiterzumachen wie zuvor?

Hätten wir – ganz ehrlich – völlig freiwillig entschieden, ein paar Schritte zurückzutreten?

SZENE 103

Generalprobe

Das Phänomen wächst immer weiter. Jede Stunde schneller und schneller. Beim Auftakt zum Abschluss des Streiks wird Greta von Fernsehteams der britischen *BBC*, der deutschen *ARD* und des dänischen *TV2* begleitet.

Ich habe an den Abenden die letzten Proben. Die Premiere für das Musical *Så som i himmelen* steht an, was bedeutet, dass die Abende im Theater lang werden. Wenn ich schließlich nach Hause komme, schläft Greta, und morgens, wenn sie die Wohnung verlässt, schlafe ich. Ich höre nicht, wie die Fernsehredakteure durchs Haus schleichen und Gretas Morgenroutinen filmen.

Als der letzte Freitag des Schulstreiks anbricht, wird in über hundert Orten in Schweden gestreikt. In Deutschland, Finnland und Großbritannien gibt es einzelne Personen, die sich anschließen. In den Niederlanden finden sich ein paar hundert Kinder vor dem Parlament in Den Haag zum Streik ein. Und in Norwegen sind es ein paar tausend.

All das erscheint einem schwindelerregend groß.

Janine O'Keeffe ist eine der Aktivisten, die sich dem Streik angeschlossen haben, und sie versucht, alles zu organisieren. Sie kommt aus Australien und verfügt über ein kleines Netzwerk anderer Aktivisten, die sie seit langer Zeit kennt. Die Umweltorganisationen Fältbiologen und Greenpeace helfen ebenfalls mit. Und natürlich viele weitere: Klimatsverige, Naturskyddsföreningen, We don't have time, Stormvarning, Föräldravrålet, Artister för miljön.

Alle Organisationen, die für den Schutz der Umwelt und des Klimas kämpfen, helfen auf ihre eigene Weise mit.

So sehr sie können.

Zusammengenommen sind es etwa tausend Kinder und Erwachsene, die an diesem letzten Tag des Schulstreiks zusammen mit Greta streiken. Und Medien in verschiedenen Ländern berichten live vom Stockholmer Mynttorget.

Sie hat es geschafft.

Greta hat das, was sie sich zu tun vorgenommen hat, mit Erfolg bewältigt.

Sie hat drei Wochen lang vor dem schwedischen Parlament gestreikt.

Sie hat dafür gesorgt, dass die Klimafrage mehr in den Fokus gerückt ist.

Oder sogar sehr viel mehr.

Viele sagen, dass sie allein mehr für das Klima erreicht hat, als Politiker und Massenmedien in mehreren Jahren.

Aber Greta ist anderer Meinung.

»Nichts hat sich verändert«, sagt sie. »Der CO_2-Ausstoß steigt weiter, und es ist keine Veränderung in Sicht.«

Um drei Uhr am Nachmittag kommt Svante und holt sie ab. Sie laufen gemeinsam den Säulengang der Riksgatan entlang zu ihren Fahrrädern, die sie vor Rosenbad abgestellt haben.

»Bist du zufrieden?«, fragt Svante.

Greta schweigt.

Er wiederholt die Frage, aber Greta antwortet nicht.

Sie schließen die Fahrräder auf und machen sich bereit, nach Hause zu fahren.

»Nein«, sagt sie schließlich, den Blick fest zur Brücke in Richtung Mynttorget gerichtet.

»Ich werde weitermachen.«

SZENE 104

Fridays for Future

Der nächste Tag ist Samstag der 8. September. Es ist der Tag vor den schwedischen Reichstagswahlen, und Greta wird auf dem People's Climate March in Stockholm sprechen. Auf der ganzen Welt kommen über zehntausend Menschen zusammen, um für das Klima zu demonstrieren. Viele träumen von einem riesigen, immensen und globalen Manifest, aber es ist nicht sicher, ob das Interesse dafür wirklich ausreicht.

Viele hoffen weiterhin, aber trotz der verheerenden Waldbrände im Sommer und des gewaltig zunehmenden Extremwetters in der ganzen Welt läuft es für die internationale Umwelt- und Klimabewegung weiter schleppend.

Greta soll am Ende der Demonstration vor dem Königlichen Schloss sprechen. So wurde es bereits vor langem geplant. Sie hat vor, einen Text vorzutragen, den sie für die Tageszeitung *ETC* geschrieben hat.

Aber plötzlich will sie noch eine weitere Rede halten.

Zu Beginn.

Bevor alle losgehen.

Svante fragt, ob sie das für eine gute Idee hält.

Sie hat bisher erst eine Rede gehalten. Auf dem Nytorget vor einem Restaurant, wo einige Künstler, darunter viele unserer Freunde, mit einem Soli-Konzert dazu aufforderten, Greta zu unterstützen.

Davor hat sie nie vor mehr Menschen gesprochen, als in ein Klassenzimmer passen, und bei diesen wenigen Gelegenheiten schien es nicht unbedingt, als wäre ihr wohl dabei.

Im Gegenteil.

Aber sie bleibt stur, und Svante ruft Ivan von Greenpeace an, der sagt, dass all die verschiedenen Wünsche vor der Demonstration schwierig unter einen Hut zu bringen sind, aber dass er es trotzdem hinkriegen wird.

»Irgendwie.«

Der Rålambshovsparken ist voller Leute. Fast zweitausend Menschen drängen sich vor der Bühne des Parktheaters hinter den grünen Hügeln, die zur Västerbron hinaufführen. Schon jetzt haben sich doppelt so viele Menschen versammelt wie es bei Klimademonstrationen sonst üblich ist. Und weitere sind unterwegs.

Es ist ein milder Tag.

Das Laub der Bäume, Fähnchen und Wimpelketten bewegen sich im Wind. Und obwohl fast jeder weiß, dass dies nicht annähernd dem entspricht, was nötig wäre, um die Klimafrage in den Fokus zu rücken, ruht über der heutigen Veranstaltung trotzdem eine ganz außergewöhnliche Stimmung.

Es fühlt sich anders an als sonst.

Es fühlt sich an, als ob vielleicht etwas passieren könnte.

Bald.

Vielleicht ist es die Mischung der Leute, die das Gefühl hervorruft.

Hier sind nicht mehr nur die bekannten Gesichter zu sehen. Die üblichen Verdächtigen. Aktivisten. Greenpeacemitglieder in Eisbärkostümen.

Hier sind mit einem Mal die verschiedensten Menschen und Charaktere versammelt.

Menschen, die jede mögliche Art von Arbeit ausüben und Wähler der unterschiedlichsten Parteien sein könnten.

»Das ist meine allererste Demonstration«, sagt ein gutgekleideter Mann in den Vierzigern.

»Für mich auch«, lacht eine Frau neben ihm.

Der Moderator kündigt Greta an, und sie betritt langsam, aber bestimmt die Kiesbühne des kleinen Amphitheaters. Drei der Mädchen, die alle mit ihr gemeinsam in den letzten zwei Wochen gestreikt haben, begleiten sie: Edit, Mina und Morrigan.

Das Publikum jubelt.

Svante hingegen ist vollkommen verängstigt. Was wird nun geschehen?

Wird sie sprechen? Wird sie anfangen zu weinen? Wird sie davonlaufen?

Er kommt sich wie ein furchtbar schlechter Vater vor, der es nicht geschafft hat, von Anfang an klar und bestimmt nein zu sagen. Das Ganze wirkt langsam zu gewaltig und unwirklich.

Aber Greta ist so ruhig wie immer.

Sie holt ihre Rede aus der Tasche und schaut über die fächerförmig angeordneten Ränge. Lässt den Blick über das Publikum wandern.

Dann greift sie das Mikrophon und beginnt zu sprechen.

»Hallo, ich heiße Greta«, sagt sie. »Ich werde jetzt auf Englisch reden. Und ich möchte, dass ihr eure Handys rausholt und filmt, was ich sage. Dann könnt ihr es in euren Netzwerken posten.

Die Leute im Publikum lachen etwas erstaunt, holen ihre Handys hervor und machen sich bereit zu filmen. Innerhalb von ein paar Sekunden hat fast jeder sein Smartphone auf die vier Teenager auf der Bühne gerichtet.

»My name is Greta Thunberg and I am fifteen years old. And this is Mina, Morrigan and Edit and we have school striked for the climate for the last three weeks. Yesterday was the last day. But.«[1]

Sie macht eine Pause.

»We will go on with the school strike. Every Friday, as from now, we will sit outside the Swedish parliament until Sweden is in line with the Paris Agreement.«[2]

Das Publikum jubelt.

Viele Leute haben zu ihr gesagt, dass die Streikenden den Politikern eine Liste von Forderungen übergeben sollten. Eine Art Manifest.

Aber Greta weigert sich, konkrete Forderungen auszusprechen.

»Wenn wir einen Haufen spezieller Lösungen vorschlagen, werden alle glauben, dass damit genug getan ist. Aber das ist es nicht. Wir brauchen Veränderungen des Systems und eine ganz neue Art, zu denken. Das, was wir noch brauchen – was zwischen den Zeilen in allen Abkommen und Berichten steht –, ist so viel radikaler, als irgendein Manifest es je sein könnte«, hat sie immer wieder erklärt. »Unsere einzige Chance ist es, alles, was getan werden muss, den Wissenschaftlern zu überlassen. Wir sind Kinder. Wir können nur auf das hinweisen, was die Wissenschaftler sagen.«

Der warme Spätsommerwind spielt in den Baumkronen, hoch über dem Rålambshovsparken. Der Jubel des Publikums verstummt, und Greta fährt fort: »We urge all of you to do the same. Sit outside your parliament or local government, wherever you are, until your country is on a safe pathway to a below two degree warming target. Time is much shorter than we think. Failure means disaster.«³

Greta hat das Mikrophon in der rechten Hand, und in der linken hält sie das auseinandergefaltete Papier, von dem sie abliest. Ihre Stimme ist fest, und sie zeigt keinerlei Zeichen von Nervosität. Sie sieht aus, als fühle sie sich wohl dort vorne. Ab und zu lächelt sie sogar, und Svante auf der Tribüne hat sich beruhigt.

»The changes required are enormous and we must all contribute in every part of our everyday life. Especially us in the rich countries where no nation is doing nearly enough. The grown-ups have failed us and since most of them, including the press and the politicians, keep ignoring the situation we must take action into our own hands. Starting today. Everyone is welcome. Everyone is needed. Please join in. Thank you.«⁴

---

1   »Mein Name ist Greta Thunberg, und ich bin fünfzehn Jahre alt. Und das sind Mina, Morrigan und Edit, und wir haben in den letzten drei Wochen einen Schulstreik für das Klima abgehalten. Gestern war der letzte Tag. Aber.«
2   »Wir werden weitermachen mit dem Schulstreik. Jeden Freitag, von jetzt an, werden wir vor dem schwedischen Parlament sitzen, so lange, bis Schweden die Vorgaben des Pariser Abkommens einhält.«
3   »Wir fordern euch alle auf, dasselbe zu tun. Setzt euch vor eure Parlamente oder lokalen Regierungsgebäude, wo immer ihr seid, so lange, bis euer Land auf einem sicheren Weg ist, das Zwei-Grad-Ziel zu erreichen. Die Zeit ist viel knapper, als wir glauben. Scheitern bedeutet Katastrophe.«
4   »Die erforderlichen Veränderungen sind gewaltig, und wir alle müssen in jedem Aspekt unseres täglichen Lebens dazu beisteuern. Besonders wir in den reichen Ländern, wo keine Nation auch nur annähernd genug tut. Die Erwachsenen haben uns im Stich gelassen, und da die meisten von ihnen, einschließlich der Presse und der Politiker, die Situation weiterhin ignorieren, müssen wir selbst zur Tat schreiten. Von heute an. Jeder ist willkommen, jeder wird gebraucht. Bitte schließt euch an. Danke.«

Das Publikum erhebt sich. Es jubelt und applaudiert.

»Sie müssen ziemlich stolz sein«, sagt eine Frau neben Svante. Sie hat erkannt, dass er Gretas Vater ist.

»Stolz?«, wiederholt Svante. Er spricht laut, um gegen den Jubel des Publikums anzukommen. »Nein, ich bin nicht stolz. Ich bin einfach nur unendlich glücklich zu sehen, dass es ihr gutgeht.«

Der Beifall reißt nicht ab. Greta neigt sich zu Edit und raunt ihr etwas zu. Beide tauschen Blicke und nicken mit dem Kopf.

Und auf Gretas Gesicht erscheint das schönste Lächeln, das ich je bei ihr gesehen habe.

All das verfolge ich per Livestream auf meinem Handy hinter der Loge des Oscarsteatern.

Meine Tränen wollen nicht versiegen.

SZENE 105

Hoffnung

Wie möchten wir in Erinnerung bleiben?
Wir, die wir in den Zeiten des Feuers lebten.
Was werden wir hinterlassen?
In ökologischer Hinsicht sind wir bisher ziemlich grandios gescheitert, in jedem einzelnen Punkt.
Aber.
Wir können das ändern.
Sehr schnell sogar.
Wir haben immer noch die Möglichkeit, alles ins Lot zu bringen, denn wir Menschen können alles schaffen, wenn wir nur wollen.

Die Hoffnungszeichen sind allgegenwärtig. Aber sie sind an Bedingungen geknüpft.
Solange wir die Bedingungen nicht erfüllen, bleibt die Hoffnung eine leere Versprechung und steht der großen Veränderung, die wir so dringend brauchen, regelrecht im Weg.
Ich habe Hoffnung, weil ich an unseren guten Willen und unsere Unvollkommenheit glaube.
Der Weg nach vorn führt nicht über Schmutzkampagnen oder Hexenjagden, und er setzt unsere individuellen Schritte nicht in Konkurrenz zueinander.

Meine Hoffnung verlangt radikales Handeln.

Meine Hoffnung schert sich nicht darum, was andere tun müssten und wozu wir in zehn Jahren fähig sein werden, denn in zehn Jahren ist vermutlich alles zu spät.

Meine Hoffnung lebt im Hier und Jetzt, und ich bin fest überzeugt, dass die Politiker, die sich für eine radikale Veränderung einsetzen, eine positive Überraschung erwartet. Sofern sie dazu bereit sind, mit gutem Beispiel voranzugehen.

Die größten Leitwölfe der Menschheit – diejenigen, die in Erinnerung geblieben sind – haben alle eins gemeinsam gehabt: Sie haben sich zum richtigen Zeitpunkt dazu entschlossen, die Zukunft über das Jetzt zu stellen.

Wenn unser Schicksal tatsächlich in den Händen der Medien liegt, wäre es nirgends besser aufgehoben.

Die Medien haben längst begriffen, welche Verantwortung auf ihren Schultern lastet. Sie wissen um die redaktionellen Beschlüsse, die in der Vergangenheit getroffen wurden, und was zu tun ist, um diese wiedergutzumachen. Sie wissen um das Vertrauen, das auf dem Spiel steht.

Jede einzelne Handlung ist Teil einer kollektiven Bewegung, die von Tag zu Tag größer und stärker wird. Während wir darauf warten, dass Vorbilder, Nachrichtenredaktionen und Politiker zur Tat schreiten, müssen wir alles tun, was in unserer Macht steht.

Und alles, was nicht in unserer Macht steht.

Wir müssen die ausgetretenen Pfade verlassen und uns in unbekanntes Terrain hinausbegeben.

Wir müssen anfangen, auf das zu hören, was wir viel zu lange ignoriert haben.

Wir müssen vorausgehen, aber hinter uns eine Tür offen halten für alle, die nachkommen.

Denn jeder ist willkommen.

Jeder wird gebraucht.

SZENE 106

Alles auf Anfang

Spätabends vibriert plötzlich mein Handy. Unsere Wohnung liegt bereits im Dunkeln, Greta, Svante und die Hunde schlafen. Beata hat mir aus dem oberen Stockwerk gesimst.

»Das hier trifft genau auf mich zu«, schreibt sie.

Sie hat mir den Link zu einem YouTube-Video geschickt und den Screenshot einer Website. *Misophonia,* steht da. Misophonie.

»Ich hab nach Krankheitsbildern gesucht«, textet Beata weiter. »Das hier beschreibt genau, wie ich mich fühle.«

Ich lese. Scrolle runter. Lese weiter.

Ist das eine weitere Sackgasse? Ein weiteres Stumpfgleis, auf das einen geldgierige Geier locken, um sich an den Krankheiten anderer zu bereichern?

Nein.

Misophonie scheint es tatsächlich zu geben. Schnell finde ich Artikel in der *New York Times,* im *Sydsvenska Dagbladet* und etlichen weiteren Zeitungen. Und alles, was dort steht, trifft auf Beata zu.

In jedem Punkt.

Misophonie ist ein neurologisches Syndrom, das durch negative Reaktionen auf bestimmte Geräusche charakterisiert ist. Alltagsgeräusche. Atemzüge, Schmatzen, Flüstern. Das Klappern von Besteck auf Porzellan.

Natürlich reagieren die meisten von uns auf bestimmte Laute empfindlich, aber bei Menschen mit Misophonie lösen sogenannte Trigger-Geräusche derart intensive Störungen aus, dass sie in manchen Zusammenhängen völlig überfordert sind, was sich in Symptomen wie Wut oder Stress äußert.

Beata hat uns immer wieder erzählt, dass sie sich nicht konzentrieren kann, wenn in ihrer Nähe jemand flüstert.

»Ich kann das nicht kontrollieren. Wenn neben mir jemand die Nase hochzieht, bin ich wie gelähmt. Ich werde einfach nur wütend.«

Als Begriff ist Misophonie noch recht jung, aber er existiert, und es gibt dazu reichlich Forschung.

In einer Studie der Universität Amsterdam wird gefordert, dass Misophonie umgehend als eigenständige Diagnose anerkannt wird, da Betroffene ein deutliches Handicap haben, das sie nicht kontrollieren können.

»Misophonie führt verheerende Beeinträchtigungen mit sich, sowohl für die Betroffenen als auch für ihre Familien, und trotzdem wissen wir so gut wie nichts über die zugrundeliegenden Mechanismen«, heißt es in einer umfangreichen Studie der Universität in Newcastle aus dem Jahr 2017.

Außerdem scheinen Zusammenhänge zu ADHS, Autismus-Spektrum-Störung und Stress zu bestehen.

Trotzdem höre ich den Begriff zum ersten Mal. Trotz der abertausend Seiten, die ich über diese Störungen gelesen habe. Trotz aller Beratungen und Therapiegespräche.

»Der Umgang mit Misophonie erinnert daran, wie wir

bis vor wenigen Jahrzehnten auf ADHS reagiert haben«, schreibt ein amerikanischer Psychologe.

Es gibt Hilfsmittel. Vorkehrungen, die man treffen kann.

Aber Wegweiser gibt es keine. Nur unerforschtes Terrain.

Und wieder heißt es: Alles auf Anfang.

SZENE 107

Sicherheitsventile

Es gibt so viel, was wir nicht wissen. Manche Stimmen behaupten, wir seien uns der Folgen der Klima- und Nachhaltigkeitskrise längst bewusst. Dass wir sie verdrängen.
Aber das stimmt nicht.
Unser Unwissen ist um so vieles größer, als wir glauben.
Wir wissen nicht.
Wir verstehen nicht.
Jahrzehnte lebenswichtigen Wissens haben nichts erreicht.
Schockierenderweise hat ein Großteil der Weltbevölkerung nicht den blassesten Schimmer, was der Klimawandel für uns bedeutet.
Und genau da liegt unsere Chance.
Stell dir vor, wir hätten tatsächlich die ganze Zeit davon gewusst!
Stell dir vor, wir hätten aus bösem Willen gehandelt! Absichtlich!
Stell dir vor, wir würden so weitermachen wie bisher, obwohl wir um die Konsequenzen der Ökokatastrophe wissen!
Stell dir vor, wir wären willentlich böse.
Aber das können wir uns nicht vorstellen. Es ist unvorstellbar.

Stell dir vor, die menschliche Schmerzgrenze hätte höher gelegen!

Stell dir vor, wir hätten unseren Lebensstil für immer so weiterführen können, und keiner von uns wäre daran kaputtgegangen und auf der Strecke geblieben!

Dann wäre alles zu spät.

Dann wäre jede soziale Ungerechtigkeit, jede Unterdrückung, jede psychische Krankheit, jedes Burn-out vergebens gewesen.

Aber so ist es nicht.

Es hat eine Menge Sicherheitsventile gegeben, und dieses Buch ist eins davon.

Es zeigt uns, dass wir immer noch etwas ändern können.

Es zeigt uns, dass wir über ein politisches System verfügen, das es uns möglich macht, zu reparieren, was wir zerstört haben, und etwas Neues, Gerechtes und Besseres zu erschaffen. Es zeigt uns, dass es ein Werkzeug gibt. Ein Werkzeug namens Bildung.

Die Klimakrise ist eins der zahlreichen Symptome einer unhaltbaren Welt.

Ein akutes Symptom.

Die Nachhaltigkeitskrise stellt uns vor eine Wahl.

Sie gibt uns die Möglichkeit, alles wieder ins Lot zu bringen.

Darin liegt unsere Chance.

SZENE 108

Zeit für den Auftritt

Im Leben geht es um etwas, davon bin ich überzeugt. Genauso wie ich davon überzeugt bin, dass wir schleunigst umdenken müssen.

Von allen Menschen, die diesen Planeten je bewohnt haben, leben heute rund sieben Prozent.

Das sind wir.

Wir gehören zusammen. Wir sind Teil eines großen Ganzen, das sich zugleich in die Vergangenheit und in die Zukunft erstreckt, und wir, die sieben Prozent, haben jetzt die Aufgabe, diese Zukunft zu sichern.

Darin besteht unsere historische Aufgabe, und um diese zu meistern, brauchen wir einander.

Mehr denn je.

Wir brauchen Technologien. Nachhaltige Wald- und Landwirtschaft. Unternehmen, Ökonomen, Politiker, Journalisten und Wissenschaftler. Und unsere einzigartige Fähigkeit, uns anpassen und verändern zu können.

Aber vor allem müssen wir unserem guten Willen vertrauen.

Wir haben längst eine Antwort auf die Klimafrage. Wir wissen, was zu tun ist.

Wir müssen uns nur noch entscheiden:
Ökonomie oder Ökologie?
Eins von beiden.
Zumindest bis wir wieder sicheren Boden unter den Füßen haben.

Dass unsere existentiellen Herausforderungen immer noch auf Parteipolitik reduziert werden, ist völlig absurd. Die begrenzten Ressourcen zu retten und damit zukünftiges Leben zu ermöglichen sollte eine Selbstverständlichkeit sein. Ebenso wie die Erkenntnis, dass der Weg nach vorn manchmal von uns verlangt, ein paar Schritte zurückzugehen.

Geschlechtergleichstellung und die Gleichberechtigung aller Menschen sollten genauso selbstverständlich sein, wie Politiker es behaupten.

Aber die Wirklichkeit sieht anders aus.

Sehr anders.

Und deshalb müssen diese Fragen oberste politische Priorität bekommen.

Sie gehören zusammen.

Sie sind untrennbar miteinander verbunden.

Sobald das Kohlendioxid unserer vermaledeiten Machogesellschaft die obere Schicht der Atmosphäre erreicht, geht das Klima buchstäblich an die Decke. Wir werden uns entscheiden müssen: Soll weiterhin alles größer, schneller und mehr werden, um jeden Preis, oder wollen wir überleben? Eine neue Welt steht vor der Tür. Eine Welt, die noch nie so nah war wie jetzt.

Und noch nie so weit weg.

Eine maßvolle Welt.

Eine Welt, in der ein kleines Mädchen mit einem Instagram-Profil und einem Eisbärenbild unsere kollektive Sicherheit genauso effektiv verteidigen kann wie alle Armeen dieser Welt.

Nach und nach treten unsere Grenzen zum Vorschein. Die Unendlichkeit bekommt Konturen. Nicht alles ist möglich, und das ist auch gut so. In der Mäßigung liegt nämlich eine andere und viel größere Freiheit.

Ist der Kampf für die Umwelt die größte feministische Bewegung aller Zeiten? Und zwar nicht, weil sie Männer ausschließen würde, sondern weil sie die Strukturen und Werte auf den Prüfstand stellt, die die Krise geformt haben.

Hinter den Kulissen steht Mutter Erde bereit.

Jeden Moment geht der Vorhang auf.

Wir müssen anfangen, darüber zu sprechen, wie es uns wirklich geht.

Denn jetzt sind wir gefragt.

Wir gegen die Dunkelheit.

Von Mensch zu Mensch, von Stadt zu Stadt, von Land zu Land.

Organisiert euch!

Werdet aktiv!

Setzt etwas in Bewegung!

Es ist Zeit für den Auftritt.

DANKE FÜR HILFE UND INSPIRATION

Anita und Janne von Berens, Anna Melin, Camilla Berntsdotter Lindblom, Hanna Askered und Lära Med Djur (»Mit Tieren lernen«), Björn Meder, Jiang Millington und Barn i Behov (»Kinder in Not«), Pär Holmgren, Nils Erik Svedlund und Stockholms Center för Ätstörningar (»Zentrum für Essstörungen Stockholm«), Svenny Kopp, Kevin Anderson, Isak Stoddard, die Mitarbeiter der Kinder- und Jugendpsychiatrie Kungsholmen, Magdalena Mattson, Kerstin Avemo, Fredrik Kempe, Lina Martinsson, Helen Sjöholm und David Granditsky, Jenny Stiernstedt, Hundar Utan Hem (»Hund ohne Zuhause«), Leif Blixten Henriksson, Pernilla Thagaard, Stefan Sundström, Mårten Aglander, Jonas Gardell und Mark Levengood, Mina Dennert, Mats Bergström, Janne Bengtsson, Petronella Nettermalm, Sten Collander, Ola Ilstedt, Stina Wollter, Anders Wijkman, Özz Nûjen, Fredrik Marcus, Karin af Klintberg, Johan Ehrenberg, Alexandra Pascalidou, Staffan Lindberg, Björn Ferry, Heidi Andersson, Maja Hellsing, Jeanette Andersson, Mattias Goldman, Helle Klein, Nisse Landgren, Vicky von der Lancken, Kent Wisti, Anna Takanen, Cecilia Ekebjär, Rosanna Endre und Greenpeace Schweden, die Mitarbeiter von Oatly Schweden, Martin Hedberg, Malin Tärnström, Hanna Friman, Christoffer Hörnell, Susanna Jankovic, Tomas Törnkvist, Frida Boisen, Carl Schlyter, Rebecka Le Moine, Svenska Stråkensemblen (»Schwedisches Streicherensemble«), Oskar Johansson, Anders Amrén, Peter Edding, Helena Lex Norling, Djurens Rätt (»Recht der Tiere«), Vi Står Inte Ut (»Wir machen nicht mehr mit«), WWF Schweden, Naturskyddsföreningen (»Naturschutzbund«) und unseren Familien.

Ein extragroßes Dankeschön an Jonas Axelsson, Annie Murphy und den gesamten Polaris Verlag. Außerdem natürlich vielen Dank an Elias Våhlund und Tom Goren sowie an Sirkka Persson und das Personal der Kringlaschule in Söder-tälje.